혼자 산다는 것

혼자 산다는 것

메이 사튼

최승자 옮김

JOURNAL OF A SOLITUDE
by May Sarton
Copyright © 1973 by May Sarton
Korean translation copyright © 1999, 2013 Kachi Publishing Co., Ltd.
All rights reserved.
This edition published by agreement with Lippincott Massie McQuilkin through Shinwon Agency.

이 책의 한국어판 저작권은 신원에이전시를 통해서 저작권자와 독점 계약한 (주)까치글방이 소유합니다. 신저작권법에 의하여 한국 내에서 보호를 받는 저작물이므로 무단전재와 무단복제, 전자출판 등을 금합니다.

역자 최승자
시인이며 번역가로서 시집으로는 「이 시대의 사랑」과 「즐거운 일기」 등이 있고, 역서로는 「존재의 기술」, 「빈센트, 빈센트, 빈센트 반 고흐」, 「침묵의 세계」 등이 있다.

혼자 산다는 것

저자/ 메이 사튼
역자/ 최승자
발행처/ 까치글방
발행인/ 박후영
주소/ 서울시 용산구 서빙고로 67, 파크타워 103동 1003호
전화/ 02·735·8998, 736·7768
팩시밀리/ 02·723·4591
홈페이지/ www.kachibooks.co.kr
전자우편/ kachibooks@gmail.com
등록번호/ 1-528
등록일/ 1977. 8. 5
초판 1쇄 발행일/ 1999. 12. 10
　　3쇄 발행일/ 2019. 2. 11

값/ 뒤표지에 쓰여 있음

ISBN 89-7291-255-7 03840

혼자 산다는 것

9월 15일

여기서 시작하자. 비가 내리고 있다. 나는 나뭇잎 몇 개가 벌써 노랗게 변해 있는 단풍나무를 내다보면서, 앵무새 펀치가 저 혼자 지껄이는 소리와 창문에 톡톡 부딪치는 빗소리를 듣는다. 몇 주일 만에 처음으로 혼자 여기서, 마침내 다시 나의 "진짜" 삶을 시작하려고 하고 있다. 그것이 이상한 점이다. 무엇이 일어나고 있는지 혹은 무엇이 일어난 것인지 캐보고 알아내기 위한 혼자만의 시간이 없는 한, 친구들 그리고 심지어 열렬한 사랑조차도 내 진짜 삶은 아니라는 것이 말이다. 영양분이 되기도 하고 미치게도 만드는 방해받는 시간들이 없다면, 이 삶은 삭막할 것이다. 그러나 내가 그 맛을 완전하게 음미하는 것은 내가 여기 혼자 있고 그리고 이 집과 내가 이전의 대화들을 다시 시작할 때뿐이다.

내 책상 위, 자그마한 분홍빛 장미꽃들. 이상도 하지, 흔히 가을 장미꽃은 서글퍼 보이고, 서리 맞아 가장자리가 갈색으로 변하면서 빠르게 시들어버리지 않는가! 하지만 이 장미꽃들은 아름답고, 환하고, 지저귀는 듯한 분홍빛이다. 벽난로 위에는,

수술에 적갈색 꽃가루를 달고 뒤로 구부러져 있는 하얀 백합 두 송이 그리고 이상하게 분홍빛 갈색으로 변해버린 작약꽃 한 송이가 일본산 꽃병에 담겨 있다. 이것은 우아한 꽃다발이다. 일본인들은 그것을 "시부이"라고 부르리라. 내가 혼자 있을 때, 그 꽃들이 정말로 보인다. 나는 그것들에게 주의를 기울일 수 있다. 그것들은 어떤 영혼처럼 느껴진다. 그것들이 없다면, 나는 죽을 것이다. 내가 왜 이런 말을 할까? 얼마간은 그 꽃들이 내 눈앞에서 변화하기 때문이다. 그것들은 며칠 동안 살다가 죽는다. 그 꽃들 때문에 나는 자라고 그리고 또한 죽어가는 것, 그 과정에 아주 가까이 접해 있게 된다. 나는 그 꽃들의 짧은 순간들 위에 떠 있다.

이곳 주위는 질서와 아름다움이다. 다시 처음 혼자 있게 될 때 나를 두렵게 만드는 것이 바로 그것이다. 내가 모자라는 기분이 드는 것이다. 나는 한 열린 장소, 명상을 위한 장소를 만들어놓았다. 하지만 그 안에서 나를 찾을 수 없다면?

나는 이 기록을 그 일을 하는 한 가지 방법으로 생각한다. 다른 사람들과의 모든 만남들이 충돌로 변한 지도 이제는 오래되었다. 나는 너무 많이 느끼고, 너무 많이 낌새를 채고, 가장 간단한 대화 뒤에도 그것을 되새기느라 기진맥진해진다. 그러나 깊이 부딪치는 것은 제 버릇 못 고치는, 괴롭히고 괴롭힘을 당하는 나의 자아이고, 나의 자아였다. 나는 모든 시, 모든 소설을 똑같은 목적을 위해서 써왔다. 내가 무엇을 생각하는가를 찾아내고, 어디에 서 있는가를 알기 위한 것이었다. 나는 내가 모자란 기계인 것 같은 기분이다. 결정적인 순간에 고장이 나서 삐걱거리다가 정지한 후, "작동하려고 하지 않는" 혹은 더 고약하게도 죄 없는 어떤 사람이 면전에서 폭발해버리는 기계.

「꿈을 깊게 심고(*Plant Dreaming Deep*)」는 내게 그 작품의 많은 친구들을(그리고 또한, 답장을 하기는 어렵지만, 나에게서 친한 친구를 발견했다고 생각하는 사람들도) 데려다주었다. 그러나 내가 차츰 깨닫게 된 것은 나 자신이 의도하지 않았음에도 불구하고 그 책은 거짓된 광경을 보여주고 있다는 점이다. 이곳에서의 내 삶의 고뇌――그 격노――는 거의 언급되어 있지 않다. 이제 나는 거친 바위투성이 심층 속으로, 모암(母岩) 그 자체 속으로 뚫고 들어가기를 바란다. 그곳에 격렬함이 있고, 결코 해소되지 않는 분노가 있다. 나는 혼자 산다. 어쩌면 아무런 그럴듯한 이유도 없이, 내가 다룰 수 있는 것인데도 그 다루는 법을 익히지 못한 기질로 인해서 외톨이가 되고, 말 한마디, 어떤 시선, 어느 비오는 날, 혹은 "한잔만 더"에 나가떨어지는 구제불능의 인간이라는 이유 때문에. 혼자 있고자 하는 내 욕구를 균형 잡아주는 것은 내가 갑자기 거대한 텅 빈 침묵 속으로 들어갔을 때 거기서 의지할 것을 찾지 못한다면 어떻게 될 것인가 하는 불안감이다. 나는 한 시간 만에 천당과 지옥 사이를 오가면서, 나 자신에게 바뀔 수 없는 틀에 박힌 일들만을 부과함으로써만 계속 살아 있다. 나는 편지는 너무 많이 쓰고, 시는 너무 조금 쓴다. 이곳에서는 겉으로는 조용할지 모르지만, 그러나 내 마음의 뒤편에는 아우성치는 인간의 목소리들, 너무도 많은 욕구들, 희망들, 두려움들이 있다. 나는 가만히 앉아 있으면 거의 "하지 않은 것들", "보내지 않은 것들"에 쫓기게 된다. 나는 자주 기진맥진한 기분을 느끼지만, 그러나 나를 지치게 하는 것은 나의 일이 아니다(일은 휴식이다). 내가 조금이라도 새로운 기분으로 열성을 가지고 작업할 수 있기 위해서는 다른 사람들의 삶과 욕구들을 밀쳐내려고 애써야 한다는 것이다.

9월 17일

다시 깨져 열리는 내면세계, 두 페이지를 쓰는 것마저 나를 다시 우울로 던져넣었고, 어둡고 비가 오는 우울한 이틀간, 그 날씨 때문에 더 편해지지를 않았다. 한 차례의 세찬 눈물이 엄습했고, 그 눈물은 좌절, 파묻혀 있는 분노와 연관이 있는 듯이 보이고, 그리고 그것은 경고도 없이 내게 들이닥쳤다. 어제는 깨어나서 너무도 의기소침하여 여덟 시가 지나서도 일어나지를 못했다.

석정스럽고 기진맥진한 상태에서, 브래틀버러에 있는 유니테리언 교회에서 시 낭송을 하기 위해서 그곳으로 차를 몰고 갔다. 어떻게 필요한 활력을 불러모아야 할지? 나는 초기의 책들로 거슬러올라갔다가 아직 출판되지 않은 새 책으로 나아가면서, 종교적인 시들을 골라 정돈해두었었다. 잘되었다 —— 최소한 엉망은 아니었다 —— 고 생각은 하지만, 그러나 나는 소나무들이 내다보이는 커다란 방에 모여 있던 그 친절하고 똑똑한 사람들이 신에 대해서, 신의 부재(그 시들 중의 많은 것들이 그것에 대해서 말하는 시들이었다) 아니면 신의 존재에 대해서 진정으로 생각하고 싶어하지는 않는다고 느꼈다(어쩌면 내가 틀릴지도 모른다). 신의 부재와 신의 존재, 양쪽 다 너무 무서운 것이다.

　돌아오는 길에, 아내와 헤어진 채 죽어가고 있는 내 오랜 친구 펼리 콜에게 들렀다. 그는 을씨년스런 요양원에서 그곳보다는 훨씬 더 나아 보이는 곳으로 막 옮겨온 참이었다. 그는 날마다 점점 더 투명해진다. 해골 혹은 거의 해골. 손을 꼭 잡을 때는 뼈가 부러질까 겁이 난다. 그렇기는 하지만 이제 우리들 사이의 유일한 진정한 대화는 손을 꼭 잡는 것이다. 나는 두 팔로 그를 들어올려 아기를 안듯이 안아주고 싶다. 그는 끔찍스럽게도 외롭게 죽어가고 있다. 매번 만날 때마다 그는 "힘들군요" 혹은 "이렇게 끝날 거라곤 생각지 못했어요"라고 말한다.

나의 집 주변 어디를 둘러봐도 그의 손길이 닿은 것들이 보인다. 그가 가지들을 자르고 다듬어서 풀밭 전체의 중심축이 되도록 만들어놓은, 둥근 화강암 곁의 세 그루의 작은 나무들, 그가 마지막으로 이곳에서 일했던 날들 중 어느 날인가 새로 파놓은 그늘이 많은 정원 테두리, 내 밭과 교회 사이의 나무들을 쳐내버린 돌담 등. 그가 1년에 두 번 덤불을 베어내어 그 돌담까지 길을 내놓았던 두 번째 밭은 이제 도로 황무지가 되어가고 있다. 이곳에서 하는 일은 계속해서 다시 해야 하는 일이고, 펄리 같은 남자의 끈질긴 힘을 필요로 하는 일이다. 나 혼자서는 결코 그 일을 해낼 수 없었을 것이다. 우리는 이 한 조각의 땅을 함께 소중히 여겼고, 그것에 뭔가 질서와 아름다움 같은 것을 주기 위해서 함께 싸웠다.

나는 펄리의 이 마지막 수고에는 어떤 느긋함이 있었다고, 그가 농사짓던 시절의 고된 일에 비하면 그것은 놀이였다고, 그의 전문가적인 지식과 기술을 잘 써먹을 수 있었던 놀이였다고 생각하고 싶다. 그는 내가 아무것도 모른다고 놀려대기를 얼마나 즐겨했던가!

그가 낫질을 하고 나뭇가지들을 치는 동안 나는 여기 내 책상에서 뭔가 그와 비슷하게 씨름을 했다. 그리고 우리는 각자 같은 일을 하는 친구 사이라는 것을 의식하고 있었다. 우리는 각자 정오가 되기를 고대했고, 그때가 되면 나는 그것으로 그

날 일을 그만둘 수 있었고, 그는 부엌에서 등받이 없는 높은 의자에 앉아 나와 셰리주를 한두 잔 마셨고, "법정이 열렸습니다!"라고 말하고서는 오전 내내 궁리해왔던 좀 허풍스런 이야기들을 늘어놓았다.

그것은 이상한 관계였다. 그는 내 인생에 대해서 거의 몰랐는데도, 그 모든 이야기들의 저변에서 우리는 서로를 같은 종류의 사람으로 알아보았던 것이다. 그가 화내는 것을 내가 즐기는 것만큼이나 그는 내가 화내는 것을 즐겼다. 어쩌면 그것이 한 요소였을 것이다. 마음 깊은 곳에는 서로에 대한 이해가 있었다. 우리 삶의 사실들에 대한 것이라기보다는 우리의 본질적인 본성에 대한 이해가. 지금 그 힘들고 외로운 최후를 맞이해서도, 그는 굉장한 품위를 지키고 있다. 그러나 나는 그 최후를 좀더 편안하게 만들 수 있는 어떤 방법이 있었으면 좋겠다. 나는 그런 죽음의 상황들에 대한 쓰라린 원망감을 가지고 그를 떠난다. "알아. 하지만 난 인정하지 않아. 그리고 단념하지 않겠어."

우편물 중에 열두 살짜리 여자아이에게서 온, 시들이 담겨 있는 편지가 있다. 그 아이의 엄마가 그 아이를 찔러서 내 의견을 청해보라고 한 것이었다. 이 아이는 정말로 사물들을 본다. 그래서 나는 뭔가 도움이 될 만한 것을 써보낼 수 있겠다는 생각이 든다. 하지만 너무나 많은 사람들이 예술이나 기술을 배우는 것조차 시작하지 못했으면서도 박수갈채와 인정을 기대하는 것은 골치 아픈 일이다. 당장의 성공이 이 시대의 풍조이다. "나는 그것을 **지금** 원한다!" 나는 이것이 기계들에 의한 우리의 타락의 일부가 아닐까 생각한다. 기계들은 아주 빨리 그리고 삶의 자연스런 리듬을 벗어나서 일들을 해내고, 그래서 우리는 첫 번째 시도에 차가 시동이 걸리지 않으면 분개한다. 그래서 우리가 아직도 하고 있는 몇 안 되는 것들, 즉 요리(TV 디너스[TV를 보면서도 준비할 수 있도록 만들어진 냉동식품들/역주]가 있기는 하지만), 뜨개질, 정원 가꾸기 등 뭐든 서둘러서 해치울 수 없는 일들은 아주 특별한 가치가 있다.

9월 18일

혼자 산다는 것의 가치—혼자 산다는 것의 가치들 중의 하나—는 물론, 내부로부터의 공격을 막기 위한 **방패막**이 되어 줄 것이 아무것도 없다는 것이다. 마치 특별한 스트레스 혹은 우울의 시기에 균형을 잡게 도와줄 것이 아무것도 없는 것과 마찬가지로. 아널드 마이너가 쓰레기를 가지러 올 때 그와 나누는 몇 분간의 엉뚱한 대화가 내부의 폭풍을 가라앉힐 수도 있다. 그러나 그 폭풍은 고통스럽기는 하지만, 그 안에 어떤 진실을 담고 있었을 수도 있다. 그러므로 때로는, 어떤 우울의 시기를 견뎌내기만 하면 그것이 간직하고 있을 수 있는 교화적인 어떤 것을 얻을 수 있다. 그것이 무엇을 드러내는가 혹은 요구하는가에 주의를 기울이면서 그것을 끝까지 살아낸다면 말이다.

우울의 이유들은 내가 우울을 처리하는 방식만큼 흥미롭지는 않은데, 내 방식은 그냥 계속 살아 있는 것뿐이다. 오늘 새벽 네 시에 깨었는데, 깬 채로 좋지 않은 상태에서 한 시간여 동안 누워 있었다. 다시 비가 내리고 있다. 나는 마침내 일어나 나날의 잡일들을 하면서 파멸의 느낌이 걷히기를 기다렸고——그리고 그렇게 해준 것은 집안 초목들에게 물을 준 일이었다. 간단한 욕구, 살아 있는 것의 욕구를 만족시켜준다는 것 때문에 갑자기 기쁨이 되살아났다. 청소를 하는 것은 결코 그런 효과가 없지만(내가 형편없는 주부인 것이 바로 이 때문일 것이다!), 그러나 고양이들이 배고파할 때 먹이를 주고, 앵무새 펀치에게 깨끗한 물을 주고 나면, 나는 갑자기 침착하고 행복한 기분을 느끼게 된다.

내가 아는 평안이란 모두 자연세계에 있다. 내가 자그마하게나마 자연세계에 속해 있다고 느끼는 것에. 아마도 워너 가족의 쾌활함과 그들의 지혜는 그들이 줄곧 자연과 가까이 접해서 일한다는 것, 그것에서 오는 것일 것이다. 그렇게 간단한 것일까? 그러나 그것은 간단하지 않다. 그들의 삶은 끈기 있는 이해심, 상상력, 끊임없는 곤경──예를 들면 날씨!──을 견딜 수 있는 힘을 필요로 한다. 자연의 위력들에 맞서지 않고 함께하는 것, 똑같은 일들을 하기 위해서 날마다 다시 불러모으는 그치지 않는 활력, 짐승들에게 먹이를 주고 헛간과 축사를 청소하는 것, 이런 것들이 그 복잡한 세계를 계속 살아 있게 하는 것이다.

9월 19일

해가 나왔다. 안개를 헤치고 해가 솟아올랐다. 풀밭에서 빗방울들이 반짝거린다. 이제는 푸른 하늘과 따스한 대기가 있고, 그리고 방금 나는 놀라운 것을 만들었다──두 송이의 커다란 가을 크로커스에다, 꽃잎이 홑겹인 분홍빛 국화꽃들이 붙어 있는 잔가지 하나, 이름을 잊어버린(아르테미시아? 아레수사?) 은색 잎사귀 하나를 베네치아산 유리 그릇에 담아 아늑한 방 (cosy room : 저자가 자신의 집의 한 방에 붙인 이름/역주)에 가져다놓은 것이다. 그것들이 이 새로운 날을 위한 상서로운 존재들이 되어주기를!

　신경우울증이 골치 아픈 것은 그것이 되풀이되기 때문이다. 문자 그대로, 돌고 도는 바퀴이다. 어제 나는 메리 데이비드 수녀의 편지를 읽으면서 그 바퀴로부터 떨어져나왔다. 그녀는 지금 그녀가 일하기로 택했던 사우스캐롤라이나의 작은 도시의 한 생활협동조합 매점의 감독이다. 언제나 그녀의 편지들은 실제로 벌어지고 있는 일들에 대한 충격과 한 사람이 어떤 일을 해낼 수 있는가에 대한 인식을 깨우쳐준다. 메리 데이비드 수녀는 말한다. "그래서, 나는 물론 주로 생활협동조합 매점 일에 관여하는데, 하지만 이 주(州)에 수없이 많은 절망적인 가정들을 점점 더 많이 보게 되는군요. 좌절하고, 외롭고, 병들고, 의지할 데 없는 사람들 말이에요. 어느 날 나는 한 늙은 남자가 쇼핑을 하게 해주었어요. 그는 먹을 것이 완전히 떨어졌고, 무슨 사고인지 그의 수표는 석 달째 지불 정지된 상태였지요. 그는 필요한 것들을 골랐고, 그 금액은 10달러 6센트였어요. 나는 내 지갑을 다 털었는데, 그 안에 든 것이 **정확히 10달러 6센트**였어요! 그래서 나는 하느님이 늘 내 바로 곁에 계신 것이 아닌가 생각해요. 설명할 수 없는 일들이 너무도 많이 일어나니까요. 또 어느 날인가, 한 초로의 여자가 어떤 중고가구 상점 밖에서 비를 맞으며 나를 기다리고 있다가, 자살을 시도했던 열두 살짜리 소년과 이야기를 좀 해달라고 부탁했어요. 그 애의 아버지와 계모가 그 애를 내쫓았더군요, 옷도 없이, 갈 곳도 없이. 그 애는 이제 괜찮아요. 나는 그 애에게 옷과 접는 침대를 사주었는데, 그 애의 늙은 '할머니'가 그것을 그녀의 판잣집 안에 세워둬도 좋다고 했어요. 나는 그 애와 계속 연락을 하는데,

어제는 그 애에게 점심 도시락을 사주었어요. 그냥 내가 가는 길에 그런 사람들이 가로질러가는 것 같아요. 많은 사람들이 그리고 그중의 어떤 이들은 그 위기의 고비 뒤에 사라져버리지만 말이에요."

나는 수표 한 장을 보내고 그리고 그 돈이 단번에 도움으로 변할 것임을 아는 즐거움으로 기분이 활짝 걷히는 것을 느꼈다. 알다시피, 우리 모두가 제도적 자비 행위에 실컷 물렸다. 한 주일 안에 같은 단체에서 세 가지 청탁을 보내는데 종종 그중 하나에 대해서는 이미 두 주일 전에 수표가 우송된 상태니까 말이다. 우리 모두가, 똑같이 받는 자이며 주는 자인데, 컴퓨터화되어 있다. 그것은 메리 데이비드 수녀에게서 보이는 직접적인 인간적인 방식에 비해서 삭막한 느낌이 든다. 그녀는 자기가 속한 수도회에 의해서 그곳으로 보내진 것도 아니었고, 여름 기획으로 그곳에 갔다가 자기 나름의 길을 발견하고서는 그곳에 머물러야겠다고 결심했고, 그리고 어떻게 해서인지 그럴 수 있도록 허가를 받아낸 것이었다. 이것이야말로 시스터 오브 메르시(Sister of Mércy : 로마 가톨릭 교회의 "자비의 성모 동정 수녀회"/역주)의 전통인 것이 분명하다.

이 힘든 시대에 가장 희망적인 유일한 징조는 아주 많은 개인적인 솔선이 용케도 아스팔트를 뚫고 올라온다는 것이다. 그렇게도 많은 인간적 상상력의 단단한 새싹들이 말이다. 그리고 당장 생각나는 것이 사우스캐롤라이나 뷰퍼트에서 혼자 힘으로 병든 흑인들을 치료하기 시작했던 개치 박사이다. 그의 비극적 종말이야 어떻든 간에, 그는 그곳의 상황——기아에 가까운——에 국회와 미국 국민이 어쩔 수 없이 관심을 가지게 만들었다. 우리는 한 사람 한 사람이 산을 옮길 수 있는 창조적인 힘으로서 **가치가** 있음을 믿어야 한다. 진 매카시가 한 큰일은 물론 그것을 정치적 무대에서 증명하는 것이었다. 우리가 그를 위해서 일하는 동안은 정치가 인간적 목소리에 길을 터줄 것이라고 우리는 믿었다. 그런 뒤에 인간적 흠들——매카시의 허영심, 계속 일하기 위해서 개치가 약물에 의존했던 일——이 모든 것을 망쳐버릴 수 있다는 것은 비극이다. 우리는 무엇이든지, 아니 거의 무엇이든지 할 수 있지만, 그러나 무엇이든지 하기 위해서 얼마나 균형 잡히고, 아량 있고, 중용적인 사람이 되어야만 하는가! 그리고 얼마나 인내심을 가져야 하는가! 그것은 다른 어디에서나 마찬가지로 예술에서도 사실이다.

그러므로……일을 하는 것이다. 그것은 불합리한 추론은 아니다. 내가 직접적으로 뛰는 그런 사람들 중의 한 사람이 되지는 않을 것이다(가끔 가르치는 일은 제외하고서). 그러나 이따금씩 나는 내 작품들이 이상해 보이기는 하지만 다른 사람들에게 도움을 준다는 것을 의식하게 된다. 하지만 내가 그것을 확실하게 알게 된 것은 이곳 넬슨에서 지냈던 최근 몇 년 동안이다.

9월 21일

일요일이었던 어제는 펄리 콜의 생일이었다. 어제 오후에 그를 보러 가면서 그에게 파자마 몇 개를 가져다주었다. 이번에는 이야기를 조금 나눌 수 있었다. 그는 새 요양원으로 옮긴 것 때문에 마음고생을 하고 있다. 모르는 사람에게는 이곳이 그전의 그 끔찍하던 곳보다 아주 나아 보이는데도 말이다. 땅 속으로 가라앉던 그 낡고 지저분한 농가, 그곳의 거짓과 소홀함의 분위기, 많은 자식들이 노쇠한 부모를 간단하게 내동댕이쳐버리고 산 채로 파묻어왔던 곳. 하지만 펄리는 자기 의식(意識)을 지키기 위해서 그곳에 뿌리를 내렸고, 또 그래야만 했다. 그런데 이제 그 뿌리들이 뽑혀버린 것이었다. 그것이 얼마나 오래 계속될 수 있을까? 그의 두 손은 투명하고, 오직 그의 두 눈만이, 입으로 말할 수 있는 것보다 더 많은 것을 말하는 그 꿰뚫을 듯한 눈빛만이 펄리 콜로 남아 있다.

어제 그 슬픈 원정을 떠나기 전에, 나는 밖을 내다보다가 늙수그레한 두 사람이 잔디밭 가장자리에 서 있다가 언덕을 한참 걸어내려오더니 도로 돌아가는 것을 보았는데, 보아하니 내가 집 밖으로 나오기를 바라는 모양이었다. 그래서 나가보았다. 그들은 한 번 이상 이곳에 왔고, 「꿈을 깊게 심고」와 그 시들을 사랑하는 사람들인 것이 분명했다. 알고 보니 샬럿 오플러와

앨버트 오플러였다. 그들은 히틀러로부터 도망쳐 이곳에 닿았다가 뒤에 맥아더 시절에 일본으로 보내졌는데, 앨버트는 일본의 새 헌법 제정을 도운 법률 전문가였다. 물론, 그들은 내가 요즘 「타임스(*Times*)」에 그 자서전 서평을 써주고 있는 엘리자베스 바이닝(Elizabeth Gray Vining, 1902-1999, 현대 미국 여류 작가/역주)을 알고 있다. 그런데 어째서 내가 그들에게, 나의 우울증에 관해서, 눈물을 그렁그렁한 채 이야기했을까? 완전히 낯선 사람들에게 그런 것들을 이야기한다는 것은 정말 어이없는 일이다. 은신처에 숨어 있던 짐승이 급습을 당한 것 같은 생각이 든다. 오전 내내 나는 글을 쓰고 있었고, 그래서 안으로부터 바깥으로 마음이 열려 있었고, 그들이 보여주었던 그러한 친절과 이해심에 대해서 준비가 되어 있지 않았다. 여기서 그 내적 인간은 외적 인간이다. 그것은 내가 원하는 바이지만, 그러나 그렇다고 해서 내가 덜 어이없는 사람이 되는 것은 아니다.

오래된 내 일기장에서 험프리 트리벨리언이 괴테에 관해서 쓴 것을 발견했다. "위대한 예술가가 긴 인생의 최후까지 창조적인 상태로 남아 있기 위해서는 두 가지 자질이 필요한 것 같다. 그는 한편으로는 삶에 대한 비정상적인 예민한 의식을 유지해야 하며, 결코 흡족하지 않아야 하며, 삶에 만족하지 말아야 하며, 언제나 불가능한 것을 요구해야 하고 그것을 가질 수 없을 때는 절망해야 한다. 불가사의한 무거운 짐이 밤낮으로 그와 함께 있어야 한다. 그는 위로받지 못할 벌거벗은 진실들로 뒤흔들려야만 한다. 이 신성한 불만, 이 불균형, 이 내적 긴장 상태가 예술적 에너지의 원천이다. 많은 이류 시인들은 젊은 시절에만 그것을 가진다. 가장 위대한 시인들 중의 어떤 시인들마저도 그것을 중년에 잃어버린다. 워즈워스는 절망할 수 있는 용기를 그리고 그것과 더불어 그의 시적 힘을 잃어버렸다. 그러나 그것보다는 흔히 그 역동적 긴장들이 너무도 강렬해서 그 사람이 원숙함에 다다르기 전에 그를 파괴시켜버린다."

  예술은 긴장으로부터 나와야만 하는가? 몇 달 전에 나는 어떤 행복한 작품, 즉 결실을 가져다주는 사랑으로부터 나오는 시들로 이루어진 책을 꿈꾸고 있었다. 그런데 이제 여기서 나는 다시 괴로움에 시달리고 있다. 하지만 어쩌면 이것은 병이 아니라, 건강함의 표시일지도 모른다. 누가 알겠는가?

  펄리 콜이 간밤에 죽었다. 나는 세 시 반에 그를 보았는데, 의식이 반쯤밖에 없었고, 그래서 그를 깨우지 않고 그의 침대 곁에 몇 분 동안 서 있었다. 여섯 시에 그 요양원 감독이 전화를 해서 그의 의식이 꺼져가고 있다고 말했고, 한 시간 뒤에 내가 전화를 걸었을 때는 그가 구급차에 실려 킨에 있는 한 병원으로 갔다고 말했다. (어째서 그들은 그를 그 요양원에서 죽게 하지 않았을까?) 몇 킬로미터 떨어진 찰스타운에 사는 그의 막내딸 메리는 그가 구급차 안에서 죽었다고 내게 말했다. 장례식은 하지 않고 화장할 예정인데 시신만 케임브리지로 운반될 것이고, 그 재는 힐즈버러 공동묘지에 뿌려질 것이라고 했다. 그는 아내의 오랜 병 때문에 오랜 세월 동안 아내와 떨어져 지냈다. 내가 들어본 이야기들 중에서 가장 외로운 임종, 가장 외로운 죽음이다. 지난 몇 달 동안 그는 얼마나 여러 번 내게 이렇게 말했던가. "이렇게 끝날 거라곤 전혀 생각지 못했어요."

그러한 죽음을 어떻게 받아들여야 할까? 근면함, 품위, 자기 존중으로 이루어졌던 한 생애 전체가 결국에는 오래된 맥주 깡통마냥 내버려져도 된다는 듯 사람들을 치워버리다니, 우리가 무엇이 된 것일까?

그는 나에게 아주 많은 것을 가르쳐주었다. 그의 느리고 꾸준하게 일하는 방식은 나에게 인내심을 가르쳐주었다. "서두르지 말아요." 작은 일들에 대한 그의 끝없는 관심, 그가 풀들을 베어낸 뒤 무릎을 꿇고서 나무들 가장자리를 잘라 다듬던 모습, 그가 날 위해서가 아니라 잘해낸 일에 대한 자기 나름의 기준들을 보여주기 위해서 일하던 모습——그리고 그는 내가 그 "잘해낸 일"이 무엇을 의미하는지를 정말로 반쯤도 이해하지 못했다는 것을 아주 잘 알고 있었음에 틀림없다. 나는 그를 좋아했고, 연장을 내려놓고서 걸어나가 무슨 마귀와 전쟁이라도 치를 듯한 그 안의 그 거친 기질을 좋아했다. 펄리는 그의 인생의 드라마를 강렬하게 살았다. 어쩌면 그것이 그를 보통 사람들보다 높아 보이게 해주었을지도 모른다. 마음 깊은 곳에서 우리는 오래 전부터 서로를, 열정적이고 완고하고 자부심 강한, 같은 품종으로 알아보았다. 그에 관한 나의 시, "알아보기(A Recognition)"의 말미에서 나는 그것에 대해서 말한다. 이제 그것을 기억해보자, 그였던 남자를.

이제 펄리는 말한다. "빌어먹을!"——그리고 훨씬 더 심한 말을.
그의 말을 들으며 나는 어떤 존경심을 되찾는다.
사람들은 묻는다. 그런 사람을 당신 친구라고 부를 수 있소?
그렇다(빌어먹을!). 그리고 세상 끝날 때까지 그렇다!
브란쿠지의 게임과 그의 게임은 똑같이 뜻이 통하고,
그리고 기도가 펄리의 욕과 다르지 않다.

그러므로 나머지는 가게 하라, 그리고 이보게나, 발꿈치를 낮추고서,
지옥이 얼어붙을 때까지 그 예술가를 찬양하라,
그는 진귀하니까, 낫(장난감이 아니라)을 든 그,
위험한 모험들을 가진 그, 기술과 기쁨을 가진 그,
가지를 쳐내고, 확실하게 해놓고, 들춰내기 위해서 오는 사람,
한창 때인, 지혜로 가득한 노인.
저기 들판 속에 지나가는 그를 바라보면서,

나는 그 사납고, 순한 피, 침착하지 못한 침착함을 알아본다.
할 수 있다면, 나는 그를 나의 친족이라 부르겠다.
저기 낫으로 풀들을 베어버리는 그를
어두운 시절의 나의 행운이라고 부르겠다.

"그런 거죠"라고 그는 말하곤 했었다.

9월 25일

어제 집 앞 잔디밭에서 버섯과, 밀드리드에게 줄 나무딸기를 한 컵 땄다. 나뭇잎들이 빠르게 지고 있다. 그러나 아직까지는 나뭇잎의 빛깔이 온화하여 10월의 그 불타는 빛깔이 아니다. 그리고 이제는, 습하고 지치게 만드는 열대성 대기가 찾아올 것이다.

9월 28일

해가 떠 있다. 깨어나보니 아름다운 안개, 곳곳의 거미줄들에 맺힌 이슬들이 보였다. 하지만 비가 온 끝이라, 과꽃은 축 처져 보였으며 코스모스는 흠씬 두들겨맞은 것처럼 보였다. 그러나 이런 날들이 계속되면 나뭇잎들의 빛깔이 물드는 것을 보게 되고, 그러면 정원의 꽃들이 하나씩 지는 것도 견디기가 더 쉽다.

밀드리드가 와서 청소를 하고 있다. 나는 그녀가 처음 이곳에 오기 시작했던 이후로의 몇 년 세월에 대해서 그리고 그렇게 조용하고, 인정 넘치고, 특색 있는 그녀의 존재가 이곳에 있는 모든 것들을 얼마나 복되게 해주었는가에 대해서 생각해본다. 혼자 사는 것은 활기를 띠게 된다. 그러나 중단되지는 않는다. 그녀의 섬세한 손이 바쁘게 먼지를 털고 물건들을 정돈해놓고 있다는 것을 알기 때문에 나는 작업에 더 몰두할 수 있다. 그리고 열 시에 커피와 이야기를 위해서 함께 앉을 때면 그것은 결코 잡담이 아니다. 오늘 그녀는 자기 집 뒤쪽 창문 밖의 산벚나무에서 완벽하게 둥그런, 그 위에 맺힌 이슬방울들로 반짝이는 거미집을 보았다는 이야기를 했다. 그녀와 나는 많은 기쁨과 슬픔을 함께 겪었고, 그리고 그것들은 이제 우리가 주고받는 모든 것들을 통해서 "곱게 짜인다."

나는 고집이 센 성격이고, 종종 어울리기 힘든 사람이다. 내가 참을 수 없는 것들, 나로 하여금 꼬리를 말아올리는 고양이처럼 발끈하게 만드는 것들은 우쭐거림, 점잔 빼는 것, 말투에서 종종 드러나는 거친 결이다. 나는 격한 혐오감을 가지고 잡담을 혐오한다. 왜? 다른 인간과의 어떤 만남이든 이제 내게는 하나의 충돌이기 때문이 아닐까 생각한다. 그것은 언제나 비싼 비용이 들고, 나는 내 시간을 낭비하지 **않으려고** 든다. 야외에

나가 있는 것은 결코 시간 낭비가 아니고, 누워서 두 시간 동안이나마 쉬는 것도 결코 시간 낭비가 아니다. 이미지들이 두둥실 떠오르는 것이 그런 때이고, 내가 작품을 계획하는 것도 그런 때이다. 그러나 사교적인 겉모습밖에 보여줄 것이 없는 사람들을 만나는 것은 시간 낭비이다. 그 사람에게서 진정한 인간을 찾아내려고 모든 노력을 하겠지만, 그러나 그것을 찾아내지 못하면 나는 속이 뒤집히고 신경질적으로 변한다. 낭비되는 시간은 독약이다.

넬슨이 좋았던 것은 바로 그런 이유 때문이다. 이곳의 이웃은 결코 우쭐거리지 않고, 잘난 체하는 법이 거의 없고, 그들의 거칠음은 투박하고 건강한 것이기 때문이다. 정말로 교양 있고 세련된 사람은 결코 짜증나게 만들지 않는 것처럼, 나는 워너 가족이나, 밀드리드, 아널드 마이너로 인해서는 결코 짜증을 느낄 수 없고, 헬렌 밀뱅크의 드문 방문은 한껏 즐겁다. 가장 좋은 것은 앤 우드슨, K. 마틴 혹은 엘리너 블레어 같은 정말로 친한 사람들이고, 그런 오래된 진정한 친구들과의 대화는 함께하는 기쁨의 꽃다발, 함께 나누는 인생관이 된다. 엘리너는 이곳에서 주말을 보내다가 방금 갔다. 우리는 멀리 위쪽 코네티컷 강 유역 너머에 있는 한 들판으로 소풍을 나가서 멋진 시간을 보냈다. 우리는 숲 가장자리의 그늘에 담요를 펼쳐놓고서, 어렴풋하게 보이는 완만한 구릉들, 툭 트인 공간, 19세기적 분위기를 풍기는 그 강의 자태를 음미하면서, 아주 즐거운 한때를 보냈다. 그 풍경 전체가 하나의 동판화라고 해도 좋을 듯했다. 배가 다닐 수 없는 강이고 그래서 그 강둑마저 100년 동안 거의 변하지 않았기 때문이 아닐까 생각된다. 아주 가까이에서 우리는 수많은 가을벌레들이 찌르르 울어대는 작은 소리들에 귀 기울였고, 돌아오는 길에 엘리너는 메뚜기처럼 생긴, 환한 초록빛 긴 날개를 가진 놀라운 곤충을 내게 보라고 가리켰다. 더 나아가다가 그녀는 붉은 열매가 잔뜩 달린 바베리(매자나뭇과 매자나무속의 관목/역주) 가지를 두 개 꺾었는데, 그것들은 지금은 여기 벽난로 위의 일본산 꽃병에 아름답게 꽂혀 있다.

그럼에도 불구하고, 손님 맞을 준비를 하고 요리를 하는 것은 내가 너무도 우울한 사람이기 때문에 거의 감당하기 어려운 노력처럼 보인다. 우울은 심적 에너지를 무시무시하게 갉아먹어치운다. 하지만 물론 그런 노력은 내게 약이었다. 나는 가지 속에 햄과 버섯을 채워넣어 요리했는데, 그것은 엘리너가 처음 보는 요리였고 그리고 아주 좋았다. 그 쭈글쭈글해진 가지를 그릇에 세워 담고 그 둘레에 고구마들을 놓으면, 아주 굉장한 요리로 보이기도 한다.

하지만 나의 피곤함 그리고 꽃병 안에서 시들고 있는 꽃들에 대한 자그마한 말 한마디에 대한 격노가 나의 터무니없는 분노의 고전적인 실례로 터져나오면서, 그 모든 즐거움은 막판에 가서 망가지고 말았다. 오늘 목소리가 안 나오는 것으로 보아 내가 끔찍할 정도로 커다랗게 고함을 쳐댔던 것이 분명하다! 그 죄에 딱 알맞은 벌이다. 끔찍한 말들을 내뱉어, 나는 말을 할 수 없는 병신이 된 것 같은 기분이다. 그런 분노들은 사람을 병신으로 만든다. 그런 분노가 일어날 때는 발작 같고, 그것이 끝나면 양심의 가책이 나를 뒤쫓는다. 나를 잘 알고 나를 사랑하는 사람들은 그것을 나의 일부로 받아들이게 되었지만, 그러나 그것이 받아들여질 수 없는 것임을 나는 안다. 간질병 환자가 약으로 발작을 막는 법을 배우듯이, 나는 그것들을 어떻게 막아야 하는지 배우고 그것들을 해소하기 위해서 노력해야만 한다. 나는 때때로 그것이 분노와 내 생명 자체 사이의 라오콘적(라오콘은 트로이 전쟁에서 목마를 트로이 성내로 들여서는 안 된다고 경고하여 아테나 여신의 노여움을 사서 두 아들과 함께 거대한 바다뱀에게 목이 졸려 죽은 아폴론 신전의 사제/역주) 투쟁인 것 같은 기분이 든다. 마치 분노가 어린 시절부터 나를 자기 세력하에 두었던 마녀인 것 같은, 그래서 내가 그 마녀를 정복해버리거나 아니면 그 변하지 못하는 태도를 보인 뒤에 따라오는 자살하고 싶은 우울을 통해서 그 마녀가 마지막으로 단번에 나를 정복해버릴 것 같은 기분이 드는 것이다.

때때로 나는 그 격노의 발작들이 차곡차곡 쌓여오다가 관계도 없는 어떤 자그마한 것에서 출구를 발견하고 터져나오는 좌절감이 아니라, 어떤 거대한 창조적 충동이 반대로 뒤집어져버린 것, 흐름을 저지당하고 있다가 넘쳐흐르는 어떤 것 같다고 생각한다. 유아 시절부터 그런 발작들이 있었다. 이야기는 내가 두 살 때의 봄델헴 시절로 되돌아간다. 비 오는 어느 겨울날 하얀 털 코트를 입고 바깥으로 나가게 된 나는 한 쇼윈도 안의 금붕어 어항에 홀려버렸다. 나는 열렬하게 그것을 원했다. 그러나 "안 된다"는 말을 들었다. 나는 하얀 털 코트를 입은 채로, 진흙 웅덩이 속으로 몸을 던졌다. 그 발끈하는 성깔에 부모님은 걱정이 되어, 의학적 조언에 따라, 그런 일이 또 일어났을 때 시험 삼아 옷을 전부 입힌 채로 나를 미지근한 욕조에 집어넣어보았다. 그 다음 번에 격노하게 되었을 때 나는 고함을 질렀다. "날 욕조에 넣어요! 날 욕조에 넣으라고요!" 이것은 그 나이에도 내가 엄청난 분노에 휩싸였을 때조차도 어떻게든 그것을 억제해야만 한다는 것을, 요즘 말로 하면 도움이 필요하다는 것을 의식하고 있었음을 보여준다.

그러나 어떤 것을 원하는데 그것이 주어지지 않는다는 것과 전날의 에피소드 사이에는 차이가 있다. 그것은 내가 부당한 종류의 비판이라고 느낀(터무니없이) 것 때문에 폭발한 것이었다. 단순히 손님이 있다는 현실적인 측면에 대처하려고 애쓰다가 심한 긴장 상태에 있었던 것이다. 나는 오래된 소중한 친구인 엘리너에게 모든 면에서 즐거운 시간이 되게 하려고 몹시 애썼다. 그런데 아주 바보처럼, 나는 공격당했다고 느꼈던 것이다. 물론, 나 역시 꽃꽂이에 자부심을 가지고 있고 주위에 시든 꽃들이 있는 것을 견디지 못한다. 하지만 그런 반응은 터무니없이 걸맞지 않는 것이었고, 그리고 바로 그것이 그것을 무서운 것으로 만들었다. 그런 때는 정말로 내 머리통이 터져 나갈 것 같은 느낌이 드는데, 울화통을 터트리는 것 자체가 하나의 해방이라는 것은 의심의 여지가 없다. 그러나 그것에 대해서 죄책감과 수치심으로 아주 무거운 대가를 치러야 한다. 호러스는 말한다. "분노는 짧은 광기이다."

나는 또한 때때로, 빠르게 끓어오르는(이런 성미를 프랑스인들은 수프 오 레[soupe au lait]라고 부른다. 우유 수프가 끓어 넘치는 것 같은 것이다) 나와 비슷한 사람들의 경우에는 울화통을 터트리는 것이 광기 혹은 병을 막아주는 내재된 안전 밸브가 아닐까 하고 생각한다. 어머니는 아버지에 대한 분노를 파묻었고, 나는 그렇게 억누른 결과들을 그녀에게서 보았는데, 두 가지만 들자면 편두통과 심계항진(心悸亢進 : 심장의 비정상적인 빠른 박동/역주)이 그것이었다. 신경계통이란 아주 불가사의하다. 그녀를 화난 사람으로 만든 바로 그것이 또한 그녀에게 온갖 종류의 시련에 대처할 수 있는 놀라운 힘을 주었던 것이다. 그 분노는 파묻혀 있는 불이었다. 그 불꽃이 우리가 벨기에로부터 피난 와서 미국 생활에 서서히 적응해가던 그 힘든 시절 내내 아버지와 나를 먹여살렸다.

내 내부의 사나운 긴장은, 제대로 통로가 뚫릴 때는, 작업을 위한 좋은 긴장을 조성한다. 그러나 그것이 불균형해질 때면, 나는 파괴적으로 변한다. 어떻게 그 좋은 긴장만을 격리시킬 수 있을까가 요즘의 내 문제이다. 혹은 다른 식으로 표현하자면, 어떻게 그 수프가 끓어넘치지 않도록 잽싸게 그 불을 줄일 수 있을까!

9월 29일

어젯밤에 서리가 올 것이라는 예보가 있었고, 그래서 나는 밖으로 나가서 아직 푸른 토마토들을 가지째로 모아 위층 세탁실에 걸어두었다. 그곳에서 익기를 바라며. 그 다음에는 눈에 띄는 모든 여린 작은 꽃들──한련, 코스모스, 몇 송이의 수레국화, 몇 송이의 늦장미──과 세 화분에 담긴 베고니아와 제라늄을 안으로 가지고 들어왔다. 베고니아는 처음에는 지난겨울 실내 화초로, 그 다음에는 여름 내내 야외에서 놀랄 만큼 무성하게 자랐다. 튼튼하게 잘 크는 초목은 커다란 위안이다. 오후 늦게 내가 그런 허드렛일들을 하고 있을 때 햇빛은 흐렸다. 올 가을은 아직까지는 그 장엄한 가을들 중 하나가 아니었다. 지금 오늘 아침은 천둥이 칠 것처럼 어둡고 잔뜩 흐렸는데 그레이시

워너는 나뭇잎들을 긁어모으고 풀들을 다시 한번 베어낸다. 나는 주문했던 구근(球根)들이 도착하기를 고대하고 있다. 이른 가을의 허드렛일들은 우울하지만, 구근을 심는 일은 희망의 작업이고 가슴 뛰는 일이다. 10월 동안은 즐거울 것이다. 이 이상하고 덥고, 불안정한 9월이 제 길로 가버리고 난 뒤에는.

몇 년 만에 처음으로 "죽은 아이를 그리는 노래(Kindertotenlieder)"(구스타프 말러 작곡[1902], 프리드리히 뤼케르트의 시에 곡을 붙인 것으로 다섯 가곡으로 이루어짐/역주)를 틀어놓았다. 그것은 일종의 상징적인 제스처가 아닐까 생각한다. 나는 자식들을 잃지는 않았다. 자라나라는, 그러면서 그 어린아이 같은 울음소리와 분노까지 죽이라는 다그침을 받아야만 하는 것은 나 자신 안의 유아이다. 이 바로 앞 문장을 쓸 때, 케이틀린 토머스의 「죽여야 할 남겨진 인생(*Leftover Life to Kill*)」에 대한 루이즈 보건의 뛰어난 서평이 생각났다. 루이즈는 이렇게 말한다.

> 순진무구함과 사나움은 무시무시한 것들이다. 인류학자들이 알고 있는 사실상의 모든 부족의 청년들에게 부과되는 엄한 통과의례들은 두 가지의 기본적인 언명을 강조한다. 자라라 그리고 차분해져라. 성숙기에는, 강렬한 감정들 —— 기쁨, 격노, 비탄 —— 이 터져나오는 것을 억누르고 그리하여 그것들이 분별없이 전체의 평안을 깨뜨리지 않게 해야 한다는 것을 인류는 발견했던 것이다. 그리스인들은

신들의 의지에 대항해서 덤벼드는 사람들을 두려워했다. 그리스 비극들의 엄숙한 코러스는 경고하고 주의를 주면서, 무엇이든지 도가 지나친 열정으로 심한 고통을 받는 남녀들을 분별 있게 만들려고 애쓴다. 신들이 그런 자만심을 처벌할 것이 분명하다. 그렇기는 하지만, 가슴의 순진무구함과 감정의 사나움은 어떤 종류의 뛰어난 성취에든 필수적이라는 것은 사실이며, 또한 언제나 그래왔다. 예술은 그것 없이는 존재할 수 없다. 케이틀린 토머스는 자신이 그런 위험한 자질들을, 대부분의 사람들이 그것들을 영원히 잃어버리게 되는 시절까지도 순수한 상태로 그리고 고도로 활동적일 정도로까지 간직할 수 있는 사람들 중의 한 명이라는 것을 스스로 입증한 것이다.

하지만 케이틀린 토머스는 위대한 예술가는 아니다. 루이즈는 내게 말하곤 했다. "당신은 그 **지옥**이 당신 작품에 들어오지 못하게 하는군요." 나는 그것에 대해서 많이 생각해왔다. 나는 예술작품은 (나는 특별히 시에 대해서 생각한다) 내가 신과 나누는 일종의 대화로서, 갈등보다는 해결을 제시해야만 한다고 느껴왔다. 좋다, 갈등이 있다. 하지만 그것은 그 시를 쓰는 방법을 통해서 풀리는 것이다. 화가 나서 하는 기도들, 고함을 치며 하는 기도들은 신의 귀에는 알맞지 않다. 그러므로 내 삶에는 **지옥**이 있지만, 그러나 나는 그것이 내 작품에는 들어가지 않게 해왔다. 그런데 이제 그것이 내가 가장 마음 쓰는 것을 망쳐놓으려고——1년 반 전부터 사랑을 하게 된 이후로, 더 이상 유익하지 않게 되고 그 대신에 외로움이 되어버린 어떤 고독 속으로 나를 도로 몰아넣으려고——위협하고 있다. 그리고 이제 나는 내 삶 속의 그 **지옥**을 정복하려고 애쓰고 있다. 그 모든 어둠을 햇빛 속에 드러내놓으려고. 이미 자랐어야 했을, 한창 자랐어야 했을 때에야.

"사람은 어떻게 자라는 거지?" 요전에 한 친구에게 물었다. 약간의 침묵이 있었고, 그녀는 이렇게 대답했다. "생각함으로써."

"……행복의 체험, 즉 가장 위험한 것, 왜냐하면 있을 수 있는 그 모든 행복이 우리의 목마름을 가중시키고, 사랑의 음성은 어떤 적막, 어떤 고독이 울려퍼지게 만들기 때문이다."(프랑수아 모리아크, 「서른 살의 남자의 일기[*Journal d'un Homme de 30 Ans*]」에서)

10월 5일

잠에서 깨어나 밖을 보니 서리 맞은 초원은 밝은 은색이었고, 헛간 위의 노란 잎사귀들을 뚫고 환한 햇빛이 비치고 있었다. 내 눈을 쉬게 하는, 차분하게 가라앉혀주는 이런 툭 트인 공간이 없다면, 나는 어떻게 할 것인가? 그것은 이곳 전체의 신비로운 열림이다. 내가 떠나 있다 돌아오면 대하게 되는 것이다. 어떤 것보다 깊은 숨결. 매번 떠나 있을 때마다, 주말 동안만이라도, 나는 이 집과 정원을 도로 회복시켜놓아야만 한다. 부재와 더불어 뭔가가 죽어버리고 그래서 그것을 도로 살려놓아야 하는 것이다.

  우편물이 산더미 같았다. 그중에서 어떤 것들은 아름다운 깜짝 선물들이었다. 요리 방법에 관해서 쓴 글들과 더불어 약초들로 감싼 커다란 말불버섯 하나가 그런 것이었는데, 나로서는 그런 것을 이전에 본 적이 없었기 때문에 그것은 일종의 마술적인 물건이었다. 또다른 소포를 보니까 집에서 만든 절인 무화과 한 병이 들어 있었다. 산 것이 아니고 돌아다니며 찾아낸 혹은 손으로 만든 이런 선물들에서 축복을 느낀다.

  이 모든 것들을, 30여 통의 편지까지 포함해서, 간신히 옆으로 밀쳐두었다. 왜냐하면 맑은 가을 햇빛 속에서 줄곧 코네티컷 강을 따라 집으로 차를 몰고 올 때 오래된 친구들 같은 언덕들과 마주치면서 브래틀버러에 가까워질 무렵에 나는 공간, 그것도 시 한 편을 위한 내적 공간을 만들어야겠다고 결심했기 때문이었다. 상실감이 모든 것을 날카롭게 만들었다. 그 짧았던 주말들, 사랑의 뿌리들을 뽑아버린 것 그리고 나 자신이 그런 스트레스를 받으면 더 잘 처신하지 못하는 것 등으로 나는 고통스러워한다. 그 시는 침묵에 관한 시이다. 정말로 오직 침묵 안에서만 사랑하는 사람들은 자기들이 알고 있는 것을 알 수 있다. 그리고 침묵 안에서 그들이 아는 것은 깊고, 힘을 주는 것, 손바닥과 발바닥까지 힘을 주는 것이라는 시이다. 잠시 동안은 마치 내 헐벗은 상태에 사랑의 옷이 입혀지는 것 같다. 하지만 그 다음에 돌아오면, 나는 고립 속에서 몸을 떨고 그리고 그 외로움을 다시 마주하여 그것을 길들이기 위해서 애써야만 한다. 내가 걸어들어올 때 집은 결코 친구가 아니다. 앵무새 펀치만이 나를 반기는 소리를 지른다. 꽃들도 없다. 텁텁한 담배 냄새, 닫힌 창문들, 다시 창조해달라고 청하면서 어딘가에서 나를 기다리고 있는 나의 삶.

다른 소포들 사이에서 「사랑의 종류들(*Kinds of Love*)」의 초판 증정본들을 발견했다. 그냥 힐끗 보았는데, 노턴 출판사가 아름답게 만들어놓은 표지가 보였다. 친구들에게 보내기 위해서 세 권을 포장했다. 하지만 이곳에는 출판을 축하해줄 사람이 아무도 없다는 것이 끔찍했다.

가을 크로커스는 경이롭다. 그리고 라벤더 과꽃, 낙엽들 사이의 푸른 불꽃들. 나는 아늑한 방의 벽난로 위에 놓인 베네치아산 유리 꽃병에 꽂아놓으려고 크로커스와 몇 송이의 늦장미를 꺾었다. 그 다음에는 저녁 요리를 했다. 그 말불버섯은 멋들어진 겨자 같은 녹색이었고, 좀 쓴맛이 났다.

오늘 아침 깨어나 눈물을 흘렸다. 예순 가까운 나이에 자기 자신을 철저하게 바꾼다는 것이 가능한 일인지 궁금하다. 원망감과 적의, 어딘가 의식적 차원의 훨씬 아래서 태어나는 그 불안정한 애증을 통제하는 법을 배울 수 있을까? 배우지 못한다면, 나는 사랑하는 사람을 잃을 것이다. 순간순간, 시간시간, 삶을 계속하는 것 외에는 달리 할 것이 없다. 새 모이를 밖에 내다놓고, 방들을 치우고, 내 주위에 질서와 평안을 만들어놓는 것──설사 그것을 내 내면에 이루어놓지는 못한다고 하더라도──외에는. 지금은 오전 열 시 반, 집 안이 어둡게 느껴질 정도로 바깥에는 아주 휘황찬란한 햇빛이 있다. 나는 복도를 통해서, 맨 끝에 있는 창문까지 온통 어둠에 잠겨 있는 아늑한 방과, 한 다발의 황금색과 녹색의 나뭇잎들을 들여다본다. 그리고 여기 서재에는 햇빛이 너무도 맑다. 가을의 그 흰빛이다. 그것은 내게 그것에 걸맞은 내면적 행동을 취하라고 요구한다.……투명해지라고, 투명해지라고.

10월 6일

점심을 먹으려고 오는 누군가를 기다리고 있는 날은 보통 날들과 아주 다르다. 집 안 전체에 꽃들이 아름다워 보이게 만들 이유가 있는 것이다. 그리고 나는 오늘 방문하는 앤 우드슨이 그것을 알아채리라는 것을 안다. 그녀는 내 친구들 중의 소수만

이 보는 방식으로 이 집을 보기 때문이다. 그것은 아마도, 그녀가 나 없는 동안 이 집에서 살면서 초목들을 가꾸고 잡초를 뽑으며——한번은 리넨 수납장까지 정리했다!——이곳에서 자기 나름대로의 생활방식을 만들었기 때문일 것이다.

부드럽고 아주 온화한 날이다. 물푸레나무는 그 잎들을 떨구었다. 우편물을 가지러 밖으로 나갔다가 멈춰 서서 그것을 바라보고 있을 때, 이곳의 모든 것들이 곧 숫돌에 갈려 뼈대만이 남으리라는 생각이 들어 기뻤다. 그 모두가 이제는, 나뭇잎들에 대한, 빛깔에 대한 풍요로운 작별이다. 나는 그 나무들에 대해서 생각한다. 나무들은 얼마나 간단하게 놓아버리는가, 한 계절의 풍요들을 떨구어버리는가, 얼마나 비탄 없이(그렇게 보인다) 나무들은 놓아버리고서 재생과 잠을 위해서 제 뿌리들 속으로 내려갈 수 있는가. 이런 날에는 엘리엇의 말이 되살아난다.

걱정하는 법과 걱정하지 않는 법을 우리에게 가르쳐달라.
가만히 앉아 있는 법을 우리에게 가르쳐달라.

그것은 내가 매해 가을마다 다시 틀어보는 말러의 "작별(Der Abschied)" 안에도 있다(브루노 발터 지휘, 캐슬린 페리어 콘트랄토). 하지만 말러에게서 그것은 상실의 외침, 놓아버리기 바로 전의 긴 서정적 외침이다. 적어도 평안과 단념을 암시하는 마지막의 긴 악구(樂句) 전까지는 말이다. 그러나 나는 그것을, 어제 헬렌 밀뱅크와 함께 소풍을 나갔던 그 호수의 어른거리는 빛을 배경으로 투명하게 보이던 그 황금색 나뭇잎들과 그 눈부신 자그마한 붉은 단풍나무로서 생각한다.

인간을 제외한 자연의 어떤 것이든 절망을 하는가? 한쪽 발이 덫에 걸린 짐승도 절망하는 것 같아 보이지 않는다. 그 짐승은 살아남기 위해서 애쓰느라 너무 바쁘다. 그것은 온통 좁혀들어, 일종의 정지되고 강렬한 기다림으로 변한다. 이것이 열쇠일까? 생존하는 일로 계속 바쁘게 지내라. 나무를 본받아라. 되찾기 위해서 잃는 법을 배우라. 그리고 어떤 것도 오래도록 똑같은 것으로 남아 있지는 않다는 것을 명심하라, 아픔마저도, 심리적 아픔마저도. 그것을 인내하라. 그 모든 것을 지나가게 하라. 가버리게 하라.

어제는 아이리스 화단에서 제비꽃들을 뽑아냈다. 땅 속에서 열리는 과일 같은, 그 두툼한 뿌리 다발들 때문에 아이리스가 질식해가고 있었다. 한 송이의 아주 향기로운 제비꽃과 작은 가을 크로커스 몇 송이를 찾아냈다. 햇빛이 시들해지는 가운데 축축한 흙냄새를 들이쉬면서 한 시간 동안 일을 하고 나니, 아이리스 화단은 다시 단정해 보인다.

10월 8일

그 내면의 작업이라는 것이 뭔가를 이루어가고 있는 것인지 아니면 단순히 가을빛 때문인지는 모르겠지만, 나의 길이 다시 보이기 시작한다. 그것은 스스로를 다시 시작한다는 뜻이다. 오늘 아침에 두 가지의 작은 놀라운 일들이 있었다. 아직 침대에 누워서 창밖을 내다보는데(부드러운 안개가 낀 아침이었다), 우연히도 바깥 풀밭에 있는 "바위의 반이 빛이었다."고거티(1878-1957, 아일랜드 작가/역주)의 이 시구가 어째서 몇 년 동안 내게서 떠나지를 않았는지 이제는 이해할 수 있다. 그 화강암 반쪽 위에 얹혀 있는 햇빛을 보았을 때 나는 찌를 듯한 순수한 기쁨을 느꼈던 것이다. 나중에 꽃에 물을 주며 돌아다닐 때, 서재 문턱에서 한국 국화 위로 한 줄기 햇살이 마치 스포트라이트처럼 가운데가 황금색인 진한 붉은빛 꽃잎들을 환히 비추고, 반면에 그 뒤의 라벤더 과꽃은 주황색 작약과 엘리너가 꺾어주었던 바베리와 함께 그늘에 잠겨 있었다.

아널드가 헛간 바닥을 손보는 작업을 시작하러 왔다. 커다란 판자들 아래로는 온통 썩어 있어서 우리가 처음에 생각했던 것보다 비용이 더 많이 드는 일이 되기는 하겠지만, 하지만 언제나 그런 법이다.

어제 앤과 나는 아름다운 곳으로 두 번 소풍을 나갔는데, 먼저 간 곳은 들판에 아직 술 달린 용담들이 있는 레지스였다. 그루터기만 남은 밭에 서 있는 그 선명한 푸른색은 엄청나게 자극적이었다. 용담들이 그곳에 있으리라고는 정말로 믿을 수 없었고, 또 얼마 동안은 우리도 전혀 보지 못했었다. 하지만 계속 걸어가자니 그것들이 하나씩 하나씩, 한 가지에 서너 송이의 꽃들이 붙은 채로, 나타나기 시작했다. 우리는 실버 호숫가에 한동안 앉아 있었다. 한쪽 끝에 창백한 푸른색 유령 같은 산이 하나 있고 눈부신 붉은색 단풍나무를 뚫고 햇빛이 비치는 거울 같은, 더할 나위 없이 잔잔한 호수였다. 완벽한 평안.

앤을 만날 때마다 나는 내가 몰랐던 뭔가를 배우게 된다. 아직도 왕나비들이 날아다니고 있다. 우리는 그중 한 마리를, 정원의 가을 크로커스에서 단꿀을 빨고 있는 그 느린 박동을 오래도록 바라보았다. 앤은 그 왕나비들이 이제 브라질로 이동할 것이라고 내게 말했다. 브라질이라고? 어쨌거나, 남쪽으로 수천 킬로미터를.

그녀는 그림 두 점을 가져왔다. 하나는 나의 소네트 "광년(光年, The Light Years)"을 그림으로 그린 것이었고, 다른 하나는 커다랗게 확대시킨 붉은색 양귀비꽃들을 우리의 묘지에서 나온 오래된 묘석들 중의 하나와 결합시킨 것이었다. 생명이 있는 것들 중에서 가장 연약한 것, 양귀비꽃들 한가운데에 메멘토 모리(Memento Mori : 죽음의 상징/역주). 앤은 평면적인 기법을 사용하는데, 그 위험은 물론 그 그림이 뉘앙스 없는, 단순히 "장식적인" 것으로 끝날 수 있다는 점이다. 앤의 천부적인 재능은 이런 종류의 시적(詩的) 합성, 즉 사물들을 있는 그대로 보는 시각이다.

다시 한번 시는 내게 영혼 만들기의 도구가 된다. 어쩌면 나는 놓아버리는 법을 배우는 중이고, 이렇게 시가 다시 밀려오는 것이 바로 그것인지도 모르겠다.

10월 9일

그것이 정말로 마침내 일어난 것일까? 나는 고문에서 풀려나 해방되어, 오직 **좋기만** 할 뿐인 그 깊은 근원, 시가 사는 그곳과 접해 있는 기분이 든다. 올해에는 그 눈부신 아름다움을 오래도록 기다려왔는데, 하지만 돌연히 그 큰 단풍나무는 온통 황금색으로 변해 있고, 너도밤나무는 노란색인데 초록빛이 약간 남아 있어서 그 노란색이 한층 더 강렬해 보인다. 아직 뽑아버려야 할 한련들이 있고, 이제는 남아 있는 구근들을 안으로 들여오는 일을 정말로 시작해야 한다.

놓아버린다는 것은 바보스러울 만큼 힘든 일이었지만, 그러나 그것이야말로 해야만 하는 일이었다. 나는 지나치게 걱정하면서, 스쳐가버릴 것이 분명해 보였던 것을 나 자신이 움켜잡고 있게 놔두었다. 하지만 움켜잡는 것이야말로 사랑을 살해하는 가장 확실한 방법이다. 마치 사랑이 너무 세게 껴안으면 안 되는 새끼 고양이인 것처럼 혹은 꽉 쥔 손 안에서는 시들어버리는 꽃인 것처럼. 놓아버리면서 어제 나는 되돌아왔고 그리고 오늘은 그 온갖 풍요로움과 깊이를 가진 이곳에서의 내 생활 감각으로, 영혼 만들기를 위한 자유로 되돌아왔다.

그것은 정말 하나의 돌파구이다. 나는 오랫동안 소네트 형식으로는 쓰지 않았지만, 그러나 내 삶의 중대한 위기에 이르러 내가 모든 것이 명백해지는 한 지점에 다다르게 되고 거기서 아픔이 그 체험 자체의 질에 의해서 초월될 때, 그때마다 소네트들이 나온다. 시구들 전체가 머릿속에서 들끓어, 나는 그것이 무엇이든지 간에 쏟아놓기 전까지는 쓰는 것을 **멈출** 수가 없다.

아침 식사 전에 새 모이를 채워주러 밖에 나갔다가 커다란 버섯 세 개를 발견했다. 지금까지는 어치들만 오지만, 새들 사이에 소문이 돌겠지.

10월 11일

나만 아주 우습게 되었다. 나는 우울에 빠지지 않으려고 이번 주말을 친구들과 함께했다. 그 모퉁이를 이미 돌아서 시나 쓰고 있어야 한다는 것을 알지 못한 채 말이다. 지금은 가을의 절정의 순간이다. 하지만 나는 벌써 집 앞 잔디밭 위 낙엽 카펫이 점점 더 두꺼워지면서 잠자는 미녀 같은 기분이 든다. 시내를 따라 구불구불한 도로를 차를 몰고 올라오는데 너도밤나무 길이 말할 수 없이 찬란했다. 투명한 황금색 담장이 이어져 있는 것 같았다. 소고기 불고기를 먹는 일요일 식사를 위해서 로리 암스트롱이 왔었다. 그 뒤 나는 오후 늦게 두 시간 동안 밖에 나가 100개의 튤립 구근을 심었다. 그 자체가 큰일은 아니겠지만, 그러나 그 일을 위해서 곳곳에 공간을 마련해놓아야 하고, 잡초를 뽑아야 하고, 다년생들을 분리해야 하고, 제비꽃 때문에 질식당하고 있는 아이리스를 구해주어야만 한다. 나는 사실 봄과 가을에만 잡초 뽑는 일을 하고, 그래서 지금 정글을 헤치고 일을 한 것이다. 흐린 날이라 오후가 끝날 무렵에는 빛이 우중충해졌고 그래서 서늘한 느낌이 들었지만 쓴 흙내는 일종의 강장제이다.

지난 몇 달간의 고통으로부터의 해방이 여기서 계속될 것이라고는 거의 믿을 수 없지만, 그러나 지금까지는 그것은 진정한 심정의 변화 혹은 그보다는 나 혼자 있을 수 있는 존재의 **변화** 같은 기분이 든다. 여기서의 내 삶은 너무도 많은 것이 위태롭다. 나는 언제나 심지어 내 작업조차 믿지 못한다. 하지만 지난 며칠 동안 나는 이곳에서의 내 투쟁의 타당성을 다시 느끼게 되었다. 내가 작가로서 행여 "성공하든" 하지 못하든 그것은 의미 있는 것이고 그리고 그 실패마저도, 즉 신경쇠약 같은 까다로운 기질로 인한 실패들까지도 의미 있는 것일 수 있다는 것이다. 지금은 사람들이 점점 더 많이 삶에 갇히고, 내적 결정들을 점점 더 적게 내리고, 진정한 선택들은 점점 더 적게 존재하는 시대이다. 가족이라곤 흔적도 없는 중년의 독신녀가 소리 없는 마을의 이 집에서 살고 있으며, 그녀가 책임지고 있는 것은 오직 그녀 자신의 영혼뿐이라는 사실은 뭔가를 의미한다. 그녀가 작가이며 그리고 자기가 어디에 있는지, 내면으로의 순례여행이 어떠한 것인지를 안다는 사실은 위안이 될 수 있다. 해안의 바위투성이 섬들 위 등대에 등대지기가 있음을 안다는 것은 위안이 된다. 때때로, 어두워진 뒤 산책을 나갔다가 내 집에 환히 불이 켜져 너무도 생생해 보이는 것을 볼 때면, 나는 이곳에서의 내 존재가 그 **지옥**을 견딜 만한 값어치가 있는 것이라고 느낀다.

나는 생각할 시간이 있다. 그것은 커다란, 가장 커다란 호사이다. 나는 존재하기 위한 시간을 가지고 있는 것이다. 그러므로 내 책임은 막대하다. 시간을 잘 사용하고, 내게 얼마만큼의 세월이 남아 있든지 간에 그 안에서 내가 될 수 있는 모든 것이 되기 위해서. 이것이 나를 당혹스럽게 하지는 않는다. 당혹감은 내가 알지도 못하는 그리고 결코 알 수도 없는 다른 많은 사람들과 연결되어 있다는(마치 무선 안테나에 의한 것처럼) 내 삶에 대한 느낌을 잃어버리게 될 때 온다. 신호들이 줄곧 나갔다가 들어오는 것이다.

산문보다는 시가 언제나 훨씬 더 진실한 영혼의 작업인 것처럼 생각되는 것은 무슨 이유일까? 나는 산문 한 장을 쓴 뒤에는 결코 고양된 기분을 느끼지 못한다. 의지를 집중해서 좋은 글을 썼다고 할지라도, 그리고 적어도 한 소설에서 상상력을 완전히 다 써버린다고 할지라도. 어쩌면 그것은 산문은 얻어내는 것이지만 시는 주어지는 것이기 때문인지도 모른다. 둘 다 거의 무한정으로 고칠 수는 있다. 내가 시를 가지고 작업을 하지 않는다고 말하려는 것이 아니다. 정말로 영감을 받을 때면 나는 시 하나를 가지고 100장의 원고지를 거치면서도 흥분을 유지할 수 있다. 그러나 그 싸움을 견뎌낼 수 있는 것은 오직 내가 은총의 상태에 있을 때, 또 깊은 채널들이 열려 있을 때이며, 그리고 그렇게 채널들이 열려 있을 때 내가 아주 깊숙하게 흔들리면서도 동시에 균형을 잡고 있을 때, 그때 나의 의지를 넘어서 있는 힘들로부터 선물처럼 시가 오는 것이다.

내가 무한정한 시간 동안 홀로 감금되어 있고 내가 쓰는 것들을 누구도 행여 읽지 못할 것임을 알고 있다면, 나는 그래도 시를 쓰겠지만 그러나 소설은 쓰지 않을 것이라고 종종 상상해왔다. 어째서? 아마도 시는 일차적으로 자신과의 대화이지만 소설은 다른 사람들과의 대화이기 때문일 것이다. 그것들은 완전히 서로 다른 존재양식들로부터 나온다. 내가 소설을 써온 것은 어떤 것에 대해서 내가 어떻게 **생각하는가**를 알기 위해서였고, 시는 어떤 것에 대해서 내가 어떻게 **느끼는가**를 알기 위한 것이 아니었을까 생각된다.

10월 14일

다시 열대성의 고갈시키는 날씨. 커다란 단풍나무들의 잎사귀들은 거의 져버렸다. 그러나 정원 아래쪽에는 아직도 눈부신 황금색의 너도밤나무들의 병풍이 있다. 그리고 집 주위로는 너무도 두꺼운 낙엽 카펫이 깔려 있어서 반쯤 묻혀버린 느낌이다. 고맙게도, 워너 가족이 지금 낙엽들을 쓸어모으고 있다. 구조받은 것 같은 기분이다.

잿빛 하늘. 걷히지는 않는다. 내가 너무도 많이, 너무도 빠르게 소네트들을 쓰는 것일 수 있다는 위험이 있다. 그것들을 내가 통제하고 꼴을 갖추는 것이 아니라 그 흐름에 휩쓸려서 말이다. 지쳤다는 표시.

어제 나는 고통을 통해서 많은 지혜를 키워온 스무 살의 청년 대니와 멋진 하루를 보냈다. 우리는 함께 고통받는 사람들, 아마도 그것도 똑같은 이유로 고통받는 사람들로서 서로를 알아보았다. 우리가 행동으로 옮길 수 있는 혹은 우리가, 말하자면, **우리**일 수 있는 어떤 것 너머에 있는 어떤 예리한 자각. 그는 위대한 교사가 될 것이다.

창 밖의 황금색 나뭇잎들을 뒤로 하고 앉아 있던 그의 모습, 그 길고 붉그스름한 머리카락과 그를 그 어느 때보다도 르네상스 시대의 젊은이처럼 보이게 만드는 그 섬세한 이마를 나는 간직할 것이다. 아직 떨림이 남아 있다. 그러나 그에게는 더 많은 힘이 있다. 우리는 성실에 대해서 자세히 이야기했다. 그것은 나로서는 대단한 주제인데, 왜냐하면 내가 내 감정들을 분석할 때 종종 불성실하다는 비난을 받는 사람이기 때문이다. 나는 그것이 어떤 전문가적 볼썽사나움, 소설가의 그것일 것이라고 생각한다. 이것에 대해서는 나중에 더. 그것을 생각해보아야 하기 때문이다.

10월 17일

길고 따스한 가을은 끝났다. 간밤에는, 된서리가 내리고 차가운 잿빛이었다. 깨어보니 눈이 내리고 있었! 흩날리는 눈발에 불과하기는 하지만, 그러나 괴변이다! 어제 마지막 남은 한련들을 꺾었다. 그것들은 지금 쭈그러들어 있고 심지어 파슬리마저 "맛이 갔다." 정원에서 마지막으로 꺾어온 꽃다발이 내 책상 위에 있다. 몇 송이의 노란 금잔화, 연한 노란색과 분홍색의 장미, 봉오리 상태인 다른 꽃 둘. 이제는 봄, 여름, 가을이 뒤섞여 있는, 즐거움을 주는 집에서 자란 것들은 하나도 없는, 끔찍이도 똑같은, 꽃집의 꽃들이 그것을 대신해야 할 것이다.

최근에는 이 일기를 열심히 쓰는 것이 불가능에 가까워졌다. 시들을 쓰고 있는데 그것이 내 정력의 골수를 앗아가기 때문이다. 여러 가지 것들이 내 마음속에서 술렁거리고 속삭이기는 하지만 종이 위에 딱 잡히지 않는다. 오늘 나는 성실에 대해서 좀 생각해보고 싶다. 그리고 내가 어떤 것을, 오직 그것에 대해서 씀으로써만 생각해볼 수 있다는 것은 하나의 사실이다. 옥스퍼드 인용서나 바틀릿(1805-1886, 미국의 서지학자. 저서로「미국어 사전」이 있음/역주) 사전에 성실에 대한 항목이 거의 없다는 것이 재미있다. 하지만 성실이란 분명히 신뢰와 긴밀하게 연관된, 인간관계와 관련 있는 중대한 개념들 중의 하나이다. 내가 불성실하다고 비난받는 것은 많은 사람들이 혼자만 간직하고 있으려고 하는 일들에 대해서 이야기하기 때문이고, 특히 내가 처해 있는 인간적 상황을 "알지 말아야 할" 사람들과 논의할 수 있다는 것 때문이다. 하지만 나는 뭐든 느낌에 관한 것에 대해서는 전혀 조심하지 않는 사람이다. 내 직업이 느낌을 분석하는 일이다.

그것은 돈의 경우에도 마찬가지인데, 인간적 문제들과 돈은

이 집으로부터 아주 자유롭게 흘러나가거니와, 나는 그것이 좋다고 믿는다. 적어도 그것은, 두 경우 모두에, 어떤 인생관, 어떤 정신적 기풍과 관련된다. 가십(인간사들에 관하여)과 우쭐댐(돈에 관하여)과 그리고 내가 믿는 이 자유로운 흐름 간에 세워야만 하는 어떤 타당한 구분이라는 것이 있을 수 있을까? 내가 그 오랜 세월 동안 돈 한푼 없이 지내다가 이제는 줄 수 있는 돈을 가지게 되어 때때로 내가 순수한 기쁨에서 그것에 대해서 이야기한다는 사실에 나는 언제나 아주 놀란다. 한재산 상속받은 누구도 행여 그런 일을 하지 않을 터인데, 나는 그것이 고귀한 의무가 아닐까 생각한다. 분명히 이것은 어떤 사람들에게는 충격적일 것이다. 하지만 나는 정말로, "내가 발견한 이 보물 좀 봐! 난 이걸 피터가 슬퍼하니까 그에게 줄 거야, 아니면 베티가 병들었으니까 그녀에게 줄 거야"라고 말하며 뛰어다니는 아이와 같다. 그것은 내게 콧(S. S. 코텔리안스키)과 제임스 스티븐스와 보냈던 옛 시절을 떠올리게 하는데, 그때 우리는 부자가 된다면 무엇을 할까에 대해서 끝없는 환상적인 일들을 꾸며냈었다.……그때 큰 부자가 된다는 것은 매주마다 드는 비용에 대해서 걱정하지 않아도 된다는 것이었다! 나의 걱정과 관련해서 큰 부자가 된다는 것은 여유를 가진다는 것이다. 여유란 줄 수 있다는 것이다.

나 자신의 삶 혹은 이런저런 식으로 여기로 쏟아져들어오는 다른 많은 사람들의 삶에 대해서 이야기할 때 나는 불성실한 기분을 느끼지 않는다. 내가 무엇에 대해서 성실할 때는 뭔가 보다 복잡한 것에 대해서이길 바라는데, 말하자면 나는 나 자신의 목적을 도모하기 위해서, 내가 그 누구의 사생활에 대해서 아는 것들을 이용하지는 **않겠다**는 것이다. 그렇다면 그것은 무분별하며 동시에 불성실한 일일 것이다. 하지만 우리는 자신의 것뿐만 아니라 다른 사람들의 체험들을 통해서, 그것들에 대해서 끊임없이 명상하고, 그것들로부터 인간적 진실의 자양분을 끌어내면서 배우는 것이라고 나는 믿고, 그래서 그렇게 감지되는 것들, 그러한 문제들, 그러한 딜레마들, 그러한 고통거리들을 함께 나누고 싶어한다는 것이 나에게는 자연스러워 보인다. 왜? 추측컨대, 부분적으로는, 내가 나의 독자들을 통해서 그렇게 되어왔던 것처럼, 인간의 운명들을 더 많이 받아들이는 그릇이 될수록 행복이라고 부를 수 있는 사람들이 참으로 소수라는 것을 깨닫게 되기 때문이다. 또 모든 깊은 인간관계는 참으로 복잡하고 까다로우며, 대부분의 사람들이 참으로 많은 진짜 고통, 분노, 절망을 숨기고 있기 때문이다. 그리고 이것은 많은 사람들이 자신의 괴로움이 자기만의 독특한 것이라고 느끼는 이유이기도 하다. 우리 모두가 한 배를 타고 있다는 사실을 아는 것은 위안이 된다. 한 가지 예를 들자면, 이 집으로 이제는 초로가 된 많은 여인들의 절망이 들어온다.

내가 관심을 가지고 애쓰는 것은 전적으로 단순하거나 쉽지 않은 인간관계를 사랑 안에서 유지하려고 하는 것인데, 이 사랑에 대해서 나는, 깨달음을 얻기 위해서, 진짜 친구들과 이야기를 나눈다. 최근에는 D와 이야기하면서 우리 각자가 고통을 통해서 우리의 사랑에 대해서 배우는 것들을 함께 나누는 것이 엄청난 위안이 되었다. 우리가 그렇게 함께 이야기할 수 있다는 것에 나는 영광스럽다고 느낄 뿐, 그것이 각자의 파트너에게 불성실한 것이라고 느끼지는 않는다. 왜? 왜냐하면 그것은 "순수하기" 때문이다. 우리는 그것을 더 잘 이해하기 위해서 우리의 체험을 함께 나누는 것이다. D와 나는 몇 달 전 처음 이야기했을 때 서로를 확실히 알아보았다. 나는 30년 전 처음 빌 브라운을 알게 된 이후로 내가 순간적으로 "알아본다"는 것을 기반으로 이루어진 그러한 친근감을 그토록 강렬하게 느껴본 적이 없었다. D와 나는 표면에 가까이 붙어 잘 받아들이고 예민한, 우리 자신을 기꺼이 주어버리고자 하는, 같은 혈종의 고양이다. 그러한 사람들은 행복한 삶을 이어가는 법이 드물지만, 그러나 끊임없는 성장과 변화의 삶을 이어간다. "그는 보호되지 않아야만 끊임없이 변화할 수 있다"라는 제럴드 허드의 말은 내가 시인이 된다는 것과 삶의 전성기를 넘어서 계속 시를 쓴다는 것이 무엇인가에 대해서 이야기할 때면 언제나 떠오르는 말이다. 그것은 값비싼 것이고, 그러므로 내가 알아보았던 빌 브라운이나 D 같은 사람들을 나는 아주 꼭 껴안아주지 않을 수 없다.

10월 28일

아침에 깨어나니 은빛 세상, 초원은 두툼한 서리의 담요에 덮여 있었다. 어제 오후에 화단 위에 덮어놓았던 가문비나무 가지들은 마치 누군가 은색 스프레이를 뿌려놓은 것 같았고…… 그리고 푸른 하늘과 그런 빛! 나는 슈리브포트에서(다음 주에 댈러스와 슈리브포트로 떠난다) 이야기할 "시인의 즐거움들"을 쓰고 있다. 내가 생각한 첫 번째 즐거움은 빛이었다. 이 집에서 빛은 언제나 하나의 존재였다―― 바로 지금도 그것은 아늑한 방에 있는 소파 위에 눈부신 청록색 띠를 이루고 있다. 30분 전에 그것은 화분에 담긴 노란 국화를 스포트라이트처럼 비추고 있었다. 내가 내다보는 나무들은 이제는 잎이 다 떨어졌고 다만 한 그루의 단풍나무에만 저 위 하늘의 푸른색을 배경으로 아직도 가지마다에 반투명의 따뜻한 황금색이 남아 있다. 그 나뭇잎들이 하나씩 하나씩 마치 음악의 음표처럼 떨어져내린다. 이것은 우리가 열대우와 잿빛 하늘의 이 이상한 가을 동안 빼앗겨왔던 바로 그 빛이다. 그리고 이제 그 맛을 보게 되니 좋다.

어제 밖에서 마지막 정원 일을 하면서 굉장한 한 시간을 보냈다. 주문한 튤립과 다른 구근들은 추측하건대 소포연맹의 파업 때문에 아직 도착하지 않은 듯했다. 그러나 나는 눈이 일찍 올 것에 대비해서 어쨌거나 화단들을 덮어두는 것이 좋겠다고 마음먹었다. 윈 프렌치가 네 가마니의 건초를 가져다주었는데 나는 그것들을 풀어, 겨울바람이 집 안으로 스며들어오는 북쪽과 동쪽의 문턱에 두툼하게 깔아놓았다. 워너 가족이 가문비나무와 소나무 가지를 한 더미 가져왔고, 나는 그것으로 가장자리에 있는 세 화단을 제외한 전체를 덮을 수 있었다. 황혼이 밀려올 무렵 일을 다 끝내고 보니 깔끔해 보였다. 그때 언덕들은 따스한 빛깔의 한 송이 장미였고, 그 다음에는 자줏빛으로 변했다. 지기 직전에 태양은 기다란 교회 창문들을 밝은 불꽃으로 보일 만큼 환하게 비추었다.

시인의 즐거움들에 관해서 간단히 쓰다 보니 그 즐거움들이란 결국 빛, 고독, 자연세계, 사랑, 시간, 창조 그 자체인 것으로 드러났다. 그 몇 달 동안의 우울 뒤에, 나는 갑자기 그 모든 분야에서 완전히 살아 있고, 깨어 있다.

10월 30일

또 한 차례의 완벽하게 빛나는 며칠이 끝난 뒤인 어제 저녁,

나는 정원을 덮는 일을 끝마쳤다. 버드 워너가 두 번째로 가져온 나뭇가지 다발은 거의 모두가 독미나리여서 자작나무보다는 훨씬 더 가볍고, 4월의 봄에 나올 새싹들에게는 더 부드러울 것이다. 일을 하다가 꽃이 핀 짙은 자줏빛 제비꽃 한 송이와 가을 크로커스 두 송이와 마주쳤다. 그것들은 지금 일본산 질그릇 꽃병에 담겨 내 책상 위에 놓여 있다. 크로커스는 단번에 벌어져 그 라벤더 꽃잎 위의 고운 자줏빛 잎맥들과 밝은 오렌지빛 수술들을 드러냈다. 그 모든 것이 너무도 경이로워서——크로커스의 투명한 빛, 윤기 있는 어두운 제비꽃 꽃잎들과 짙은 초록색 잎들——나는 몹시도 그것을 그림으로 그리고 싶다. 그럴 수만 있다면 말이다.

그러나 그 모든 것을 뛰어넘는 기쁨은 지금 이 빛, 마침내 찾아온 이 위대한 가을빛이다. 내가 아는 한 이 세상 다른 어디에도 이런 빛과 같은 것은 없다. 이것은 뉴잉글랜드의 위대한 영광이다. 나는 내 고독, 내 기쁨에게로 되돌아왔고, 그리고 나는 이 빛나는 하늘이 그것과 많은 관계가 있다고 확신한다. 허공의 저 날이 선 얼음같이 차가운 기운 역시 상쾌하다. 하지만 나는 피곤하다. 강연여행을 떠나기 전에 늘 한참 아래로 처진다. 떠날 때가 오면, 나는 이곳에서의 외로움에 대해서 제아무리 많은 하소연을 해대더라도 떠나고 싶지가 않다.

쾌활한 기분이 돌아오자 나는 어떤 상실감을 느낀다. 시들이 더 이상 흘러나오지 않는 것이다. 나는 다시 좀더 "정상"이 되어 있고, 이제는 더 이상 지난 몇 달 동안 그래왔던 것 같은 저 눈물과 강렬한 감정의 샘이 아니다. 균형을 성취한 것이다. 아니 거의. 하지만 어떤 대가를 치르고? 이제는 편지들을 쓰고, 떠나기 전에 책상을 깨끗이 치워야만 한다. 이번 주일 내내 한 소네트에 매달려 일해왔는데──수백 장의 초고들──그러나 그것은 세상에 나오지 **않을** 것이다. 어쩌면 내가 그것을 가지고 지나치게 몰두하다가 그것을 죽여버린 것인지도 모르겠다.

11월 9일

다시 집으로 돌아오니 더욱 빛나는 하늘, 지난밤에는 달이 하도 밝아서 잠을 이룰 수 없었다. 구근들이 들어 있는 커다란 상자를 발견했다. 주문했던 것이 마침내 온 것이었다. 지면이 곧 얼어버릴 것이므로 이것이 아슬아슬한 마지막 기회인데, 보아하니 네덜란드에서의 부두 파업 때문에 지체되었던 모양이다.

  강연은 잘되었다. 댈러스와 슈리브포트, 두 곳의 청중 모두가 열심히 들었다. 아주 열심이어서 적어도 한 번은 나는, 시 한 편이 정말로 와닿았고 그리하여 다수의 몰개성적 집단 앞에서만 들려질 수 있는 것처럼 들려지고 있다는 것을 알게 될 때의 그 놀라운 정적을 체험했다. 그럴 때는 나는 사냥개가 뭔가 발견하고서 그러는 것처럼 "소리 치고," 그리고 거기에 무슨 의미와 음악이 있든 그것이 "생기게" 만들 수 있기 때문이다. 한 사람, 친한 한 사람에게 읽어줄 때는, 나는 결코 정말로 그 시를 밖으로 내보낼 수가 없다. 낯설게 느껴졌기 때문에 처음에는 그곳에 가는 것이 힘겨울 것 같았다. 장거리 비행 뒤에는 조금 균형을 잃게 되고, 사실상 안정을 찾지 못한 채 새로운 분위기 속으로 여전히 적응해가야 하기 때문이다. 그리고 물론, 그것은 10년 전 강연여행 차 바로 텍사스에 가 있었을 때, 아침 일곱 시 반에 주디에게서 온 장거리 전화를 통해서, 아버지가 몬트리올에서 강연을 하기 위해서 공항으로 가다 말고 택시를 도로 돌린 뒤 몇 분 만에 심장마비로 돌아가셨다는 소식을 들었기 때문이었다. 그 기억과 함께 케네디 암살 사건의 그림자가 많이 생각났던 것이다.

심리적 불편함이 때로는 심했다. 내가 만난 여자들은 친절했고 부드러웠고 잘 받아들이는 것으로 보였다. 하지만 그러다가 갑자기 그들의 눈에 그 완고한 눈빛, 케네디 가(家) 사람들에 대한 그 진짜 증오심이 나타나는 것이다. 그 모든 비극들 뒤에, **아직도**, 말이다. 그리고 물론 그것 외에도, 인종 문제에 다다르면 나타나는 그 닫힌 마음의 문. 거기에 있는 그것은 부분적으로는, 주인과 하인 간의 사랑 어린 온정의 상실, 즉 상실감의 증후라는 것을 그리고 당혹스런 흑인 운동의 부상이 그 사람들에게는 예전의 의리나 예전의 은총에 대한 배반으로 보인다는 것을 나는 안다. 하지만 바로 그런 분위기 속에서, 어째서 많은 흑인들이 오직 전면전만이 뭔가를 변화시킬 수 있는 유일한 방법이라고 결론 내렸는가를 아주 잘 이해할 수 있게 된다. 그것은 대부분은 내가 예상했던 것이지만, 그러나 나를 가장 화나게 하는 것은 그 이기심이었다. 그 주변은 너무도 사적이고 제한된 지역이었다. 아무것도, 그밖에 있는 어떠한 고통도 결코 뚫고 들어가지 못하는 것일까, 어떠한 궁핍함도? 케네디 암살은 그 고리를 잠가놓기만 했을 뿐인 모양이다.

나는 사람들을 교화시키는 것인 가장 깊은 의미에서의 문화라는 것이 얇은 베니어 합판에 지나지 않는 것임을, 또 새 집인 줄 알았는데 벽돌로 된 정면은 다른 어떤 건축 재료 위에 덧붙여놓은 것으로 드러난 집 같은 것임을 느꼈다. 가을인데, 낙엽 하나 없는 티 없이 깨끗한 잔디밭들을 가진 멋들어진 프랑스 프로방스풍의, 스페인풍의, 튜더 왕조풍의 집들로 이루어진 드넓은 구역들을 휙휙 스쳐 지나간다는 것은 얼마나 믿겨지지 않는 일이었던가!「집과 정원(*House and Garden*)」같은 잡지에 나온다면 나름대로 아주 아름답겠지만, 그러나 시(詩)는 전혀 없었다. 시는 사람들이 자기 집 정원에서 일하거나 아니면 정원이 무성해지게 그냥 놔두는 그리고 정원을 인간의 감정이 없는 정원 관리 회사들에 맡겨 나무들을 심고 다듬게 하는 곳이 아닌 곳에서 사는 것이다.

  슈리브포트는 훨씬 더 큰 매력을 가진, 생기 있는 도시이다. 반면에 댈러스는 그냥 분명히 비인간적이고, 너무 부유하고, 너무 신식으로 보인다. 댈러스에서는 50년 된 건물은 노아의 홍수 이전의 것으로 보이고, 그래서 "부숴버려야만 한다." 나는 그곳 여자들이 굶주려 있다는 것을 안다. 그녀들은 니만 마커스 모피 코트에는 존재하지 않는, 패션을 바꾸고 새 단장을 하고 "알맞은 곳들"로 여행하는 일에는 존재하지 않는 종류의 진실성에 굶주려 있었다. 그 점잖은 세상 이야기들 속에서 나는 향수병을 알아차렸다. 자기에게 뭐가 부족한지를 모르는, 그러나 자신의 행복을 위한 본질적인 무엇인가를 박탈당하고 있다는 것은 아는, 지루함을 느끼는 아이의 향수병을. 그녀들은 근심스러워하지 않고, 애쓰지 않고, 돌아가는 세태에 대해서 괴로워하지 않고, 동부 지역의 그와 같은 여자들이 흔히 그러는 것처럼 자기들이 더 하지 않으면 안 된다는 것 때문에 언제나 죄의식을 느끼지도 않는다. 그러나 또한 그녀들은 행복한 것도, 만족한 것도 아니다. 분명하게 말하기는 어렵지만, 그러나 그 커다란 하늘 아래서, 그렇게도 많은 "아름다운" 물건들, 집들, 값비싼 승용차들 가운데서 내가 감지한 것은 외로움이었다. 아마도 거기에는 호사스러움은 너무 많이, 그러나 품격은 너무 조금 있는 것인지도 모른다. 좋은 예절만으로는 충분치 않다.

여러 강연들에서 나는 정치 이야기는 피했고, 논쟁의 여지가 있는 시들은 읽지 않았지만, 점심을 할 때나 강단을 떠나서 사람들을 만날 때는 내 생각들을 이야기했고, 그것도 케네디의 한 자식이 마리화나를 피우다 잡힌 것에 대해서 고소해하는 몇몇 사람들 앞에서는 특히 열성적으로 이야기했다!

나는 빌어먹을 양키로 태어나지 않았다는 이점이 있어서, 사람들이 지역주의적 용어로, 나를 울타리 너머 사람으로 볼 수 없고, 그래서 때로는 그들 기분을 상하지 않게 하면서 내 할 말을 할 수가 있다.

그러나 아, 사랑하는, 초라한 케임브리지로 귀향한다는 것은 얼마나 경이로운 것이었던가. 그 고르지 않은 벽돌 보도들, 다듬지 않은 정원들, 낙엽들로 뒤덮인 풀밭들, 어이없는 옷차림을 하고 손에 손을 잡고 걷는 젊은이들, 사랑하는 나의 주디와 고양이들에게로 되돌아온다는 것은! 우리는 모두가 조금 늙고 낡았지만, 그러나 우리는 행복하다. 그리고 흐릿하게 밝은 하늘 아래 차를 몰아 도착했을 때, 넬슨은 천국처럼 보였다. 나는 그것을 새롭게 보게 되었다. 하얀 페인트 칠을 한 목조 판자들, 낡은 벽돌, 죽어가는 우리 집 단풍나무들의 아름다움은 빛나는 경이로움으로 보였다. 그것은 마음과 가슴을 고양시켜 누구든 그것을 보는 사람에게 **품격**이라는 것을 되돌려주는 하나의 보물이었다.

11월 10일

어제 하늘이 높고 투명한 낮이 지난 뒤 백합 구근들과 마지막 남아 있던 튤립들을 심었다. 일을 막 끝냈을 때는 언덕들이 보랏빛으로 변해가고 있었다. 오늘은 흐리다. 하늘은 닫혀 덮개 같고, 색채도 없다. 비 아니면 눈이 올 것 같다.

어제는 안 좋은 날이었다. 아직 발이 땅에 닿지 않은 것처럼 어지러운 기분이었고, 너무 많은 편지들을 썼고, 아직도 전혀 안정되지 않았다. 그것은 부분적으로는, 모호크 운수회사가 수요일 밤에도 계속 파업 중이었는데 나는 목요일 아침에는 킨에서 뉴욕을 향해 떠나야 했기 때문이다. 이 달 전체가 모든 주말을 이런 식으로든 저런 식으로든 빼앗기게 되어 시간이 잘게 조각나버린다. 시는 사라져버렸다. 마음속에 떠오르는 구절이 하나도 없다. 팽팽한 선이 느슨해져버린 것이다.

나 자신이 느슨해져 있다. 힘차게 쏟아져들어오는, 답장해야만 할 편지들 그리고 지금 나온「사랑의 종류들」에 대한 흥분에 대항하여 어떤 틀, 어떤 질서를 짜맞추어놓는 일이 필요하다. 나는 내부로부터 패턴을 짜놓아야만 하는 어정쩡한 상태에 있다. 안정된 직업을 가지고 있는 사람들은 외부로부터 그 일에 부과되는 패턴을 가지고 있지 않은 하루를 조직한다는 바로 이런 문제를 알지 못한다. 햇빛이 일찍 물러간다. 오후 네 시

반경이면 전깃불을 켜야 한다. 그리고 정원 일이 끝났으므로 서류실을 정돈하는 것(끔찍한 생각이 든다!) 같은 뭔가 규칙적으로 하는 잡일을 만들어야 한다. 아침 나절에는 정해진 이 일기 쓰는 일을 하고, 그 다음에는 나의 예순 번째 생일을 축하하기 위해서 72년 봄에 내놓기로 계획한 책에 실을 시를 적어도 한 편을 복사해서 고치는 일을 한다. 여기 이곳에 자극제가 있다면, 그것은 언제나, 자기를 정돈하고 자기를 탐험하는, 그 끝나지 않는 여행을 위해서 끊임없이 컨디션을 유지하는 일이다.

이곳에서의 생활에 대해서 내가 가지고 있는 또다른 이미지 하나는 특수 정보 집결소의 이미지이다. 너무 많은 메시지들이 한꺼번에 쏟아져들어올 때면 컴퓨터가 나가버린다. 어제 오후에 Z가 다소 신경질적인 상태에서 두 번 전화했다. 그것은 가장 심할 때의 나 자신——징징거리고, 울고, 자기 변명을 하는, 좋지 않은 시절의 비참한 나 자신—— 을 연상시켰다. Z는 힘든 한 해, 몸도 나빠지고 직업도 없는 한 해를 보내고 있다. 그런데다 그녀는 어려운 소설(인종관계에 관한 것, 그것에 대해서 그녀는 많이 아니까)을 쓰려고 애쓰고 있다.

알 수 없는 무슨 이유에서인가 우리는——하필이면!——베스트셀러에 대해서 말씨름을 하게 되었다. 포부를 가진 작가들은 모두가 이런 말들을 한다. "난 결코 타협해서 베스트셀러를 쓰지는 않을 거야!" 마치 쓸 수나 있는 것처럼 말이다. 완전히 가짜이면서 팔리는 책들도 얼마간 있는지 몰라도, 대체로 나는 모든 작가들이 자기가 쓸 수 있는 만큼만 쓰는 것이라고 믿는다. 베스트셀러를 쓸 수 있으려면 훌륭한 스토리텔러여야만 하고, 훌륭한 장인(匠人)이어야만 한다. 직업적인 전문가는 결코 베스트셀러를, 마치 자기가 타협할 마음만 있으면 할 수 있는 어떤 것인 것처럼 무시해버리지 않을 것이다. 그렇다, 그것은 모두 인식의 종류들 그리고 쓴다는 것의 종류들의 문제이다. 아주 위대한 작가들 —— 디킨스, 조이스, 트롤럽, 헤밍웨이 —— 이 베스트셀러 작가였다. 그리고 아주 위대한 작가들 —— 예를 들면 버지니아 울프 —— 이 베스트셀러 작가가 아니었거나, 아니면 단지 우연에 의해서 베스트셀러 작가가 되었다(「세월[*The Years*]」은 베스트셀러였지만, 그것이 버지니아 울프의 가장 좋은 작품은 아니다). 우리는 할 수 있는 최선을 다하고 최선을 바라지만, 판매에 관한 한 "최선"이란 우연의 문제라는 것을 안다. 단 한 가지 우연이 아닌 것은 자기가 자기 자신에게 요구하는 것 그리고 자신이 자기 자신의 기준을 얼마나 잘, 아니면 얼마나 못 충족시키는가 하는 것이다.

킹스 칼리지 합창단이 부르는 본 윌리엄스의 "미사(Mass)" 곡으로 하루를 시작했다. 종교 음악만 듣는 날들이 있다. 영원한 것들에 비추어보면, 나날의 잡사들, 나날의 좌절들은 떨어져 간다. 그것은 모두가 환한 빛의 한가운데로 다가가는 문제이다.

11월 11일

지난밤에는 오랜 시간 동안 잠들지 않고 누워 있었는데, 간만에 정말 좋은 "생각"을 했다. 어쩌면 그 모든 것이 드골이 죽었다는 소식을 듣고 난 후, 자동차 라디오에서 들었던 한 뛰어난 짧은 평에 뒤이어 줄줄이 이어진 생각들 때문에 시작되었던 것인지도 모른다. 그 평의 골자는 세계가 한 전인(全人)의 죽음을 애도하며, 전인은 하도 드물어서 드골을 잃어버린 것은 프랑스뿐만 아니라 전 세계에도 하나의 상실이라는 것이었다. 그 평자는 또한 드골이 가장 많이 비판받았던 것은 그 과도한 애국적 태도, 그의 프랑스 신비화 때문이었는데, 그러나 비판한 바로 그 사람들이 만일 드골이 자기네 나라 사람이었다면 똑같은 이유로 그를 찬양했을 사람들이라고 이야기했다. 사실상 그는 불가능한 일을 했다. 그리고 그가 루스벨트, 처칠 그리고 (아아!) 스탈린과 함께 거명되어야만 한다는 것은 맞는 말이다. 그들 각자가 한 국가가 존재하고자 하는 의지 그리고 한 국가의 진정한 자아는 위기의 시기에 혹은 심지어 패배의 시기에 가장 확연하게 드러난다는 의미를 상징하는 사람들이었기 때문이다. 그것을 곰곰이 생각해보니, 가장 주목할 만한 것은 드골이 알제리 전쟁의 종전(終戰)을 맡아 그 전쟁을 서로를 고려한 쪽으로 종결지어 국내에 내전을 불러오지 않았다는 점——

고결성과 도덕적 열정의 승리――이었다.

전체성이란, 정치가들과 관련된 한은, 자기 자신의 말들로 이야기한다는 점과 관련된 것일 수도 있다. 드골은 "작가들"을 불러들이지 않았다. 그런 발상 자체가 괴이하다. 다른 사람들로 하여금 자기를 대신해서 말하게 하는 지도자란 기권하는 것과 매한가지이다. 누가 닉슨을 통해서 말하고 있는가? 누가 이런저런 구절을 썼는가? 결코 확실치가 않다. 닉슨과 애그뉴는 꼭두각시가 되었다. 그들을 조종하는 복화술사는 누구인가? 침묵하는 다수, 일치된 의견, 표들을 모아주는 가상적 대중인가? 대중이 선출한 대표라기보다는 왕처럼 행동한다는 비난을 받은 드골, 심지어 그 드골의 그것과 이러한 분위기를 비교해 보기만 해도 그 차이를 인식할 수가 있다.

그래서 그러한 생각 끝에 남게 된 것은 "숭고함" 혹은 "위대함"이 아니라, "전체성"이라는 단어였다. 그것은 흔히 남성적 속성(나의 아버지는 전체성을 가지고 있었지만, 나의 어머니는 그렇지 않았다)이며, 아마도 그것은 고상한 목적에 대한 전념뿐만 아니라 어떤 단순한 심성――사물의 핵심으로 헤치고 들어가는, 커다란 생각들에 달라붙어 있는 사람들――과 함께 가는 것이라는 생각이 떠오른다. 화이트헤드(1861-1947, 영국 철학자, 수학자/역주)가 말하듯이, "커다란 생각들을 품고 그것들에 죽어라 매달리는 것의 중요성을 끊임없는 실습으로 깨닫지 않는 한, 어느 누구도 훌륭한 추론자가 될 수 없다."

존재 전체——정신, 마음, 신경, 살, 육체 그 자체——가 어떤 단일한 목적을 향해서 집중될 때 우리는 완전해지고 혹은 완전해진다는 것이 무엇을 뜻하는가를 어렴풋이 알게 된다. 나는 그것을 시를 쓰고 있을 때 느낀다. 처칠이 그러한 전체성을 몸소 보여준 것은 나치 독일 공군이 영국의 도시를 폭격하던 사건 중이었다. 드골은, 어쩌면 우리 시대의 다른 어느 지도자들보다도 더욱, 그 모범을 보여준 사람이었다. 물론 전체성이 반드시 어떤 추론에서 혹은 어떤 행위에서 옳다는 것은 아니다. 전체성이란 도의심, 의구심, 두려움에 의해서 정신이 분열되지 않는다는 것을 의미한다. 일본인들은 그것을 "일점인(一點人)"이라고 부른다.

그것은 또한 제한된 감수성 혹은 어떤 분야들에서 제한되어 있는 감수성과 관련된 것일 수도 있다. 앞에서 내가, 여자들이 남자들만큼 전체적인 경우는 드물다고 말했을 때, 나는 돌아가서 좀더 생각해보아야 한다고 느꼈다. 아마도 여자가 "일점(一點)"이 된다는 것은 더 힘들고, 여자가 집안의 잡일과 가족생활을 넘어서 하고 싶은 것들이 무엇이든 간에 그것을 중심으로 공간을 비운다는 것은 훨씬 더 힘든 일이다. 여자의 삶은 조각나 있다.……그것이 내가 그 많은 편지들에서 듣는 비명——"나만의 방"보다는, 나만의 시간을 원하는 비명——이다. 그것이 무엇에 관한 것이든 간에, 어느 날에도 그것을 해결하고자 최소한 노력해볼 수 있는 여유조차 남아 있지 않을 때, 그 갈등은 절실해진다.

  나의 아버지는 이론적으로는 페미니스트였지만, 엄연한 생활 현실에서는 모든 것을 자기를 위해서 해주기를—물론 자신의 아내가—기대했다. 다른 그 무엇보다도 "자기 일"이 앞서야 한다는 것을 당연하게 생각했다. 그는 유럽인 부르주아로서 자랐고 또한 동시에 19세기 남자였고, 그래서 어머니에게는 가망이 없었다. 아버지는 어머니가 직업을 가지고 일하는 것을 좋아하지 않았고, 몇 년간 어머니가 워싱턴 D. C.의 벨가트 회사에서 수놓은 드레스의 디자인을 하면서 자기보다 돈을 더 많이 벌 때조차도 그 덕을 인정하지 않았다. 어머니의 갈등—그것은 절실한 갈등이었다—은 남편이 하고자 하는 것에 대한 깊은 믿음, 그러나 그와 동시에 자신에 대한 남편의 태도와 남편이 자신에게 요구하는 것이 과연 어떤 것인지 남편이 전혀 알아차리지 못하는 데 대한 원망감에서 온 것이었다. 그들은 한마디로 그러한 문제들을 논의할 수가 없었다. 이것에 관해서는 우리는 분명히 내 생애 동안 엄청난 발전을 이루었다. 오늘날에는 결혼하기 전에 "결판을 보겠다"고 적어도 시도라도 해보지 않을 젊은 여자는 별로 없을 것이다. 여자들이 드디어, 먼저 사람이 되고 그리고 그 다음에 아내가 되어가고 있고 그리고 바로 그렇게 되어야만 한다.

그날 밤, 나중에 나는 존재의 전혀 다른 차원에 도달했다. 나는 고독에 대해서 그리고 그것의 최고의 가치에 대해서 생각하고 있었다. 이곳 넬슨에서 나는 한 번 이상 자살에 가까이 갔었고, 한 번 이상 우주와의 합일이라는 신비 체험에 가까이 다가갔었다. 그 두 상태는 서로 닮았다. 아무런 벽도 없고 완전히 발가벗겨져 본질로 남는 것이다. 그렇다면 그토록 몹시 간직하기를 바라는 것을 놓아버릴 수는 없지만 그러나 계속 성장하고자 한다면 놓아버려야만 하기 때문에 생명을 저버리는 것이 죽음일 것이다.

내가 고목에 대해서 이야기할 때 내가 정말로 이야기하는 것은 또한, 창가에 나타나는 그 강렬한, 배고픈 얼굴, 굶주린 고양이, 굶주린 사람을 위해서 공간을 만들어주는 것에 관한 것이기도 하다. 그것은 **그곳**에 있기 위해서 공간을 만드는 것이다. 최근에 자그마한 얼룩 고양이 한 마리가 매일 와서, 묘한 강렬한 시선으로 나를 응시하곤 했다. 물론 나는 아침과 밤에 먹을 것을 내놓는다. 그 고양이는 너무도 겁에 질려 있어서 내가 문을 열면 단번에 달아나버리지만, 내 모습이 사라지면 곧바로 다시 와서 탐욕스럽게 먹는다. 하지만 그 고양이의 배고픔은 분명히 먹을 것 때문만은 아니다. 나는 그 고양이를 두 팔에 안고 그 고양이가 보호처를 발견하고 안심하여 가르랑거리는 소리를 듣게 되기를 갈망한다. 그 고양이가 그렇게 될 만큼 길들여질까, 자기가 못내 가지고 싶어하는 그것에 굴복할 만큼? 너무도 강렬한 시선으로 고양이는 문간에서 내 얼굴을 훑어보다가 달아나버린다. 그것은 애원하는 시선이 아니라, 한 마디로 거대한 물음이다. "믿을 수 있을까?" 우리의 두 눈길이 그 팽팽한 끈에 매달려 있다. 나는 그것이 고통스럽다.

오랫동안, 몇 년 동안, 나는 지하 저장실의 식물들과 구근들이 빛도 받지 못한 채 성장하려고 애쓰는, 어쩔 수 없이 시들어버릴 하얀 싹들을 내미는, 몹시도 괴로운 이미지를 마음속에 간직해왔다. 그 이미지를 검토해볼 때도 되었다. 지금까지 그것은 완전히 나를 움츠러들고, 고개를 돌려버리게 만들고, 정말 너무도 끔찍해서 생각해볼 수도 없는 것으로 그것을 파묻어버리게 만들었다.

오늘은 제1차 세계대전 휴전 기념일, 아무 우편물도 없다. 그것이 내 주변에 거대한 공백을 만들어주고, 그래서 나는 그것을 잘 이용해보려고 한다. 시 한 편을 쓰는 것이다. 어제 테야르 드 샤르댕(1881-1955, 프랑스의 고생물학자/역주)의 「신(神)의 환경(*The Divine Milieu*)」을 가지고 집에 돌아왔다. 나는 이런 종류의 고기에 정말 시장기를 느낀다. 내가 씹고 또 씹는 현재의 개인적인 문제들을 넘어서 어떤 보다 넓은 허공(괘념하지 마시라, 여러 가지가 뒤섞인 비유니까)으로 나아가기 위해서. 그리고 이제는 일을 하는 것이다. 신이 나와 함께하시길.

  가능한 기도는 정말 단 한 가지밖에 없다. 오늘 내가 하는 모든 일들을, 생명의 신성함에 대한 의식을 가지고 하게 해주옵소서. 신이여, 나를 당신의 존재 안에 있게 해주옵소서, 설사 내가 그것을 부재(不在)로서밖에 알지 못한다 할지라도.

  내일은 세상이 다시 와장창 밀려들어온다. 뉴욕으로 가야 하기 때문이다.

11월 16일

어느 면에서나 호사스런 생활을 했던 뉴욕에서의 나흘간, 그 시간에는 기계문명에 대한 공포, 거의 살기 불가능한 그 도시를 돌아다니는 것에 대한 두려움의 몇 시간도 포함되어 있었다고 말하지 않을 수 없다. 비가 내리고, 비가 내리고, 비가 내렸다. 그것은 택시를 탈 수 없다는 것을 의미했다. 버스들은 보다 인간적이었지만, 그러나 매리언 해밀턴과 내가 묵고 있던 호텔에서 극장을 가기 위해서 1번 가의 8번 거리로 내려가려고 하는 것은 대단히 충격적인 경험이었다. 우리는 이 버스에서 저 버스로 옮겨 타면서, 올라갔다 내려갔다 건너갔다 했고, 마지막에는 5번 가에서부터 많은 블록들을 걸어서 갔다. 오피엄 극장 부근에는 레스토랑이 없었고, 그래서 결국에 우리는 한 싸구려 음식점에 들어가 샌드위치와 음료수를 먹었다.

모호크가 파업 중이었기 때문에 나로서는 시내 안으로 들어가는 것조차 불가능했고, 그래서 결국에는 보스턴에서 비행기를 갈아타야만 했다. 여행이 점점 더 힘들어진다. 나는 인내심으로 무장을 했고, 마침내 이곳으로 되돌아오기 전까지 그런 인내심은 계속 필요했다. 전에는 보스턴으로부터 해안가 철로를 따라서 가는 아름다운 경치의 노선, 좋은 식사, 편안하게 생각되는 시간, 기차로 하는 느긋한 여행이었던 것이, 기다리고 참는 일, 퉁명스런 택시 기사들, 긴 거리를 가방을 들고 다녀야 하는 일, 아주 짧은 거리인데 교통수단을 얻기 위해서 싸워야 하는 일로 변해버렸다. 불안스럽고 공포스러운 소란을 거쳐서 도착하면, 출발에서부터 기진맥진해진다.

11월 17일

거쳐온 공항들에서 에릭 에릭슨(독일 태생의 미국 정신분석학자/역주)에 관한 로버트 콜스의 두 번째 글(「뉴요커[New Yorker]」 11월 14일자)에 완전히 열중하여 몇 시간을 보냈는데, 나 자신에 관한 그리고 **지금** 어떻게 되어가고 있는 것인가에 대한 새로운 이해를 열어주는 그러한 종류의 통찰력이 풍부한 글이었다. 나는 에릭 에릭슨이 말한(「청년 루터[*Young Man Luther*]」에서) 이 구절에 밑줄을 그어놓았다. "수백만의 청년들이 그러한 문제들에 직면하여 이런저런 방식으로 그것을 해결한다――그들은, 에이햅(허먼 멜빌의 장편 소설 「모비 딕[*Moby Dick*]」에 나오는 주인공의 이름/역주) 선장이 말하듯이, 심장 반쪽과 폐 하나로만 사는데, 세상은 그러기에는 최악의 상태인 것이다. 그렇기는 하지만, 이따금씩 한 개인은 그 자신의 개인적인 인내심을 보편적인 차원으로까지 들어올리고 그 자신을 위해서 혼자 풀 수 없었던 것을 모든 사람들을 위해서 풀어보라는 부름(오직 신학자들만이 안다고 주장하는 **누군가**에 의한, 그리고 오직 좋지 않은 심리학자들만이 안다고 주장하는 **무엇인가**에 의한 부름)을 받는다." 물론 내게 중요한 단어는 "인내심"이라는 단어이다. 그것이야말로 성별에 관계없이 시인 혹은 예술가와 관련된 것이기 때문이다. 콜스 자신이 그 글의 다른 어디에선가, "모든 사람들이 그것――자신의 특수한 두려움과 욕망에게 그것들이 보편적인 중요성을 가진 것이 될 수 있는 기회를 주는 것――을 할 수 있거나 하고자 하는 것은 아니다"라고 말한다. 그것을 해내자면 겸손함과 몹시 고통스런 정직성의 묘한 조합 **그리고** (거기에 장애물이 있다) 어떤 운명감 혹은 일체감이 필요하다. 사적인 딜레마들은 깊이 검토해보면 보편적인 것들이며 따라서, 표현이 된다면, 사적인 것을 넘어선 어떤 인간적인 가치를 가지고 있다는 것을 믿어야만 하고 그리고 그것들을 표현하기 위한 수단과 재능에 대한 믿음 또한 가져야 한다.

뉴욕에서 나는 출판업자들과 나의 출판 대리인 다이어무이드를 만났다. 시장터에서는 언제나 그렇듯이, 한 예술작품이 대중에게 드러날 때면 그 작품과 관련하여 일어나는 모든 일들이 나를 비애와 불안으로 가득 채운다. 다음 주에 내 소설이 나온다. 처음 한 주일 안에 서점들이 재주문을 하는가에 성공이 달려 있다는 것을 알았다! 주사위는 던져졌다. 나는 기다리기만 하면 된다. 그러나 그것이 나를 갉아먹는다.

매리언과 나는 휘트니에서 열린 오키프(1887-1986, 현대 미국 여류 화가/역주)의 회고전을 보러 갔고, 그 다음에는 한 층 아래에서 하는 역시 큰 전시회인 에이킨스(1844-1916, 미국의 화가, 조각가/역주)의 전시회를 보았다. 오키프가 획득하기를 원했던 것은 처음부터 획득되어 있던 것으로서 거의 변하지 않았다—— 하나의 풍경, 한 송이의 꽃, 아니면 무엇이든지 본질로 환원시키는 것, 한 강렬한 이미지를 따로 떼어내고 그 다음에 그것을 확대시키는 것——는 점을 주목해보면 재미있다. 때때로 그 효과는 단지 회화적인 것일 뿐이어서 진부한, 심지어 감상적인 것이 되기도 한다(그 유명한, 장미들이 담긴 해골). 그러나 그녀가 아주 최상일 때는 아주 적은 몇 개의 선들과 색채 덩어리들이 어떤 폭발적이고 신비적인 힘을 발휘한다. 그러한 그림들은 마음을 확장시켜주는데, 나는 그러한 그림 한 점만 가지고 아주 행복하게 사는 것을 상상한다.

　에이킨스의 전시회와 그것이 제기하는 모든 문제들을 대조해보는 일은 흥미진진한 것이었을 텐데, 그러나 불행하게도 그 때쯤에 나는 지쳐서, 너무 지쳐서 처음의 열성을 가지고 에이킨스의 그림들을 볼 수가 없었다. 오키프가 초연하고 추상적이며 별로 인간들을 다루지 않는 데 반해서, 에이킨스는 인간의 얼굴을 뚫어지게 바라본다. 에이킨스의 가장 좋은 그림들은 그 인간 전체를 파고드는, 그리고 보는 사람에게 한 소설 전체가 그 안에 담겨 있는 듯한 효과를 주는 초상들을 우리에게 보여준다. 내가 염두에 두고 있는 것은 한 하녀(내 소설 속의 제인 터틀일 수도 있는)의 지극히 예민한 얼굴과 생각에 잠겨 있는 몇몇 남자들이다. 렘브란트를 빼놓고 다른 어떤 화가가 그렇게 용케 생각하는 얼굴을 사로잡았겠는가? 그 다음에는 헤엄치는 소년들을 그린 똑같이 감동적인 그림들이 있는데, 여기서도 역시 육체는 명암과 구조가 아니라, 끔찍이도 인간적이고 부서지기 쉬운 것——그것은 회화적이기는 하지만 그러나 아주 고풍스런 방식으로 회화적이며, 미묘하고, 부드럽다——이다. 뉘앙스는 더 이상 적을 수 없을 만큼 아주 적게밖에 남아 있지 않은 것처럼 보인다.

　우리는 로큰롤 뮤지컬 "나를 아무도 모른다네(The Me Nobody Knows)"를 보러 갔다. 그 뮤지컬의 대본은 빈민가 아이들이 쓴 시집에서 짜맞춘 것이었고, 모두 열여덟 살이 넘지 않은 흑인, 백인, 푸에르토리코 아이들 한 무리가 노래를 부르고 연기를 했다. 그 효과는 대단했다. 내가 연극을 보면서 그렇게 사로잡혀 마음이 흔들린 것은 드문 일이었다. 산뜻함, 공격성, 시(詩), 분노 —— 해방감을 주는, 눈물과 격정으로 가득 찬 저녁이었다. 연극에서 그러한 것들이 가능하다면, 아직은 희망이 있다.

"나를 아무도 모른다네"를 보고 나서 그 다음날 오후에 영국 연극 "고향(Home)"을 보는 것보다 더 이상한 일은 있을 수 없을 것이다. 랠프 리처드슨과 존 길구드가, 차츰 이해하게 된 바로는, 정신병원에 갇혀 있는 두 늙은 남자로 분하여 격조 높은 연기를 보여주었다. 그 둘은 머뭇거리는, 지극히도 고통스러운⋯⋯반토막 문장들, 방백들, 침묵으로 의사소통을 하려고 애쓴다. 거기에는 아무런 카타르시스도 없고 그리고 내게 그 긴장은 거의 견딜 수 없는 것이었다. 바깥 하늘을 응시하면서(관객을 마주하고서) 상상 속의 구름들을 바라보는, 그러다가 이따금씩 양 볼을 타고 천천히 눈물이 흘러내리는 길구드의 모습은 잊어버릴 수가 없다. 이것 역시, 그 전날 연극의 아이들이 그랬던 것과 마찬가지로, 모든 이들이 관객을 향해서 "날 들어가게 해줘요!"라고 자기들의 마지막 노래를 외치고 있는 것이다.

어떻게 희망을 가질 것인가 그리고 무엇을 **바라는** 희망을 가질 것인가, 그것이 큰 문제이다라고 나는 공항에서 비행기를 기다리는 긴 시간 중에 휘갈겨 썼다. 죽음의 느낌 그리고 기술주의 사회의 무게에 눌려 파묻혀 있다는 그러한 느낌이다. 어떻게 침착함을 유지하면서 본질적인 것을 붙잡을 수 있을 것인가……그리고 무엇보다도, 본질적인 것을 어떻게 알아볼 수 있을 것인가. "나를 아무도 모른다네"를 보는 동안 우리는 그 본질적인 것과 아주 힘차게 대면하고 있었다. 그것을 회복하는 것은 어린 시절——그 풍요, 그 끔찍한 상실들——로 되돌아가는 것이다. 거기에 그 근원이 있다.

그치지 않는 소음들, 깨부수는 듯한 밤중의 고함 소리, 끙끙거리며 신경을 긁는 쓰레기 수거 트럭, 도로를 까부수는 기계의 가차 없이 쿵쿵거리는 소리, 브레이크들의 끽끽거리는 소리, 사이렌 소리, 2번 가를 달려내려가는 트럭들의 굉음을 겪은 뒤, 넬슨의 정적 그리고 오늘 11월의 놀라운 흰빛이 계시적인 힘을 가지고 내게 되돌아왔다.

11월 18일

마을 공유지를 향해서 차들이 하나씩 차례로 지나간다. 오늘 벽돌로 된 오래된 교사(校舍)에서 모금 운동을 하는 교회 여성 단체의 바자회가 있기 때문이다. 완벽한 날……허공 높이 흩어져 있는 구름들 때문에 햇빛이 좀 여려 보인다. 햇빛은 아늑한 방에 딸린 문 위쪽에 닿아 안으로 들어가서 그 안에 있는 청록색의 소파에 환한 띠를 만들어놓는다.

  일어났을 때는 행복했고, 어서 빨리 책상으로 가서 생각을 하고, 어쩌면 시 한 편을 가지고 작업을 하고 싶은 기분이었다. 나는 지금, 작년에 그 소설 작업을 하던 긴 오전 끝에 너무 빨리 써내려갔던 시들을 (새 책을 위해서) 다시 고치는 일을 시작하고 싶어 못 견딜 지경이기 때문이다. 그러나 종종 그렇게 되어버리듯, 나는 거의 당장에 해야만 하는 일들에 휘말려들었다. "털 사람(The Fur Person)"에 대해서 한 아이로부터 온 편지에, 대답을 해주기 위해서, 답장을 쓰는 일이었다.……그런데 바로 그 순간 농부 거래소(Farmers' Exchange)로부터 새 모이 두 자루가 도착했다. 지금은 2주일에 50파운드짜리 두 자루가 들어가지만, 그러나 곧 1주일에 두 자루가 될 것이고, 그 다음에는 욕심 많은 어치, 다람쥐뿐만 아니라 저녁에 오는 콩새, 박새, 동고비들을 위해서 더 많은 모이가 필요할 것이다. 그 다음에는 어젯밤에 다 읽은 내 친구의 책 표지에 들어갈 짧은 추천의 글을 썼고, 내 작품에 대한 기사를 쓸지도 모를 캐롤린 헤일브런 교수로부터 온 긴 편지에 대한 답장을 썼다. 그녀는 내게 자신의 논문 몇 편을 발췌하여 인쇄한 것을 보냈었다. 나는 그 중에서 블룸즈버리 그룹(20세기 초에 영국의 버지니아 울프를 중심으로 한 문학가 그룹. 런던 블룸즈버리 지역에 있는 문학가들의 집에서 자주 모인 데서 명칭이 유래함/역주)에 관한 논문에 단번에 빨려들었다.

  버지니아 울프를 비웃지도 않고 폄하하지도 않는 글을 발견한다는 것은 얼마나 마음 놓이는 일인가! 어느 날이든 문득 울프 부부가 이루어놓은 것을 생각해볼 때면 나는 그들의 그 정력적인 에너지에 놀라게 된다. 바야흐로 심리적 장애를 일으킬 정도로 허약했던 버지니아 울프였지만, 그럼에도 불구하고 그녀가 용케 해냈던 것들을 생각해보라 —— 그녀의 소설들(한 편 한 편이 형식면에서 하나의 돌파구였던)뿐만 아니라, 그 모든 에세이들과 비평들 그리고 원고들을 읽고 편집했을 뿐만 아니라 적어도 처음에는 밖으로 보내는 책들을 포장하는 일까지, 호가스 출판사에서 해야 했던 그 모든 작업을. 그리고 그 모든 것 외에도 그 부부는 아주 열성적인 사교적 생활을 했다(내가 차를 마시러 그곳에 가면 그 부부는 언제나 저녁 초대에 그리고 흔히 그 뒤에 이어지는 어느 파티에 나갈 참이었다). 그 모든 것의 흥겨움과 즐거움, 그 커다란 **생명감**! 엘리자베스 보엔(1899-1973, 영국 여류 작가/역주)이 내게 이야기해주었던, 런던 전체를 돌아다니는 그 길고 긴 산책들. 그리고 계속 돌아가게 해야 하는 두 채의 집! 우리 중 누가 그녀가 했던 것을 할 수 있을까?

「작가 일기(*Writer's Journal*)」에는 자기를 끌어들이는 일은 많지만, 그러나 자기 연민은 없다(그리고 그 당시에 그녀의 남편 레너드가 출판했던 것은 일기 전체의 적은 부분에 불과했고, 그 부분은 그녀의 작품과 연관된 것이었으므로 자기를 끌어들일 수밖에 없었다는 점을 잊지 말아야 한다). 그러한 천재가 오늘날에 그토록 비열한 반응을 불러일으킨다는 것은 괴로운 일이다. 천재라는 것이 옆으로 밀쳐놓아도 될 만큼 그렇게 흔하단 말인가? 그녀가 일류인가 이류인가, 그녀가 조이스를 모방했는가(나는 그렇지 않다고 믿는다) 하지 않았는가, 그녀의 천재성은 한정적인 것인가? 계급에 한정된 것인가? 이러한 것들이 뭐 그렇게 중요한가? 여전히 남아 있는 사실은 그녀의 책들 중 한 권을 집어들어 단 한 쪽만 읽어보아도 보다 살아 있는 듯한 느낌을 느끼지 않을 수 없다는 점이다. 예술이 생명감을 고양시키고자 하는 것이 아니라면, 예술이 무엇이 될 수 있단 말인가? 세상의 절반은 여자인데, 어째서 여성지향적 예술에 대한 적의가 있단 말인가? 「겐지 이야기(源氏物語)」가 남성적인 것이어야 한다고 요구하는 사람은 아무도 없다! 남성적 세계를 지향하는 책들로부터 여자들은 분명히 많은 것을 배운다. 그런데 어째서 그 반대는 사실이 아니란 말인가? 아니면 남자들이 정말로 여자의 창조성을 너무도 두려워해서(왜냐하면 그들 자신이 창조의 중심에 있지 못하고, 자식을 낳을 수 없기 때문에) 천재적인 여성 작가는 죽일 듯한 분노를 불러일으키고, 따라서 "엉뚱하다"는 비웃음과 함께 옆으로 밀쳐놓아야만 하는 것일까?

  내가 젊어서 버지니아 울프를 조금 알았을 때, 나는 나를 깜짝 놀라게 만드는 어떤 것——사람이 지극히 민감하면서도 따뜻하지 않을 수 있다는 것——을 배웠다. 그녀는 강한 호기심을 가지고 있어서 짓궂고 유쾌한 질문들로 나를 괴롭힘으로써, 젊은 나를 한순간일지라도 그녀의 관심의 대상이 된다는 것에 대해서 흥분하게 만들었다. 그러나 나는 때때로 내가, 그 소설가의 대리 체험의 창고 안에 흡수되어 정리해두어야 할 "표본적인 젊은 미국 시인"인 것 같은 기분이 들었다. 그 다음에는 또 무엇이든 말할 수 있다는 대담무쌍한 느낌을 느끼기도 했는데, 그것은 블룸즈버리 기풍의 핵심적인 것들 중의 하나가 분명한 자유의 느낌이었고, 인간의 어리석음 혹은 가식들에 대해서 함께 나누는 비밀스런 즐거움이었다. 그녀는 대단히 친절해서, 몇 년 동안 내가 영국에 갈 때마다 적어도 한 번의 다과 시간 동안 나와 만나주었지만, 그러나 그 모든 경우에 나는 결코 따스함을 느끼지 못했고, 그리고 그것은 놀라운 일이었다.

12월 1일

또다시 암흑. 일요일 「타임스」에 난 깡그리 뭉개버리는 서평. 주말 내내 마음이 끔찍이도 축 처지는 기분이었는데, 아마도 내가 어떤 예감을 가졌던 것이 분명하다. 이제 그것은 살아남기 위한 그 오래된 투쟁이고, 나는 스물네 편의 "자식들"을 낳았는데 그 하나하나가 진지한 비평적 관심을 얻지 못해서 질식사 당했다는 느낌이다. 그 서평은 한마디로 멍청한 것이었다. 하지만 나를 가슴 아프게 하는 것은 프랜시스 브라운이 내 작품에 대해서 어느 정도 알고 있어서 동조적인 이해심을 가지고 그 안으로 들어가볼 수 있을 만한 서평자를 찾아내지 않았다는 데서 보이는 존중심 부족이다. 오늘날 논픽션이 소설보다 더 좋은 대접을 받는다는 것은 이상한 일이다. 어떤 보다 깊은 차원에서 나는 그렇게 되풀이되는 타격들에는 무슨 이유가 있다고, 나는 성공하지 못할 팔자이며 어떤 면에서는 불운이 내게 맞는 풍토라고 믿게 되었다(어쩌면 그것이 살아남을 수 있는 한 방법일 것이다). 내 내면의 인간은 그 불운을 먹고 무럭무럭 자라는 것이다. 그 도전이 그곳에 있어서 더 깊게 내려갈 수 있는 것이다.

이 무슨 외로운 작업인가……오랜 시간 동안의 불확실함, 불안 그리고 그렇게 긴 책을 쓸 동안의 끔찍한 노력으로부터,

거친 희망들을 거쳐(베스트셀러가 될 가능성이 있는 것처럼 보였고 또 「다이제스트[Digest]」는 요약판 서적들 중에 그 책을 포함해놓았기 때문이다) 결국에는 피할 수 없는 재앙에 이르기까지. 나는 많은 좋은 서평들을 받아왔으므로 사실은 그것에 대해서 불평할 수는 없다. 내가 받아보지 못했던 것은 이제는 상당한 문학작품이 되어 있는 것에 대한 합당한 존중이다. 나는 한참 바깥 어딘가 황야에 있다. 그리고 그 황야에 있어온 지 오래되었다. 그러나 내가 더 나은 대접을 받아 마땅하다고 그리고 결국에는 그것은 제대로 될 것이라고 믿지 않는다면, 나는 미쳐버릴 것이다. 대안책은 자살이지만, 하지만 나는 그러한 복수의 환상에 빠지려고 하지는 않을 것이다.

어찌되었든 그 커다란 구름들이 하루를 괜찮게 만들었다. 우리의 머리 위로 항해해갈 때의 그 구름들은 빛나는 선물이었다.

12월 2일

오늘 아침 테야르 드 샤르댕(「신의 환경」)의 이 부분을 펼쳤다.

신은 오직 영혼들만을 원한다고, 영적 삶의 스승들은 끊임없이 되풀이해서 말해왔다. 그러한 말들에 진정한 가치를 부여하기 위해서는, 인간의 영혼이, 우리의 철학이 그것이 아무리 독립적으로 창조된 것이라고 묘사한다고 하더라도, 그 탄생과 성장에서 그것이 태어난 우주와 분리될 수 없다는 점을 잊지 말아야 한다. 각 영혼 안에서 신은 그 영혼이 전달되지 않는 특수한 방식으로 뭉뚱그려내는 세계 전체를 사랑하고 얼마간은 그것을 구제한다. 그러나 이 뭉뚱그려냄, 즉 이 접합은 이미 만들어진 채 우리에게 주어지는 것이 아니고 의식의 최초의 깨어남으로 완성된다. 우리가 우리 자신의 활동을 통해서 널리 흩어져 있는 요소들을 부지런히 끌어모아야 하는 것이다. 대양의 거대한 퇴적층 전체에 걸쳐서, 흩어져 있는 물질들을 아주 미세한 양씩 자기 세포들 안에 모아 응축시키는 해초들의 힘든 노고, 무수히 많은 꽃들 속에 흩뿌려져 있는 즙액들을 모아서 꿀을 만드는 벌들의 부지런함, 이러한 것들은 우주의 모든 힘들이 영(靈)의 차원에 도달하기 위해서 우리 안에서 겪는 끊임없는 고된 작업의 어렴풋한 이미지들에 지나지 않는다.

그리하여 모든 사람들이 자기 생애의 과정에서, 순순히 따르는 온순한 모습만 보여주어야 하는 것은 아니다. 그 자신의 성실성을 가지고서 그는──그 자신의 자아의 가장 자연스런 영역부터 시작하여──지상의 모든 요소들로부터 나온 뭔가가 들어가는 한 작품, 한 **저작을 지어야** 하는 것이다. 그는 자신의 지상에서의 나날들을 통해서 **자기 자신의 영혼을 만들어야** 하고, 그러면서 동시에 그는 다른 작품, 다른 저작에 협조하는 것인데, 그 다른 작품이란 그의 개인적인 성취의 가능성들을 동시에 세밀하게 결정하면서도 그것을 무한히 뛰어넘는 어떤 것, 즉 세계를 완성시키는 작업이다.

삶이 어떻게든 의미가 있는 것은 우리가 영혼을 창조하고 있는 것이라고 믿을 수 있을 때뿐이지만, 우리가 그것을 믿을——나는 그것을 믿고 언제나 믿어왔다——수 있다면, 우리가 하는 모든 것이 의미 없는 것이 없고 우리가 하는 모든 것이 그 안에 창조의 씨앗을 담고 있지 않은 것이 없다. 그 끔찍한 서평(그 자체는 중요한 것이 아니다)을 읽은 뒤부터 나는 그것이, 아무리 에둘러서 제시된 것이라고 할지라도, 내가 그 소설을 내놓는 일의 물질적 측면들에 지나치게 마음을 써왔다는 것을 말해주기 위한 것이었다고 확신하게 되었다. 그 소설이 베스트셀러가 될 것이라는 혹은 이번만큼은 비평가들과 문학 제도권 사람들이 나를 거들어줄지도 모른다는, 그래서 그 작품 자체가 홀로 떨어져 소수의 사람들에게 발견되면, 숲에서 들꽃을 발견한 사람이 마치 자기 자신이 혼자서 그 꽃을 찾아낸 것처럼 느끼는 흥분을 주면서 한 사람씩의 가슴에 닿아 제 길을 나아가는 그런 모습을 다시 또 보지 않아도 될 것이라는 거친 희망에 지나치게 마음을 써왔다는 것을 말해주기 위한 것이었던 것이다. 나의 고립으로부터 내 작품을 발견하게 될 어딘가에 있는 누군가의 고립에 이르기까지, 거기에 진정한 공유가 존재한다. 지난 세월 동안 내게 그런 공유가 없지 않았고, 그리고 그것은 하나의 축복이었다. 그것은 "야망"을 벗어나 있고, 그래서 그것은 어느 유행가 구절처럼 "세상을 사라져버리게 만든다." 이것은 내가 바랄 수 있는 것이고 그리고 그보다 더도 덜도 아닌 것은 바라지 말아야 한다.

내가 소중히 여기는 작가들 —— 트러헌, 조지 허버트, 시몬 베유 그리고 소설가들인 투르게네프, 트롤럽, 헨리 제임스, 버지니아 울프, E. M. 포스터, 이들 모두가 겸손하고, 남의 눈에 띄지 않는, "스스로 실현시키는 사람들"이었다 —— 을 생각해 보면, 그들 모두가 **지금** 기대되고 있는 것의 본류로부터 벗어나 있다는 것을 알게 된다. 온건한 인간의 목소리, "인간의 환경"이라고 불릴 수 있을 만한 것—— 그것은 지극히 유행에 뒤떨어진 것이고 심지어는 엉뚱해 보이기까지 한다. 그러나 오직 거기에서만 숨을 쉴 수 있고 정신적 영양분에 굶주려 있는 사람들은 언제나 있어왔고 또 언제나 있을 것이다. 나는 그런 독자들 중의 한 사람이고, 또한 이따금 그런 음식을 제공할 수 있는 사람이기도 하다. 오늘 아침 내게 정말로 중요한 것은 그것이 전부이다.

1월 2일

한 달 전 그 책의 출판이 시작되었던 시점과 크리스마스로 인한 긴 중단 기간 이후부터 다시 시작한다.

  자식이 없는 나 같은 사람들에게조차 크리스마스는 산더미 같은 힘든 일이 되어버려 사람들이 그것으로부터 그냥 달아나는 것이 이해가 간다. 내가 선물들을 준비하고 그것들을 포장해서 부내야 하는 엄청나게 힘든 일에 그리고 보내지 않는 카드들과 편지들에 대한 결코 끝나지 않는 죄책감에 파묻히게 되는 12월 중순경이면, 모든 사람들이 분명히 내가 그렇듯이 반항심을 느끼게 될 것이다. 하지만 거기에도 언제나 몇 가지 쓸 만한 점들이 있고 그리고 마침내는 그것들이 그 모든 성가심과 고달픔을 보상해준다.

  바로 그런 한순간이 내가 더블린으로부터 해리스빌로 접어들어, 처음에는 웬 선사시대적 동물이 나를 향해서 오는 것 같은 것을 보았을 때 나타났다. 이윽고 나는 그것이 한 남자가 어깨에 짊어진, 그 뾰족한 끝이 나를 향하고 있는 크리스마스 트리라는 것을 깨달았다. 그 사내는 침묵에 쌓인 숲과도 같은 하얀 세계를 헤치고 그 크리스마스 트리를 집으로 가지고 가는 중이었다. 12월 16일, 38센티미터나 쌓인 엄청난 눈이 왔었다. 다행히 예보가 있었던지라 나는 주디와 두 마리의 고양이를 하루 일찍 이곳에 데려올 수 있었다. 그리하여 우리는 그때를 완벽한 평안 속에서 즐겼다. 타오르는 장작불, 꿈결 같은, 소용돌이치는 바깥 세상, 마치 우리가 종잇장만 한 무게의 "눈 내리는" 글래스의 중심에 있는 것만 같았다.

그전에, 눈 때문에 점심 약속이 취소되는 바람에 갑자기 예기치 않은 몇 시간의 짬을 얻게 되었다. 그래서 며칠간 나를 뒤쫓아오던 시 한 편을 용케 쓸 수 있었다.

뒤죽박죽인 이 크리스마스 상황이 쓸 만한 점이 또 무엇이 있나? 흔히 멀리 떨어져 있는 나의 친구들, 때로는 나로서는 본 적도 없고 오직 내 작품들을 통해서만 나를 아는 친구들이 나를 위해서 만들어준 소중한 선물들──털실로 짠 반코트, 아름답고 하얀 울 스웨터, 딸기 색깔의 터틀넥 스웨터 등. 그것들은 내가 얼마나 소중한 대접을 받는다는 느낌을 주는가! 에바 르 갈리엔은 새들에게 모이를 주러 나갈 때 걸치라고 매우 길고 무거운 울 스카프를 만들어주었다. 앤 우드슨은 자그마한, 끝이 작아지는 베개를 디자인해서 만들고 거기에 칼리 시의 마지막 구절들을 인용했는데, 그것은 처음부터 끝까지 두 개의 셜리 포피(영국산 개양귀비의 한 변종/역주)가 짜여져 들어가 있는, 명암 처리된 대담한 디자인이었다. 나는 그 선물을 열어보았을 때 그것이 주는 순전한 기쁨 그리고 그것이 보여주는 사랑 때문에 울었다.

우리가 언제나 희망을 지니도록 도와주소서.
영혼의 정원사여,

빛이 없이는

아무것도 피어나지 않듯

어둠이 없이는

아무것도 태어나지

않는다는 것을 아는 분이시여.*

이번 12월에, 나는 날이 아주 짧아지고 그리하여 오후 시간의 태반을 어둠 속에서 살게 될 때 열리는 불빛 축제의 의미에 대해서 이전의 어느 때보다도 더 많이 의식하게 되었다. 촛불, 세 개의 등불들—— 우리의 것인 자그마한 등불들——이 네 시부터 계속해서 모든 창문틀에서 비친다.

그 다음에는 1년에 한 번씩만 소식을 듣는 예전의 학생들과 친구들로부터 온 커다란 선물인 긴 편지들이 있다. 그것들은 내게, 조금 당혹스럽기는 하지만 만나서 합쳐지면 재미있는, 여러 삶들로 이루어진 한 태피스트리를 가져다준다. 웰즐리에 사는 나의 가장 좋은 친구들 중의 두 명, 뭔가 천재적인 것을 가지고 있었지만 저마다 결혼하여 저마다 창작을 완전히 중단해버린 두 여자. 올해에 그들은 저마다 다시 시를 향하고 있단다. 그 소식에 나는 행복해졌다. 그러면서 또한 한 여자가 결혼

---

* 「한 알의 겨자 씨앗이(*A Grain of Mustard Seed*)」에서

을 하고 자식들을 가진 뒤에도 창작을 계속할 수 있다는 것이 얼마나 드문 일인가를 다시 한번 의식했다.

  대학이 해주지 않은 일이 무엇이든 간에, 대학은 공부가 요구되고 그래서 거의 모든 학생들이 자신이 가지고 있는 줄 알지 못했던 힘들로써 그 요구를 만족시키게 되는 풍토를 창조한다. 그러다가 아주 갑자기 젊은 여자가 결혼을 하게 되면 그러한 생활방식으로부터 완전히 벗어나야만 하는데, 반면에 그녀의 남편은 대학 때 세운 목표를 향해서 그냥 계속 나아가는 것이다. 그녀에게서 기대하는 것들은 관념들을 다루는 것이 아니라 요리, 설거지, 빨래를 해주는 것이고, 만일 그녀가 하던 일을 계속하겠다고 고집하면 그녀는 많은 활력 그리고 자기 시간을 조직화할 줄 아는 능력 둘 다가 필요하게 된다. 그녀가 돌보아야 할 유아가 있다면, 지적 생활로부터 보모가 되는 생활로의 점프는 엄청난 것일 수밖에 없다. 그녀가 하고 싶어 갈망하는 "그 일"은 그녀로서는 전혀 준비해오지 않았던 온갖 종류의 노동들로 대치된 것이다. 그녀가 아이들을 몹시 바라왔고 그들을 깊이 사랑하고 있으며, 동시에 자기가 원한다고 생각했던 것을 가지고 있다고 해보자. 그러면 그녀는 너무도 방향감각을 잃어버린 듯한 기분이어서 죄의식과 당혹감으로 고통스러워할 것이다. 요즘의 젊은 남편들은 집안 잡일들을 도와줄 수 있고 도와주며, 그보다 훨씬 더 중요한 것은 그 문제를 의식하고 있고 그것에 대해서 열성을 가지고―― 열성을 가지는 까닭은 아내의 갈등은 남편 마음의 평안에 영향을 미치기 때문이다―― 이야기하려고 한다. 하지만 결혼을 통해서 아내는 지진을 겪는 반면에 남편은 그렇지 않다는 것은 여전한 사실이다. 남편의 목표는 극단적으로 변하지 않았고, 그의 존재방식 또한 극단적으로 변하지 않았다.

내가 그러한 편지들 중의 하나의 몇 부분들을 옮겨놓으려고 하는 것은 그것이 내게 곰곰이 생각해볼 거리를 많이 주었고 그래서 앞으로 몇 주일 동안 그것에 대해서 분명히 다시 이야기하게 될 것이기 때문이다. K는 말한다.

올해는 보기 드물게 다른 것으로 손을 뻗쳐본 한 해였습니다. 그 말에 웃으시겠지만, 그러나 우리 친구들 중의 다수가 이제는 나이 들어가는 것에 대해서 서글프리만치 걱정을 하고, 젊은 사람들에 대한 부러움으로 가득 차 있으며, 그들 자신의 젊음을 낭비하는 것에 대해서 안타까워하고 있습니다. 그런데 그런 사람들은 어린아이들이 있는 부모들로서, 서른 살도 안 되는 사람들입니다! 우리 미국인들이 하는 식으로 젊음을 숭배하고, 젊은 사람들에게, 다가가 붙잡아보려고 할 만한 원숙함의 이상들이나 앞으로 기대해볼 만한 것은 아무것도 주지 않는 것은 정말 아주 파괴적인 체재라고 생각합니다. (청소년기는 흔히 너무도 비참해서 그것을 헤쳐나오기 위해서는 자극이 필요할 정도죠!)

글쎄요, 그만두는 게 낫겠군요. 장광설이 나올 것 같은 기분이니까요. 나는 이 시대와는 너무도 가망 없이 가락이 맞지를 않고 그래서 그런 장광설을 늘어놓는 사람들에게 동참하고 싶은 유혹을 느끼거든요.······

시를 쓰는 것에 관해서는, 나는 여자라는 사실의 바로 그 장애물을 보기 시작하고 있는데, 그것은 내가 결코 인정하지 않았던 혹은 내가 함께 사는 법을 알지 못했던 사실입니다. 그것에 대해서 당신과 이야기할 수 있다면 좋겠군요. 내가 그런 것이 존재하는 줄을 이제 겨우 깨닫기 시작하고 있는 통찰들에 당신이 관심이 있다는 걸 아니까요. (그리고 바로 그런 이유 때문에 실비아 플래스[1932-1963, 미국 여류 시인/역주]가 내 관심을 끄는 것입니다. 로버트 로웰[1917-1977, 미국 시인/역주]은 그녀를 "여자적이라기보다는 여성적인"이라고 묘사하죠. 그것이 무슨 의미이든 간에, 그녀는 여성적인 것을 깨뜨리고 뭔가 자연스러운 것, 여전히 성은 가지고 있을 것이라고 추측하기는 하지만, 여성적인 것이라고 불릴 수조차 없는 어떤 것에 다다랐다는 생각을 하게 합니다.) 최소한 나는, 결혼이 최종화시켜준 듯이 보이는 이 여성성의 짐을 받아들이도록 혹은 그것을 가지고 뭔가 해보도록 날 도와주려고 애쓰는, 그 남성적이고 아주 프로이트적인 그 정신과 의사의 모자라는 점을 볼 수 있습니다. 나는 바깥의 저 여성해방 운동을 하는 온갖 광적인 사람들에게 감사합니다. 우리는 그들을 우리의 증오심과 딜레마들을 정말로 보일 수 있도록 드러내는 엄청난 신화적 인물들로서 필요로 하고 있습니다. 나의 여성해방 운동과의 접촉은 얕은 것이기는 하지만, 나는 올해에 정말로 나 자신에 대해서 새로운 어떤 것을 보았습니다. 꽉 정체되어 있던 오래된 내적 갈등이 평형을 깨뜨렸고, 그리고 나는 나의 난폭한 적개심의 얼마나 많은 부분이 남자들을 향한 것인가를 깨닫고서 놀랐습니다. 나는 언제나 언어를, 그것이 남자들이 만든 것이라는 이유로 거부해왔습니다. 나 자신의 시들이 내는 내 음성은 나 자신으로부터 나오는 것임에도 불구하고 종이 위에서는 남성의 목소리로 변해버렸고, 그래서 나는 그 목소리와 그 배역을 파괴해버리고서 내 생애에서 D를 위한 자리를 마련해주어야 할 필요성을 느꼈습니다. 여자들에게 깊고 고통스런 소심성을 정해주는 것은, 단지 나 자신이 맞추어 생각하는 것이 아니라, 온 가문의 전통인데, 내게 이것은 언제나 유달리 견딜 수 없는 것이었습니다. 내가 가지고 태어난 인간성이라는 것이 수동성과는 아주 반대인 것이었으니까요! 당신을 제외하고서, 나의 그 모든 친구들 가운데서 D가 이해를 해주는 혹은 적어도 그것에 동조를 해주는 듯이 보이는 유일한 사람이라는 것은 나로서는 행운인 셈입니다. 그것은 정신의학의 모든 원칙들을 침해하는 사실입니다. 왜냐하면 그는 내가 겪을지도 모를 어떤 성(性)의 위기에 의해서도 가장 많이 위협받을 장본인이고, 남자들에 대한 적개심을 드러낼 가장 가까이에 있는 과녁이고, 내가 내 마음의 균형을 재적응시키려고 애쓰는 것과 더불어 오는 불안정함에 의해서 가장 많이 불안해할 사람이기 때문입니다.

이 편지는 문제의 핵심을 건드린다. 나는 이 편지가 심히 불안해 보였다. 정말로 위험한 것은 예술가로서의, 창조자로서의 여성에 대한 불신인 것이다. K는 더 이상 자기 자신의 재능을 중대한 혹은 믿을 만한 것으로 보지 않고, 언어 자체를 남성이 만든 것으로 본다. 그것은 분명히 쾅 하고 문을 닫아버리는 것이다! 하지만 그녀의 재능처럼 진짜인 재능이 가진 추진력은 결국에는 어떤 지적 공식을 깨뜨리고 나와 그녀가 지금은 부인하고 있는 것을 주장할 것이기 때문에 나는 그 문이 열릴 것임을 믿는다. 그녀가 결국에 쓰는 것은 그녀 자신의 목소리로 된 것일 것이다. 이따금씩 나는 그 말하는 목소리가 인위적으로 주어진 듯이, 그 사람의 중심으로부터가 아니라 어떤 부자연스런 음역으로부터 나오는 듯이 보이는 사람을 만난다. 내가 특별히 생각하고 있는 것은 고음의 짜낸 목소리를 가진 여성들에 대해서이다. 나는 엄격한 의미에서 음역 배치에 관해서는 아무것도 아는 것이 없지만, 나는 못내 이런 말을 하고 싶었다. "제발, 땅으로 내려와 당신 자신의 목소리로 말하라!" 이것은 정직성의 문제라기보다는(K는 괴로울 정도로 정직하다) 아마도 자신감의 문제이다. 나는 나인 것이다.

1월 5일

지금쯤은, 바깥으로부터 이곳으로 쏟아져들어오는 세상을 적어도 하루에 몇 시간 동안만이라도 밀쳐버리고서, 한 여자가 홀로 명상하는 이 수도원에서의 나 자신의 생활을 다시 시작했어야 할 때이다. 하지만 문을 노크하는 소리를 "밀쳐버릴" 도리가 없다. 어제 오후, 몇 시간 동안 아주 기를 쓰면서 답장들을 쓰고 난 다음, 욕실 바닥을 닦기로 결정하고서 더러워진 몸과 으쓱해진 기분으로 막 그 일을 끝냈을 때, 벨이 짤랑거렸다. 문 밖에는 진눈깨비 속에 오하이오에서 온 여자가 있었는데, 콩코드로 가는 길에 넬슨을 통과하다가 그냥 문을 두드려보기로 결심했다고 했다. 그녀는 일주일인가 전에 내게「사랑의 종류들」에 대해서 길고 훌륭한 편지를 써보냈었는데, 나는 아직 그 편지에 답장을 쓰지 않았지만, 다행히도 기억이 났다. 사람들이 결코 깨닫지 못하는 것은 내가 이곳으로 오는 그 모든 편지들을 기억하지 못한다는 사실이다. 모르는 사람들로부터 오는 편지들이 너무도 많고 그래서 그것들을 읽은 다음에는 문자 그대로 그것들을 내게서 치워버려야만 숨을 쉴 수 있을 정도이기 때문이다. 그녀는 30분을 머물렀고, 그럼으로써 늦은 오후의 나의 느린 리듬을 깨뜨려버렸다. 늦은 오후는 돌아다니면서 몇 개의 카드들에 답장을 쓴다든가, 뭐든 쉽게 자연스럽게 되는 일들, 즉 잡일들을 할 뿐, 나 자신에게 진짜 영적인 에너지를 혹은 깊은 반응을 불러모을 것을 요구하지 않는 때이다.

그렇게 끊긴 짬 뒤에, 난로가 갑자기 터져버렸다. 그래서 앵무새 펀치를 따뜻하게 해주기 위해서 아늑한 방에 큰 불을 지핀 다음, 도움을 요청했다. 한 시간 만에 남자들이 와주었다. 시골 생활의 이런 즐거움이 내게는 결코 아무렇지 않은 일——도움이 필요할 때면 도움이 거기에 있다——이 되지는 않을 것이다.

아홉 시에 나는 네 명의 텔레비전 전문가들과 닉슨의 말도 안 되는 대화를 보고 들어야만 했다. 악몽의 한중간에 있는데 자기에게 어떤 생기에 찬 꿈을 비춰달라고 부탁해서는 안 된다는 닉슨의 대답이 그 모든 것——인간적인 의미에서의 포부의 전적인 부재——을 요약해준다. 왜냐하면 분명히 바로 악몽의 시기에 생기에 찬 꿈들이 태어나고 또 효과적으로 전달될 수 있기 때문이다.……1940년의 처칠, 대공황 시절의 루스벨트. 닉슨으로부터 내비치는 것은 얼마나 옥죄어 있는 조그마한 영혼인가! 아주 재미있었던 것은 그 이상하게 활기 없는 시간과, 그 직후에 이어진 것——브링클리가 흑인 두 명, 중국인 한 명, 중산층 백인 네 명으로 구성된 고등학교 잡지 편집자들과 가진 인터뷰였다——과의 접합이었다. 그 학생들은 제 생각을 분명히 나타냈고, 다정하고, 생각이 깊고, 현실적이었다. 그러나 닉슨은 그들에게 희망을 줄 무슨 말을 했던가? 그래도 그들의 이야기는 차가운 공기를 덥혀주었고, 그래서 나는 미래에 대해서 행복한 기분을 느끼면서 그리고 18세 이상의 투표가 그 무지한 패배주의적 분위기를 바꾸기 위해서 무엇을 해줄 수 있을 것인가를 생각하면서 잠자리에 들었다.

그리고 이제는……그리고 이제는……내적 세계를 향하여. 어제 D로부터 편지를 받았다. 그는 교육학에서 석사 학위를 받으려고 하고 또한 동시에 공립 고등학교의 교사로 일하기 때문에 현재 무거운 짐을 지고 있다. "메이, 그냥 안타까우리만큼 짧은 편지입니다. 당신에게 혹독한 한 해, 단 하루를 마주하는 데 필요한 절대적인 침착함과 바닥나지 않는 힘을 빌어주고 싶어서요. 우리는 자주 만나지는 않지만 그러나 우리는 함께 싸우고 있고 실패하지 않을 겁니다." 1970년의 가장 좋은 기억들 가운데는, 우리의 개인적인 삶과 사랑에 대해서 D와 함께 나누었던 그 두 번의 긴 대화가 있다. 우리는 서로가 같은 족속이라는 것을 알아보았다. 발가벗어버리는 것(예이츠적 감각으로는 "발가벗고 걸어다니는 데에 더 많은 모험이 있다")과 그러한 강렬한 애정과 그러한 개방성을 넘어 살아남을 수 있을 만큼 억세지는 것 사이에서, 경험을 함께 나누고자 하는 몰아치는 욕구와 체험할 수 있는 시간에 대한 욕구──그것은 고독을 뜻한다──사이에서, 자기 자신이 되고자 하는 욕구와 자기 자신을 주어버리고자 하는 욕구 사이에서, 어떤 균형을 찾아내야만 하는 사람들 말이다.……물론 그러한 것들은 서로 긴밀하게 관련된 것들이다. D는 여성의 문제를 아주 잘 의식하고 있고, 여자 연인이 가지고 있는 독립성, 성장에 대한 욕구들에 대해서 민감하다. 그 자신이 너그러운 사람이기 때문에 고통받아왔던 것이다. 그러나 그는 또한 잘되지 않는 혹은 잘될 수가 없는 것을 잘라버릴 만큼의 뚝심도 있다. 여성의 문제에 대해서 곰곰이 생각해보면서, 그것을 이번 경우에는 반대편 입장에서 보는 것은 내게는 특별히 깨달음을 주는 일이었다. D에게 부정(不貞)을 이의 없이 받아들이라는 것이었는데("난 내 독립성을 지켜야만 해!"), 그것은 어떤 식으로든 억압받지 않겠다는 절대적인 요구이고, 내 위치에서 보자면 완전한 잔인함으로 보이는 것이다. 그는 그의 애인보다 일곱 살가량 아래이지만, 지혜로움 면에서는 오히려 훨씬 더 나이가 들었다. 나는 이 남자에 대해서 아주 큰 존경심을 가지고 있다. 그가 열세 살인가 열네 살에 자살을 기도할 정도의 우울증을 겪었고 그 뒤에 정신병 치료로 보낸 세월이 없었다면, 20대의 그가 지금의 그가 될 수 있었을까? 그는 지금은 아주 큰 힘, 막중한 작업량도 짊어질 수 있는 힘을 가지고 있다. 그에 대해서 그리고 지난밤 텔레비전에 나왔던 그보다 훨씬 더 어린 젊은이들에 대해서 생각하면서, 솟아오르는 희망과 믿음 그리고 겸손함을 가지게 된다. 그의 나이 때에 나는 연인이라는 말의 낭만적 의미에서만 좋은 연인이었고, 그가 그러는 것처럼 "상대방"에 대해서 생각해보는 것조차 시작하지 않았었고, 그리고 나는 좀 싸구려 방식으로 야심적이었다.

젊은 사람들에 대해서 생각하는 것은 희망을 준다. 그리고 성장을 끊임없는 것으로 보는 것 또한 희망을 준다. 지금 나는 쉰여덟인데, 이제 막 지나간 해에야 비로소 나는 사랑한다는 것이 무엇인지를 이해하기 시작했다.……내가 다시 한번 꽃과 어떤 관계를 맺을 수 있도록, 그것을 정말로 살아 있는 것으로 간직할 수 있도록, 구근들을 심는 혹은 잡초들을 뽑아내는 정원사처럼 다시 또다시 수없이 무릎을 꿇으면서.

나는 캐링턴의 편지들을 읽는 중이다. 이 젊은 여류 화가는 리턴 스트레이치(1880-1932, 영국의 전기작가, 문예비평가/역주)에 대해서 열렬한 그리고 이기심 없는 애착을 가지고 있었는데, 그가 죽은 바로 뒤에 자살을 했다. 이 책은 마음을 편치 않게 만든다. 감정에 대한 너무 많은 이야기들, 너무 많은 개인적인 토로들에 화를 내는 어떤 것이 내 안에 있다. 그렇기는 하지만 블룸즈버리 그룹의 강점은 바로 그런 것—— 개인적인 삶에 대한 그들의 광적인 정직성——이었는지도 모른다. 그들은 주어진 한 생애 동안 자양분을 주는 많은 복잡한 관계들이 그리고 사랑의 많은 종류들이 있을 것이라는 점을 받아들였다. 그들은 여러 예술과 관련된 거의 모든 사람들이 성적 양면성과 타협해야만 하고, 양성적으로 되는 일을 다루어야만 하고 그리고 열렬한 우정은 섹스를 포함할 수도 있다는 것을 받아들였다. (헨리 밀러, 노먼 메일러 그리고 어니스트 헤밍웨이의 그 구역질 나는 남성 전시주의에 비하면 이것은 얼마나 정상적으로 보이는가!) 그들은 파급효과가 엄청난 예술작품들(회화, 시, 소설), 역시 파급효과가 엄청난 경제학적 작품들을 놀랄 만큼 풍요롭게 생산했을 뿐만 아니라, 엉망이 되거나 자기 탐닉적이 되어 버리는 일 없이 범상치 않은 생활들을 이끌어갔다. 그들이 신경증 환자들이었다면 그리고 어쩌면 그랬는지도 모르지만, 그래도 그들은 개화된 그리고 개화시키는 신경증 환자들이었다. 미국인들이 유달리 그들에게 화를 내는 것은 청교도적 기풍 속에서는 그것이 "옳게" 보이지 않기 때문이다. 우리는 마약 복용이든 뭐든, 자신의 그 끔찍한 실례로써 가르치려고 드는, 스스로 공언하는 신경증 환자는 훨씬 쉽게 받아들일 수 있다! 블룸즈버리 그룹은 간단하게 너무 좋아서 사실일 리가 없는 그런 사람들이었다. 그들은 얼마나 열심히 일했고, 얼마나 재미를 누렸던가! 그치지 않는, 재치 있고 때로는 악의적인 그 가십이 아마도 이따금씩 우리의 예절 감각에 거슬릴지도 모르고, 그것은 이유 있는 거슬림이다. 하지만 그들에게 예절이란 완전히 **어떤 것들을 말하는가 혹은 행하는가가 아니라, 어떻게 그것들**

을 행하는가의 문제로 보였던 것이 분명하다.

추측컨대 윌라 캐더(1873-1947, 미국 여류 작가/역주)는 어떤 강렬한 사생활을 살았던 것 같지만, 그러나 그녀는 그것을 대중의 눈에 드러나지 않게 하기 위해서 지극히 조심했고 그래서 심지어 자신이 죽은 뒤에 어떤 편지도 출판하지 못하도록 금지시켰을 정도였다. 그러한 태도는, 버지니아 울프가 「올랜도(Orlando)」가 자신과 비타 색빌웨스트(1892-1962, 영국의 여류 시인, 소설가/역주)와의 우정을 근거로 쓴 것임을 터놓고 인정한 것과 얼마나 다른가! 그것에 방해가 되는 것은, 이곳 미국에서는, 부모들인가? 자기가 정직하게 털어놓으면 부모에게 상처를 줄 것이라는 두려움?

진지한 작가라면 자신을 체험을 위한 하나의 도구로 생각한다는 것이 나의 믿음이다. 삶이——삶의 전부가——그 도구를 거쳐서 흐르고 그것을 통해서 증류되어 예술작품들로 변하는 것이다. 그가 어떻게 한 개인적인 인간으로 사는가 하는 것이 긴밀하게 그 작품과 연결되어 있는 것이다. 그리고 어떤 시점에 가서는, 어떤 가상의 독자 혹은 실제의 친척이나 친구와 멀어지는 것이 두려워 억눌러두는 것을 그만두고서 개인적인 진실을 밝혀야만 한다고 나는 믿는다. 우리가 인간의 조건을 이해하려고 한다면 그리고 우리가 자기 의구심, 과도한 감정, 죄의식, 기쁨 그리고 인간으로서 동시에 예술가로서 행동하고 창조할 수 있는 완전한 능력을 가지도록 서서히 자아를 해방시키는 것, 이 모든 복잡한 조건들 속의 우리 자신을 받아들이려고 한다면, 우리는 우리가 서로에 대해서 알 수 있는 모든 것을 알아야 하고, 기꺼이 벌거벗고 가고자 하는 마음을 가져야 한다.

1월 7일

내 머리를 완전히 스쳐가버린 한 서정시의 첫 연을 순전한 장인 정신으로 끝마쳐보려고 오전 내내 —— 지금은 오후이다 —— 일했다. 그렇게 시간에 쫓기는 기분이 되지 말아야 하는데, 나는 그런 기분이고 그리고 나는 언제나 그럴 것이라고 생각된다. 예이츠는 한 연(聯)을 쓰는 데 일주일이 걸렸다는 이야기를 한다. 그 위험은 물론 과도한 조종인데, 그런 때는 이미지들이나 개념들이 아니라, **단어들**을 조종하게 되는 것이다. 나의 문제는 눈보라 속의 연인들과, 내가 아늑한 방에서 홀을 가로질러 바라보고 있는 —— 여기 앉아 있노라니 일곱 송이의 커다란 꽃들이 끊임없는 침묵의 호산나 함성들을 만들고 있다 —— 커다란 아마릴리스의 하얀색 사이에 생명력 있는 치환을 만드는 것이다.

지금처럼 행복하고 결실이 풍성한 고립의 시기에는, 중단시키는 어떤 것도, 사교적인 만남으로 인한 어떤 방해도, 어떤 책무도 내 베틀 위의 실을 끊어버리고 그 무늬를 깨뜨려버린다. 이틀 전 밤 나는 마지막 순간에, 마을 모임에 참석해달라는 전화를 받았고……그리고 그것이 나를 날려버렸다. 그러나 거기에 참석했던 것이 적어도 한 가지 통찰을 주었다. 옆에 있던 한 사람이 내게, 자기가 작은 자동차 사고를 당했었는데 지역 신문사 사람에게 잘 말해서 자기 진짜 나이(운전면허증에 적혀 있는)를 못 본 체하고 자기 나이를 서른아홉으로 인쇄해주도록 할 수 있었다는 이야기를 했다. 나는 그런 뻔뻔스러움에 정말로 깜짝 놀랐다. 나는 내가 쉰여덟이고, 여전히 살아서 건재하며, 사랑을 하고 있고, 그 어느 때보다도 더욱 창조적이고 균형 잡혀 있으며, 활력이 넘친다는 것을 자랑스러워한다. 나는 어떤 육체적인 퇴행들에 마음을 쓰기는 하지만, **정말로** 그러는 것은 아니다. 그리고 빌이 내게 보내준, 죽기 바로 전의 이사크 디네센(1885-1962, 덴마크의 여류 작가/역주)을 찍은 그 놀라운 사진을 볼 때는 전혀 마음을 쓰지 않는다. 결국 우리는 우리의 얼굴을 만들면서 나아가는 것이고, 그리고 젊을 때의 그 누가 그녀처럼 보일 수 있겠는가? 말할 수 없이 다정한 그 미소, 그 전적인 받아들임 그리고 내가 그것으로부터 받게 되는 기쁨, 삶, 죽음, 모든 것을 받아들이고, 그리고 이를테면, 그것들을 음미하고── 그리고 놓아버리는 것.

지난해에 변화되었던 나의 그 전적인 인간의 **형상**에 비하면, 여기저기의 주름살들은 그리 중요해 보이지 않는다. 「시인과 당나귀(*The Poet and the Donkey*)」의 어딘가에서 앤디가 말하고 있는 그것은 나를 위한 것이다. "내 나이를 앗아가지 말아라. 그것은 내가 얻어낸 것이다."

영원히 서른아홉 살로 알려지고 싶다는 그 옆자리 사람의 소원은 내게, 30대의 사람들이 자기들의 젊음을 잃어버렸다고 슬퍼하는 것은 우리가 그들에게 원숙함을 하나의 자산으로 보이게 하는 아무런 기풍도 주지 않았기 때문이라고 K가 그녀의 편지에서 말했던 것에 대해서 다시 생각하게 만들었다. 하지만 우리는 우리 앞에 많은 실례들을 가지고 있다. T. S. 엘리엇은 일흔 살이 되었을 때에야 비로소 완전한 극치를 이룬 행복한 결혼생활로 들어갔던 것처럼 보인다. 예이츠는 쉰 살인가 아니면 더 넘어서인가 결혼했다. 나는 지금 내 생애 중의 가장 완성된 사랑 속으로 들어가고 있다. 그러나 무슨 이유에서인지 미국인들은 중년을 넘어서도 열정적인 사랑이 계속된다는 생각 자체에 질겁을 한다. 그들은 살아 있다는 것을 두려워하는 것일까? 그들은 죽어 있는 것, 즉 안전한 것을 원하는 것일까? 왜냐하면 사랑할 때는 당연히 결코 안전하지 않기 때문이다. 성장은 까다로운 요구를 하고 또한 위험스러워 보일 수도 있다. 성장은 얻는 것도 있지만 잃는 것도 있기 때문이다. 하지만 성장하기를 멈추었다면 무엇 때문에 계속 살 것인가? 그리고 성장을 위해서는, 어떠한 형태의 것이든 사랑보다 더 까다로운 요구를 하는 분위기는 무엇이며, 또한 바깥을 향해서 소리 칠 수 있으며 우리에게서 우리의 가장 비밀스럽고 깊은 자아를 요구하는 관계보다 더 까다로운 요구를 하는 분위기는 무엇인가?

무한정 서른아홉으로 남아 있기를 기원하던 그 옆자리 사람은 불안감에서 그러는 것이다. 그녀는 사람들이 자기 나이를 알게 되면 자신이 더 이상 사람들의 관심을 "끌지" 못할 것을 두려워하는 것이다. 하지만 원숙한 관계를 원한다면, 자기와 걸맞은 사람들 사이에서 그러한 관계를 찾아야 할 것이다. 나는 나보다 많이 어린 어떤 사람을 사랑한다는 것을 상상할 수가 없는데, 그것은 사랑을 감성 교육으로 보아왔기 때문이다. 나는 사랑에 관해서는 젊은 사람들로부터 배울 것이 별로 없다.

1월 8일

어제는 이상하고, 급하고, 중심이 잡히지 않는 날이었다. 하지만 밖에 나갈 일은 없었고, 태양은 빛났다. 오늘은 중심이 잡힌 기분이고 그리고 시간은 오래된 원수가 아니라 친구이다. 오늘 아침에는 영하 18도였다. 지금 서재에서는 장작불이 타고 있고, 책상 위에는 노란 장미들과 미모사가 놓여 있다. 집 안에 어떤 축제의, 해방의 분위기가 있다. 우리, 즉 집과 나는 하나이고, 혼자인 것이 행복하다. 생각하는 시간, 존재하는 시간.

이러한 종류의 목적 없는 시간은 정말로 중요한 유일한 호사스러움이고 그리고 그것을 가진 나는 엄청나게 부자인 것 같은 기분이다. 그리고 지금 당장은 나는 내 삶에 대해서나 내 작품에 대해서나, 지난해 전까지는 아니 어쩌면 지난 몇 주일 전까지는 거의 체험하지 못했던 성취감을 느끼고 있다. 왼쪽을 바라보자, 햇빛을 향해서 약 서른 개의 날개 달린 꽃들을 들어올리고 있는, 불꽃 빛깔의 시클라멘(앵초과의 여러해살이 풀/역주) 뒤편으로 투명한 푸른 하늘이 빛으로 넘쳐흐르는 스테인드글라스 같은 인상을 만든다. 답장을 쓰지 않은 편지 뭉텅이를 상자 안에 넣어, 내 눈에 띄지 않도록 발치에다 놓아두었다. 이제 나는 그 시를 제대로 완성하기 위해서 다시 한번 시도해보려고 한다. 마지막 구절이 아직도 문제이다.

1월 12일

오늘은 눈이 내린다. 결코 자신이 기분 좋은 상태라고 단언하지는 말 일이다. 뭔가 무서운 일이 분명히 일어날 것이다. 이틀 전 밤, 복수의 여신들이 다시 창가에 나타났고, 그리하여 성질, 신경 그리고 X에 대한 원망의 끔찍한 발작이 있었고 그 뒤에 언제나와 같은 심한 불안의 부메랑이 뒤따라왔다. 이런 식으로 퇴보했다는 것이 두렵다. 이런 식의 폭발은 **몇 달** 동안 없었기 때문이다. 그러므로 복수의 여신들을 영원히 쫓아버린다는 것에 대해서 내가 어떤 자만에 빠져왔든 당연한 일이다. 그들이 더 잘 안다.

모든 친밀한 관계가 이런 종류의 스트레스를 겪는다는 것은 분명하다. 종종 사소한 일들로 내면의 세계가 폭발해버리고, 그리하여 원망감이(언제나 어느 정도는 거기에 있는) 발끈 타오르는 것이다. 그 뒤에는 두 사람 모두 얻어맞은 것 같은 창피한 기분이 되고, 서로에 대한, 생각해보지도 않았던 끔찍한 공격에서 살아남은──그러나 간신히──사람들 같은 기분이 되는 것이다. 하지만 아마도 가장 나쁜 위험은 그 중요성을 과장하고 그리하여 내가 간밤에 빠져들었던 공포감을 스스로에게 허용하는 것이다. 어젯밤에는 머리카락이 흠씬 젖을 만큼 불안에 빠져 있었다. 그런 것을 딱 한 번 더 겪었던 때는 게실염(憩室炎) 때문에 일주일간 병원에 있으면서 심한 육체적 고통이 나를 엄습했던 동안이었다.

그런 때는 육체적, 심리적 전존재가 끈이 풀려버리고, 일대 소란에 빠진다. 그리하여 무슨 일이 일어났는가를 알기 위해서는 그 소란이 가라앉을 때까지 기다려야만 한다. 지난밤에 X가 전화를 주었기 때문에 오늘 아침에는 기분이 더 낫다. 우리는 이 발작 전에 우리가 있었던 곳으로 서서히 되돌아갈 것이다. 비싼 대가를 치르는 셈인데, 하지만 숙취로 깨어난 아침마다

"결코 다시는!"이라고 맹세하는 술꾼들처럼 고쳐지지 않는 자신에 대한 전쟁은 계속된다. 그 대가는 정신의 기진맥진함이다. 내가 할 수 있는 것은 일어나서 잠자리를 치우고 아침을 먹고 설거지를 하는 것이 전부였다. 당분간은 어떤 것도 아무런 의미가 없다. 단 한 가지 위안을 삼을 수 있는 것은 내가 다시 담배를 피우기 시작하지 않았다는 점이다. 오늘은 담배 없이 지내는 닷새째 날이다. 아직도 모든 "작은 즐거움"을 빼앗긴 것 같은, 멍하고 침울한 기분이다. 하지만 나는 나 자신뿐만 아니라 X를 위해서도 흡연 습관을 버리는 노력을 함께하겠다고 굳게 마음을 먹고 있다.

이것은 J가 오랜 세월 함께 살아온 언니가 지난밤에 갑자기 죽었음을 알리는, 그녀로부터 온 전보에 의해서 중단되었다. 우리가 서로 화가 난 상태에 있을 때 X에게 그런 일이 생겼다면 어땠을까? 우리 모두가 언제나 위험에 처해 있다는 사실에 사랑하는 사람을 비추어보기만 하면 균형감각을 도로 찾을 수 있다. 사랑의 현실과 그 수명——그 강적과 마주하여 고작해야 아주 잠깐 동안만 지속되는——에 비하면 무엇이 무슨 문제가 될까?

나는 내가 이곳의 "보통" 날들이라고 부르는 것들에 대해서 하루치 일기를 바치려고 마음을 먹고 있었는데……그런데 그때 복수의 여신들이 창가에 나타났다. 겉보기에는 텅 빈, 그런 보통 날들이라는 그 변경할 수 없는 구조 내에서 가장 창조적이고 가장 소중한 날들이다. 일본에서 그랬던 것처럼 넬슨에 대한 향수가 일 때면, 나는 그런 보통 날들을 천국으로 생각하게 된다. 하지만 죄수가 그러는 것처럼(그리고 겨울에 내 생활은 긴 시간 동안 갇혀 있다), 내가 어떤 구조 내에서 움직이지 않으면 안 된다는 것을 나는 알고 있다. 침대를 손보아야 하고(내가 가장 하기 싫어하는 일이다), 접시들을 씻어야 하고, 집안을 말끔히 정돈한 뒤에야 나는 자유로운 마음으로 작업을 시작할 수 있다. 힘든 일들에는 보상이 있어야 하고, 그래서 쓰레기들을 내놓거나 펀치의 새장을 청소한 것에 대해서는 흔히 담배 한 대가 그 보상이었다. 정원 일을 할 수 없는 겨울에는, 나는 닫힌 문들 뒤의 카오스에 손대보려고 노력한다. 이번 주일 동안은 위층의 잡동사니 방——낡은 겨울 장화부터 크리스마스 트리 장식품들, 찢어진 시트들뿐만 아니라 화분 창고나 들어갈 물건들에 이르기까지의 것들이 믿을 수 없이 나뒹구는 방——을 말끔히 정리하고 있다. 윈 프렌치가 겨울 장화들, 담요들, 겨울 옷들 그리고 크리스마스 트리 장식품들을 남을, 네 칸짜리, 처마 아래에다 놓을 기다란 수납대를 만들어주기로 했다. 이곳에서 12년 동안 살면서 이제서야 그 문제에 손대려고 한다는 것이 놀라워 보인다. 사실은 이사를 오자마자 당장에 글을 쓰고, 정원 일을 하기 시작했던 것이다. 그것이야말로 내가 찾고 있던 것——나날의 리듬, 일종의 시의 둔주곡(遁走曲), 정원 일, 단독주택 안에서 잠자고 깨어나는 것——이었다. 그밖의 다른 것들은 시간을 들일 만큼 중요하지 않았다. 집안일을 하면서 온종일을 보낼 수도 있겠지만, 그러나 나는 완전한 카오스가 덮쳐오지 않는 한 그리고 내 두 눈이 머무는 곳에 아름다움과 질서가 있는 한, 그러지 않을 것이다. 다만 이따금씩 찬장의 끔찍한 상태가 정리해볼 만하다는 생각이 들 만큼 심란하고, 그런 뒤에 그 일을 해버리는 것은 커다란 만족감을 주는 일이라고 말하지 않을 수 없다. 한 해의 전체적인 일정 중에서 1월은 대청소 기간이며 씨앗-카탈로그 기간이다. 씨앗들을 주문하는 것은 소득세 계산을 끝낸 것에 대해서 내가 받는 보상이다.

폭풍이 아무리 끔찍한 것이라고 할지라도, 자신의 삶이 충분히 안정되어 있고 다산적인 구조를 가지고 있다면, 그 폭풍의 파괴적 여파들을 견뎌낼 만한 도움을 받게 된다는 사실에 대해서 나는 생각해오고 있다. 대부분의 사람들에게는 그들의 직업이 그런 일——스트레스의 시기에 구원이 되는 일정을 공급해주는 일——을 해준다. 나는 살아남기 위해서 나 자신의 일정을 만들어야만 한다. 그리고 이제는 가서 우편물을 가져오고 차에 시동을 걸어야 할 때이다.

1월 13일

지난밤에는 늑대 달(wolf moon)이 떴다. 잘 붙인 이름이다. 사방의 반짝거리는 눈 위에 달빛이 너무도 밝게 비쳐 잠을 잘 수가 없었다. 서니 빈 일이니 온도계를 보았는데, 새벽 세 시에 영하 23도였다. 다시 잠자리에 들었지만, 파이프들이 얼어붙을 수도 있겠다 싶어 도로 일어나 모든 수도꼭지를 조금씩 틀어놓았다. 네 시경이었던가, 막 잠들었을 무렵, 커다랗게 쿵 하는 소리가 나더니, 밤을 깜짝 놀라게 하는 저 이름 없는 피조물들 중의 하나가 지하실 층계를 휘젓고 다니기 시작했다. 나는 그것이 줄무늬다람쥐이거나 아니면 좀 큰 새앙쥐이지 집쥐는 아니라고 믿으려고 애쓴다! 이곳에서는 단 하룻밤도 깨지 않고 자는 날이 드물기는 하다. 그러나 가장 다산적인 생각을 하는 시간들 중의 얼마간은 몇 시간 자고 깨어났을 때인데, 아무것도 할 필요가 없는, 일어날 필요조차 없는 그러한 이음매 없는 시간에 나는 명상을 한다. 밖에는 차갑고 눈부신 달빛이 있고 생각들은 분노로 치달아, 어젯밤은 쉽지 않았다. 그러한 격정들의 완전한 무서움은 물론 그것들이 자기가 사랑하는 사람들에게 가하는 해로움이다. 그러한 격정 뒤의 며칠 동안 나는 어쩔 수 없이 나 자신과 화해를 하고 내 안의 파괴자, 깨뜨리는 자와 마주하려고 노력해야만 한다. 내가 느끼는 것은 양심의 가책이라기보다는 부끄러움이다.

나는 아직도 그「타임스」서평에 얻어맞은 듯한 기분이다. 그것이 나를 내동댕이쳐 균형을 잃게 한 것이다. 그것은 승리하기 위해서 이제 막 경주를 시작한 참에 발이 걸려 넘어져서 땅바닥에 내동댕이쳐진 것과 같다.

요즈음 X는 자기 직업에 대해서 불평을 많이 해댄다. 대조적으로 내 "직업"은 쉬워 보이고 내 생활방식 전체가 자족적인 것으로 보일 것이 분명하다. 그리고 어떤 면에서는 그러하다. 한 주일 동안 함께 지내다가 헤어져 각자 자기 자신의 생활로 되돌아갈 때는, 불분명하고 엉뚱한 방식으로 우리는 각자 그 직업상의 차이를 원망한다.

1월 16일

좋지 않은 한 주일이었다. 나는 거의 아무것도 하지 못했고, 시간을 낭비했고⋯⋯의기소침했다. 수요일의 오찬은 도움이 되지 않았다. 점심 식사라는 것이 그저 좋지를 않은 것이다. 점심 식사는 그날 하루에서 알맹이를 그리고 오전 작업에서 여유를 앗아간다. 이것에 더하여, 에너지를 짜내버리는 극심한 추위. 밖에 나가서 새 모이통들을 채워줄 때나 차에 시동을 걸기 위해서 안간힘을 쓸 때면 나는 모래에서 물이 빠져나가는 것 같은 것을 느낄 수 있다.

1월 17일

일곱 시에 일어나니, 영하 29도 아늑한 방조차 21도 아래였고 (자동 온도조절 장치는 26도에 맞춰져 있다), 그래서 펀치가 추위로 죽을지도 모른다는 걱정으로 내가 맨 처음 한 것은 그 방에 불을 피우는 것이었다. 나 자신도 따뜻한 그 방에서 아침을 먹었다. 거기에 더하여, 펀치 새장의 뚜껑을 벗겨주고 그 "바깥에 나온" 즐거움의 외침 소리들을 듣고, 그 다음에 펀치가 거울에 비친 제 모습을 마주칠 때 하는 그 다정한 말들을 듣는 것은 유쾌한 일이다. 그때 시간은 이웃집 개들이 아침 볼일을 보러 들르는 때이므로 펀치는 아주 괜찮은, 집 지키는 개, 아니 "집 지키는 앵무새"이다. 어떤 개가 정원에 들어갈 때마다 펀치는 아주 험한 욕을 해댄다.

지금은 아홉 시이다. 침대 시트를 갈아놓았고, 감자 껍질을 벗겨 살짝 삶아놓고, 완두콩을 까놓고, 일요일 만찬을 위한 것들을 준비해놓았다. K. 마틴이 건너올 것이기 때문이다.

어제 저녁 무렵, 지난 한 주일에 대한 가혹한 평가를 쓰고 있을 때 차가 한 대 멈추더니 한 상자의 수선화, 붓꽃, 갯버들에다 덤으로 세 송이의 장미를 얹어서 전해주었다. 그것들은 소중한 사람인 앤 우드슨으로부터 온 것이었는데, 새 시집인 「한 알의 겨자 씨앗이」가 이곳에 도착한 것을 축하하기 위한 것이었다. 그 책은 어제 도착해서 중심 없는 산란한 상태를 더해주었다. 왜냐하면 당연히 친구들에게 보내기 위해서 그 초판본들을 포장해야 했기 때문이었다. 이 새로 태어난 아기와 함께 혼자 있다는 것, 그것을 보여줄 수 있는 사람이 아무도 없다는 것에 버림받은 것 같은 기분이 들었다. 나는 그 책을 집어들고서 여기저기 냄새를 맡아보았다.……전쟁, 빈민, 실업자들, 우리를 괴롭히고 쫓아다니는 그 모든 것들에 대한 희망은 가루가 되어버리고 암살로 점철되었던 황폐한 1960년대, 이 이상한 시대를 위해서 쓰인 이상한 책.

바깥은 끔찍하게도 추운데——반짝거리는 날, 하늘은 샤르트르 대성당의 스테인드글라스 창문 같은 꿰뚫을 듯한 푸른빛을 가지고 있다——집 안에 봄꽃을 가지고 있다는 것은 아름다운 일이다. 태양은 바닥 위에 기다란 빛의 띠들을 만들어놓지만, 한기가 스며든다. 추위는 사람을 지치게 만드는 것이다.

1월 18일

영하 29도가 아닌 영하 18도, 오늘 아침은 조금은 따뜻하다. 전기담요 위에 또 한 개의 담요를 깔고서, 전날 밤보다 따뜻하게 잤다. 자다 깨서 이 글에 관해서 생각했다. 되풀이해서 나타나 끊임없이 캐보아야만 하는 어떤 테마들이 분명히 있다. 그런 테마들을 중심으로, 몇 년에 걸쳐서, 나는 다른 사람들의 지혜를 축적해놓았다. 나는 이것이 흔해빠진 책이 되기를 원하지 않지만, 그러나 그것이 판단 전거들과 관련이 있을 때에는 이따금씩 그렇게 축적해놓은 것을 끌어오는 것이 알맞은 일일 수도 있다. 그래서 플래너리 오코너(1925-1964, 미국 여류 작가/역주)의 「인조 검둥이(*The Artificial Nigger*)」에 나오는 놀라운 한 구절을 찾아내기 위해서 이제 막 거의 한 시간을 썼다. 지난 그 세월 동안 셀 수도 없이 여러 번 이 책은 내가 분노 뒤의 부끄러움으로부터 자기 자신을 용서해야 한다는 의식으로, 안도의 눈물이 쏟아져내리는 그 무릎 꿇게 되는 순간으로 나아가도록 도와주었다. 구원은 창조처럼 연속적인 것이며 은총의 작용에 의해서 구원 안으로 들어갈 수 있다는—— 우리가 자신이 상궤를 벗어나고 있다고 느낄 때조차도 —— 확신을 나는 느낀다. 그 구절은 이러하다.

헤드 씨는 아주 가만히 선 채 자비의 작용이 다시 한번 그에게 닿는 것을 느꼈지만, 그러나 이번에 그는 그것에 이름 붙일 수 있는 어떤 단어도 이 세상에 없다는 것을 알았다. 그는 그것이 어떤 사람에게도 주어지지 않는 것이 아닌 그리고 어린아이들에게는 이상한 방식들로 주어지는 고뇌라는 것으로부터 자라나왔다는 것을 이해했다. 그는 그것이 한 남자가 자신의 조물주에게 주기 위해서 죽음 속으로 가져갈 수 있는 전부라는 것을 알았고, 그리고 그는 갑자기 자신이 함께 가지고 가야 할 그것을 너무도 조금밖에 가지고 있지 않다는 부끄러움으로 불타올랐다. 질겁을 한 채 서서 그가 신의 철저함으로 자신을 심판하고 있는 가운데 그러나 자비의 작용은 불꽃처럼 그의 자만심을 덮어버리고 소진시켜버렸다. 그는 전에는 결코 자신을 커다란 죄인으로 생각해본 적이 없지만, 그러나 자신을 절망시킬까봐 자신의 진짜 사악함을 자신으로부터 보이지 않게 숨겨왔던 것임을 그는 이제 알게 되었다. 자신의 가슴 속에서, 현재까지도, 아담의 죄를 품어왔음에도 불구하고, 불쌍한 넬슨을 부인해왔음에도 불구하고, 자신은 태초부터 용서받았다는 것을 그는 깨달았다. 그는 자신의 죄라고 나설 수 없을 만큼 끔찍한 죄란 없다는 것을 알게 되었고 그리고 신은 용서하시는 그만큼 사랑하시므로 그는 그 순간에 천국에 들어갈 준비가 되어 있다는 것을 느꼈다.

이상하게 텅 빈 날. 나는 몸이 좋지를 않아서 누워 뒹굴면서 하얀 벽 앞에 있는 수선화들을 바라보았고, 방에서 방으로 퍼져가는 그 이상한 수선화 향기 때문에 분명히 환각을 겪게 될 것이라는 생각을 두 번 했다. 텅 빈 날들이 얼마나 중요한지, 아무것도, 심지어 일기에 써넣을 몇 줄조차도 만들기를 기대하지 않는다는 것이 때로는 얼마나 중요한 것인지를 언제나 잊어버린다. 나는 아직도, 내 아버지로부터 물려받은 일에 대한 노이로제에 쫓긴다. 나 자신을 한계에까지 밀어붙이지 않은 날은 망치고 망치는 날, 죄 많은 날로 보인다. 그렇지 않다! 사이키(psyche)를 위해서 우리가 할 수 있는 가장 소중한 일은 때로는 사이키로 하여금 방 안의 변화하는 빛 가운데서 쉬고, 떠돌고, 살게 하는 것, 무엇이든지 간에 무엇이 되려고 혹은 무엇을 하려고 애쓰지 않는 것이다. 오늘밤 나는 은총의 상태에 있는 것 같은, 유연해지고, 덜 팽팽해져 있는 듯한 기분이다. 저녁 전에 지난 2년간의 시들을 선별하는 일을 시작할 수 있었다.……그 시들은 한 뭉치나 되었다. 나의 예순 번째 생일을 위해서 나는 60편의 새로운 시들을 출판할 작정인데, 이제 보니 그것은 주로 사랑의 시들로 이루어진 책이 될 것 같다. 그 책에 나는, 재미로, "육십에 육십"이라는 제목을 붙인다.

1월 19일

오늘은 영하 23도, 그리고 이제는 가혹해 보이는, 반짝이는, 스테인드글라스 같은 푸른 하늘. 당장 어느 날에든 보다 따스한 대기와 눈, 부드러운 눈으로 바뀌게 될 그 변화를 나는 고대하고 있다.

열정적인 사랑은 오직 젊은 사람들만의 것이라는, 마흔이 될 때쯤에는 목 아래로는 죽어버리는 것이라는 그리고 그 나이 이후에는 어떠한 깊은 감정도, 어떠한 열정도 우스꽝스럽고 구역질나는 것이라는, 강요된, 청교도적 기풍에 의해서 강요된 관점은 얼마나 부자연스러운가! 사랑하는 우리의 능력은 익어서 원숙해지는 것임을 그리고 사랑은 어쨌든 간에 그것이 조금이라도 좋은 것이라면 나이와 더불어 더 나아지는 것임을 프랑스 사람들은 언제나 알고 있었다. 그런 신화를 퍼트렸던 것은 어쩌면 우리 안의 청교도적인 그것이 아니었는지도 모른다. 어쩌면 그것은 바로 정반대인지도 모른다. 청교도주의에 대한 반항이, 섹스가 신이 되고 성적 운동가가 진정한 영웅이 되는 새로운 기풍을 열어놓은 것인지도 모른다. 이곳에서는 중년 혹은 노년은 불리하다. 우리가 유리한 곳은 사랑하는 것 그 자체에서이다. 우리는 훨씬 더 많이 알고, 우리는 불안, 좌절, 심지어 우리 자신의 로맨스까지도 훨씬 더 잘 다룰 수 있고 그리고 저 아래 깊은 곳에 우리는 아주 많이 비축해둔 다정함을 가지고 있다. 중년과 노년은 모차르트적 기간들이어야만 한다.

표면적으로는 나의 작품은 급진적으로 보이지 않았다. 그러나 내가 급진적인 것들을 그것들이 충격 없이 뚫고 들어갈 수 있도록 부드럽게 말하려고 애써왔다는 것이 어쩌면 결국에는 보이게 될 것이다. 동성애에 대한 두려움은 너무도 큰 것이어서

「스티븐스 부인은 인어들이 노래하는 것을 듣는다(Mrs. Stevens Hears the Mermaids Singing)」를 쓰는 데에는 용기가 필요했다. 섹스광도, 술주정뱅이도, 마약 중독자도 아닌 혹은 어떤 면에서도 혐오스러울 것이 없는 한 여자 동성애자에 관한 소설을 쓰는 데에, 가련하지도 구역질나지도 않는 한 동성애자를 감상성 없이 묘사하는 데에, 사랑이란 결코 보통의 의미로는 성취되지 않을 것이므로 예술이 일차적 동기가 될 수밖에 없는 생활, 그러한 생활이 드물게 행복한 것이라는 진실과 마주하는 데에 말이다.

하지만 내게 가족이 있었다면(그 책을 쓸 때 나의 부모는 돌아가시고 없었다) 아마도 그 책에서 그랬던 것처럼 그렇게 "딱 까놓을" 수는 없었을 것이라는 사실을 나는 잘 의식하고 있다. 그리고 어쩌면 내가 보통의 직업을 가지고 있었다면 그러지 못했으리라는 것도. 정직해질 수 있는 여유가 있기 때문에 내게는 커다란 책임도 있다. 그 위험은 당신이 어떤 성적 상황에 놓이게 되면 사람들이 당신의 작품을 왜곡된 시각으로 읽게 된다는 점이다. 내가 「스티븐스 부인은 인어들이 노래하는 것을 듣는다」를 쓴 것은 결혼 그리고 가족 생활과 관련된 소설들을 몇 편 쓴 다음이었다.

"결혼에 대해서 당신이 어떻게 그리 많이 알아요?" 최근에 얼마나 많은 사람들이 내게 그 질문을 했던가? 가족 생활에 대한 향수가 부분적으로 그것을 설명해준다. 대부분의 사람들에게는 "보통"으로 보이는 것이 지극히 낭만적인 것이 되는 외동아이의 향수 말이다. 어린 시절 나는 언제나 다른 사람들의 가족들을 빌려다 썼다. 여름에 일주일 혹은 한 달가량 초대를 받아서 한 가족씩 함께―― 키어사지에서 부턴 가족과 함께, 롤리에서 코플리 그린 가족과 함께, 덕스베리에서 렁클 가족과 함께 그리고 무엇보다도 벨기에 브뤼셀 교외에서 림보시 가족과 함께―― 생활을 공유하는 것이었다. 그러나 내가 결혼에 관해서 많이 배웠던 것은 혹은 의식을 가지고 그것을 관찰했던 것은 그 가족들을 통해서가 아니었다. 그 부모들은 서로에 대한 관계에서는 그림자 같은 인물들이었고, 그 당시에 우리에게 문제가 되었던 것은 부모들과 우리 아이들과의 관계였다. 아니, 내가 결혼에 관해서 배운 것은 나의 부모 그리고 괜찮았고 결실이 있었지만, 그러나 고통스럽고 완전하지는 않았던 그들의 결혼생활, 그리고 나 자신의 사생활과 내가 사랑했던 남자들과 여자들로부터였다.

이 모든 것이 요약해주는 바는 미국인들의 기풍은 아직도 근본적으로 청교도적이며(내가 앞에서 뭐라고 말했든 간에), 그 가치들은 생명의 흐름이나 아니면 뭐든 그와 같은 것이 아니라, 어떤 인간이든 완전히 인간적이 될 수 있으려면 먼저 의문시해 보아야만 하는 제한, 규율, 관습들에 근거한 것이라는 점이 아닐까 생각된다. 그리고 바로 그렇게 의문시하는 것이 지금 이 사회를 건강한 방향으로 깨뜨려가고 있고 그러면서 젊은이들은 때려부수면서 자기들의 길을 만들어 새로운 기풍으로 나아가고 있다. 그 과정은 종종 혼란스럽고, 심지어 폭력적으로까지 보인다. 그러나 결국 우리는 안정과 조화를 포함하고 있는 기풍을 찾아야만 한다. 성장이란 그것들 없이는 가능하지 않기 때문이다. 내 우편물들은 배고픔의 비명들로 가득 차 있고, 그런데 그것들은 사실 깊은 그리고 성취감을 주는 의미에서의 체험을 원하는 배고픔의 비명들인 것이다. 한 여자가 조화들을, 즉 1년에 두 번씩 먼지를 털어주는 것이 필요할 뿐 결코 죽지 않는 꽃들을 자기 집에 두고 있다면, 그녀는 죽음에 대한 어떠한 이해로부터도 자신을 차단시켜버리게 될 것이다. 그리고 한 여자가 서른아홉으로 남아 있어야만 한다면, 그녀는 발을 묶고 지냈던 100년 전의 중국 여자처럼 분명히 자기 자신의 성장을 정지시키게 될 것이다.

요전 날 교정지 상태의 한 소설을 받았는데 읽어보니 당혹스러웠다. 그것은 뉴욕 시티의 어느 낡은 4층짜리 아파트에 사는 50대의 네 여자들에 관한 소설이다. 네 여자 모두에게 섹스가 삶에서 주된 역할을 하는데, 하지만 그것이 너무나 조악하게 다루어졌고, 묘사된 여자들은 너무도 눈곱만큼의 "감수성"도 없어서 나는 그 책을 어떤 남자가 가명으로 쓴 것이 아닐까 궁금해진다. 그 네 여자들 중 누구도 자기 자신 외의 어느 누구도 사랑하지 않고 그리고 그들 모두가 조악한 섹스 행위 그 자체에 사로잡혀 있다! 작가는 그런 한 인물과 휴가 여행이라도 떠날 수 있을지 모르지만, 그 네 인물은 여성 혐오자를 시사한다. 남자가 아니라면, 이 끔찍한 소설의 저자는 아주 어린, 너무 어려서 장년기를 괴물스러운 것으로 생각하는 여자일 것이다. 나는 출판사 측에 이 책에 대해서 아주 거친 편지를 써서 보냈다.

나는 나이와 더불어 넓어지는 것으로서의 삶과 사랑에 대해서 말할 때, 섹스는 가장 중요하지 않은 것으로 본다. 의식을 확대시킴으로써, 우주를 보는 새로운 방법을 끌어들이는 새로운 언어 혹은 새로운 예술 아니면 기술(정원 일?)을 배움으로써 우리는 어느 나이에나 성장을 한다. 사랑이 사람을 확장시켜주는 위대한 것들 중의 하나인 까닭은 사랑은 우리에게 타인을 "받아들이고" 그를 이해하도록 그리고 그 관계가 잘 되어가도록 자제력과 관용뿐만 아니라 상상력을 발휘하도록 요구하기 때문이다. 만일 사랑이 열정을 포함하고 있다면, 그것은 좀 더 폭발적이고 위험스럽고 그리고 우리에게 보다 더 깊이 내려가도록 강요한다. 위대한 예술도 같은 일을 한다.……릴케의 "그리스의 아폴론 토르소(Archaic Torso of Apollo)"이다.

여기서 그대를 보지 않는 것은 아무것도 없다.

그대는 그대의 삶을 바꾸지 않으면 안 된다.

1월 27일

진짜 정월의 해빙 한가운데서 집을 떠나 X와 함께 지내다 돌아왔다. 그런데 지난밤에 기온이 몇 시간 만에 19도나 떨어져 세상이 도로 꽁꽁 얼어붙었다. 지금은 네 시 반, 영하 18도 이하이고, 바람은 정말로 혹독하다. 박새들은 아주 쓰러질 듯이 보이고, 그것들의 포자 뭉텅이 같은 깃털들이 온갖 방향으로 날린다. 나는 서재에 불을 피워놓고 있고, 내 책상 위에는 그랑 솔레이 도르 수선화가 수반에 담겨 놓여 있다. 레몬과 뭔가 더 달콤하고 더 열대성인 어떤 것 사이에 있는 그 향기가 허공을 떠돈다. 오늘 오후에 몇 개의 화분에 나팔수선화들을 심었고, 아마릴리스 둘을 창문 턱에다 올려놓았는데, 너무 추워서 그것들이 제대로 자라지 못할까봐 걱정된다.

그 들고양이가 다시 와서 야옹거린다. 아까는 그 초록색 눈으로 나를 노려보면서 침묵하며 기다렸었다. 고양이에게 우유와 고기를 주었다. 하지만 접시들을 들여오려고 나가보았더니 우유는 반이나 남은 채 얼어붙어 있었다. 고기는 늦지 않게 제때에 다 먹어치웠다. 고양이를 들어오라고 설득시킬 수 있다면 좋으련만, 그러나 그 고양이는 너무도 야생이다. 내가 접시를 내려놓을 때면 달아나버리고 뭐든 내가 보이지 않을 때까지 기다렸다가 먹으려고 한다.

외로움이 나와 함께하고 있다. 빈 집으로 돌아오니 끔찍스러웠다. 해야 할 일이 너무도 많은 까닭이었다. 최소한, 내가 물건을 넣어두는 용도로 쓸 셈인 긴 수납대는 다 만들어놓았다. 잡동사니들을 넣어둘 네 칸짜리 그 긴 수납대는 굉장해 보인다. 그런 것을 만들 수 있는 이웃이 있다는 것은 얼마나 멋진 일인가!

다만 내 주위의 공기만이 죽은 듯이 느껴진다. 나는 요즘에는 내 삶에 생명을 불어넣지를 못한다. 나는 이곳에 버려져 있는 것 같은 기분이다. 책상을 정리하고, 강연들과 소득세(늘 가지고 있는 나의 공포감)와 관련하여 장거리 전화를 하는 데 오전을 다 보냈는데, 한동안은 전화가 고장이 났다. 작은 심란함들과 작은 불안들이 내 평안을 갉아먹은 하루였다. 오늘 저녁은 바보가 된 듯하다. 그리고 시무룩하다.

권태와 공포는 혼자 사는 사람이 싸워야만 하는 두 악마라는 생각이 문득 떠오른다. 오늘 오후에 누웠을 때, 나는 공포, 이유를 규정할 수 없는 공포로 초조해져 쉬지를 못하고 결국 일어나버렸다. 혼자 산다는 것의 공포가 아닐까!

현재로서는 이곳에서의 내 삶이 지겹다. 충분한 자양분이 없다. 좋은 대화, 연극, 콘서트, 미술관들──문화적인 삶──

이 주위에 없다는 것이 텅 빈 권태를 만드는 때들이 있다. 그리고 내가 X에게 여러 번 말했듯이, 진짜 문제는 넬슨에 혼자 온다는 모험이 이제는 끝났으며 나는 예전에 바쁘게 창조할 때의 나였던 것을 그냥 유지하고 있다는 것이다.

내가 늙고, 멍청하고, 쓸모없는 것 같은 기분이 든다.

1월 28일

추위 때문에 감각이 마비될 것 같다. 요즘처럼 혹독하게 추운 밤에는 집 안 기온을 16도 이상으로 올릴 수 없기 때문에 오늘 아침 나는 펀치가 밤새 어땠을까 겁이 났지만, 새장 뚜껑을 벗겼을 때 펀치는 쾌활해 보였다. 이제 나는 전기담요를 덮개로 사용해볼 참이다. 그것이 펀치를 토스트처럼 따뜻하게 해줄 것이다.

「사랑의 종류들」에 관하여, 오리건, 캘리포니아, 펜실베이니아, 인디애나로부터 온 편지들에 지금 막 답장을 썼다. 이 사람들 각자가 어떻게 그 책을 손에 넣게 되었는지, 어떻게 그런 책이 있다는 것을 알게 되었는지 알았으면 좋겠다. 예를 들면, 「토요 리뷰(*Saturday Review*)」에도 그 책의 서평이 실린 적이 없었는데도 말이다.

2월 1일

오늘 아침에는 다시 영하 23도, 하지만 펀치가 탈 없이 따뜻하게 있을 것임을 알고 있었으므로 나는 잘 잤다. 그 전기담요는 알고 보니 대단한 물건이었다. 나는 중간에 몇 번 깨서, 파이프들이 얼어붙지 않았는지 확인하려고 수도꼭지들을 틀어서 조사해보고, 멈춰 서서 생각해보기도 하면서 집 안을 돌아다녔다. 창문 너머로 보이는 별들이 데이지 꽃들만큼 큼직했다.

당장 급하게 쫓기는 일들이 없을 때 이런 조용한 날들을 내게서 빼앗아간다면 어떨까 생각만 해보더라도, 그런 날들이 얼마나 소중한가를 깨달을 수 있다. 해마다 이때쯤이면 내가 보아왔던 것처럼 어제 오후 아늑한 방에 비치는 햇빛은 아름다웠고, 벽난로 곁 찬장에 대리석 무늬를 그렸으며, 또한 일몰에는 풀밭 너머의 언덕들을 짙은 장밋빛으로 물들이고, 눈밭을 가로질러 모든 나무들의 줄기 끝에 기다란 그림자들을 만들어놓았다. 그것은 더 이상 가혹할 만큼 밝게 빛나는 1월의 빛이 아니라, 더 온화하고 부드러운 빛이었다. 그리고 당연히, 마침내 태양이 한 시간쯤 더 늦게 넘어가게 된다는 것은 근사한 일이다.

요전 날 한 친구가 텔레비전에서부터 골동품 유리 그릇, 도자기와 값나가는 갓들이 딸린 **모든** 램프들에 이르기까지 집 안의 모든 귀중품들을 도둑맞았다(그녀가 마을을 떠나 있는 동안). 그녀는 습격받았다는 느낌, 이 시대의 공포, 그 모든 "풀려난 적개심"에 대해서 이야기했다. 그 습격은 그 개인을 향한 것은 아니었지만(어쨌거나 나는 아니라고 추측한다), 그러나 그것은 개인을 향한 것처럼 느껴지는 것이다. 아마도 그 도둑들은 악에 취해 있었을 텐데, 그런데 이상한 것은 이 근방에서는 단독주택들이 더 자주 털리지는 않는다는 점이다. 나는 마을에서 산다는 점에서 얼마간 보호를 받고 있다. 또한 미국 골동품들을 가지고 있지 않다는 점에서도. 도둑들이 노리는 것이 그것들이기 때문이다. 그렇기는 하지만 지난 3년 동안 나는 이 집에서 처음으로 두려움을 느껴왔다. 악의를 품은 낯선 사람이 문을 노크하거나 아니면 창문을 부수고 들어올지도 모른다는 두려움.

영국의 우편 파업이 2주일 이상 계속되고 있다. 그곳의 친구들과 친척들과 소식을 주고받을 수 없다는 것이 이상하다. 나의 사촌 재닛이 크리스마스 선물로 세 권의 시집을 보냈다. 아서 웨일리가 번역한 중국 시들에 다시 뛰어들 수 있게 되어서 얼마나 즐거운지! 직접적인 묘사가 가지는 힘과 그것이 독자의 기분에 어떤 영향을 주는가를 느끼면서 그 시들을 읽다가, 나는 밤에 눈 위의 그림자 혹은 어떤 방의 벽들에 비친 빛을 묘사한, 아주 행복한 시 몇 편을 쓰는 꿈을 꾸었다. 그것이 가능할 수 있을까? 아니면 시란 내게는 언제나 긴장과, 긴장들 사이의 양극성을 다루는 일일까?

재닛은 또한 테드 휴스(1930-1998, 영국 시인, 이 책 앞에서 나온 실비아 플래스의 남편/역주)의 「까마귀(Crow)」도 보내주었다. 이런 종류의 페르소나(persona), 불안, 분노, 미친 웃음을 쏟아부을 수 있는 터무니없고 어둡고 유머러스하고 거북스런 페르소나를 찾아내려고 하는 어떤 유행이 현재 진행 중이다(존 베리먼[1914-1972, 미국 시인/역주]이 그것을 시작했다). 우리는 우리 자신이 되는 것, 벌거벗고 있는 것에 지쳤다——그런 것인가? 여자들은 페르소나의 필요를 느끼지 않는다. 그러나 나는 여자들이 남자들보다 훨씬 더 많이 자기 실현에 관심을 가지고 있다고 생각한다. 여자들은 자신들의 삶을 보다 큰 범위까지 내면화시키고, 그러므로 내면화의 시(詩)가 타당한 것일 수 있다. 형식이 필요한 "거리(距離)"를 만들어줄 수 있을 것이다. 나를 짜증스럽게 만드는 것은 허풍으로서의 발가벗음이다. 그때는 그것은 당혹스러운 것으로 변하는 것이다. "날 봐……충격적이지 않아?" 그러나 투명하게 보이는 것은 충격적이지 않는다. "나를 통해서 보면서 모든 사람을, 당신 자신을 발견하라." 미미하게 자질구레한 것들과 핵심, 그 사이에 시의 나라가 있다.

하지만 내가 이런 글을 쓸 때 내게는 어떤 노호하는 파도 소리도 들리지 않고 나를 창조의 비옥한 무의식적 세계로 이끌어다줄 어떠한 물밑 흐름도 느껴지지 않는다.

2월 2일

오늘 오전에 나는 수은주마냥 오르락내리락 하고 있다. 깨어났을 때는 두통과 메스꺼움과 함께 유행성 감기에 걸린 듯한 느낌이었다. 그러나 지금 하늘은 너무도 찬란하게 푸르다. 오늘 아침에는 햇빛이 아주 강력한 자연의 힘이 되어, 아침 식사 후에 30분가량 누워 있는 동안 나는 생기가 브랜디처럼 다시 흘러들어오는 것을 느꼈다. 내가 이 일기에서 말해야만 하는 것 그리고 앞으로의 시들——내가 그렇게 누워 있을 때 내 마음의 대양에서 해초처럼 부드럽게 바뀌어가던 패턴들——에 대한 생각으로 나는 흥분하고 떨리는 듯한 기분이 되어 마침내는 일어나 소나무 장작들을 들여올(아침 일곱 시에는 할 수 없는 일로 보였었다) 힘을 냈다. 나무 그림자들이 만드는 길고 흐르는 듯한 수평선들이 다시금 나를 부엌 싱크대 앞에서 모든 일을 멈추고 몇 분 동안 그냥 바라보게 만들었다.

이렇게 윤곽이 강렬한 검은색, 하얀색, 파란색으로 이루어진 겨울 세상에서 여름을 그려본다는 것은, 즉 먼 언덕들이 나무 뒤편으로 사라져버리고, 그 모든 것이 결국에는 나뭇잎들로 둘러싸인 정글로 변해가는 것을 그려본다는 것은 거의 불가능하다. 이 모든 하얀색 대 그 모든 초록색! 어떤 면에서 나는 겨울——정원 일을 하지 않아도 된다는 그 안도감!——을 가장 사랑한다. 해변가에서 밝은 날에 체험하게 되는 것과도 같은, 겨울의 그 엄혹함과 그 광휘. 그리고 똑같은 이유들로, 그것에 때로는 지치기도 한다.

「타임스」에 난 오든(1907-1973, 영국 태생의 미국 시인/역주)의 좋은 작품! 나는 그것을 부엌에서 핫도그를 먹으며 읽다가 행복한 기분이 되었다. 그의 주제는 우리가 두 가지의 소중한 자질, 즉 진심으로 웃을 수 있는 능력과 기도할 수 있는 능력——축제의 분위기와 기도를 위한 간청, 죽음에 대해서 의식적으로 엿먹이기——을 잃어가고 있다는 것이다. 나는 유일한 기도——은총을 혹은 어떤 특정한 선물을 달라는 모든 간청들이 말로 되어 나오고 난 뒤에 다다르게 되는 기도——란 "당신의 존재 안에 있게 하소서"일 것이라고 생각한다. 이것이야말로 정말로, 비틀스의 멤버 조지 해리슨이 요즘 그의 히트곡에서 노래하고 있는 그것이다. "당신을 알고 싶습니다. 당신과 함께 있고 싶습니다." 시몬 베유는 "절대적인 주의력이 기도이다"라고 말한다. 지난 세월 동안 내가 이것에 대해서 생각해볼수록 그것은 내게는 더욱더 맞는 말이다. 나는 학생들에게 시에 대해서 이야기할 때 종종 그 문장을 이용해왔는데, 그것은 거의 모든 것을 충분히 오래 바라보면, 꽃, 돌, 나무껍질, 풀, 눈, 구름 등을 절대적인 관심을 가지고 바라보면, 어떤 계시 같은 것이 일어난다는 뜻을 말하기 위해서였다. 뭔가가 "주어지고" 그리고 그 뭔가는 언제나 자기 **바깥의** 어떤 실재인 것이다. 우리는 자기를 부인한다는 부정적인 의미에서가 아니라 경탄과 기쁨 속에 자신을 놓쳐버린다는 의미에서 우리 자신을 더 이상 의식하지 않게 될 때 비로소 신을 의식하게 된다.

그리고 이상한 방식으로 웃음 또한 똑같은 효과가 있다. 우리는 단 한순간 동안만이라도, 초연함을 획득할 때 웃을 수 있는 것이다.

오든은 얼마나 미스터리한가! 내가 생각하기에 그는 심지어 엘리엇보다도 훨씬 더 독창적이라고 생각되는 새로운 종류의 시를 써왔다. 그것은 우리가 항상 알고 있던 것으로서의 "시적인 것"의 정반대에 기반을 둔 것으로, 결코 과장되지 않고, 냉소적이고, 반(反)낭만적이며, 익살스럽다. 그리고 이 모든 것이 바이런으로부터 비롯된 것일 수도 있지만, 그러나 오든은 자신만의 시각을 가지고 있다. "내 사랑, 너의 잠자는 머리를 눕히라/인간이여 나의 믿음 없는 한 팔 위에"——이 구절을 처음 읽었을 때 내가 얼마나 분노했었는지 나는 기억할 수 있다. 그러나 나의 잘못이었다. 오든은 드물게 **정직해왔거니와** 자신이 동성애자라고 인정한다면 정직하다는 것은 보기보다 더 힘든 것이다. 그는 낭만적인 관점(그것은 윌리엄 버로스[1914-1997, 미국 태생의 실험 소설가. 주로 동성애자로서 그리고 마약 중독자로서의 체험을 다룬, 비트 문학 계열의 작품들을 썼음/역주]의 경우에서처럼 혹은 거짓으로 미화하는 경우에서처럼, 파멸의 형태를 취할 수도 있다)에 탐닉하지 않았다. 예술작품을 통해서 사인(私人)과 공인(公人)을 하나로 합치려는 어떤 시도를 우리 모두가 하고 있다. 그것이 이제는 전에는 불가능했던 방법으로 가능해진 것이다.

2월 4일

일어나니 수선화 한 송이에 햇빛이 비치고 있었다. 수선화와 자주색 튤립 한 다발을 화장대 위에 놓아두었었는데, 내가 깨어났을 때 햇빛이 막 그중 수선화 한 송이를 비치고 있었던 것이다. 단 한 줄기 광선이 그 노란색의 주름진 꽃받침과 그 바깥의 꽃잎들을 비치고 있었다. 간밤 잠자리가 좋지 않았는데, 그 광경 덕분에 일어나서 돌아다니게 되었다.

어젯밤에 나는 눈물을 흘리면서 잠자리에 들었다. 좌절감과 짜증스런 요구들로 이루어진 하루를 보낸 뒤에 히스테리컬한 울음을 터트리게 되는 그런 발작들 중의 하나였다. 그 요구들 중의 하나는 한 노부인이 자기를 만나러 와달라고 간청한 것이었다. 만나러 가야 하겠지만, 그러나 나는 그녀를 정말로 좋아하지 않고, 그녀에게 붙들려 있을 것이 두렵다. 그녀는 요전부터 졸라대는데, 물론 그녀는 이 일로 내가 얼마나 괴로워하는

지 알지 못한다. 또다시 안 되겠다고 말하자니 범죄자 같은 기분이 들었다. 결국 나는 그녀에게 늦었지만 생일 선물로「사랑의 종류들」을 보냈다. 그때쯤에는 내 오전 작업은 끈이 끊겨버렸고 나는 결코 내 중심으로 되돌아가지 못했다. 서둘러 킨으로 가서 먹을 것들을 샀고, 결코 잘 아는 사람이 아닌 어떤 여자에게 내가 침울한 상태라고 이야기했기 때문에 그녀가 주문한 꽃들을 내가 사게 되었다. 그래서 나는 당황스런 기분이 되었다. 사람들에게 너무 말을 많이 해대는 나의 또 하나의 결점. 물론 침울하다는 것이 우울증은 아니지만 말이다. 사람들이 굶고 있는데 주말에 먹을 음식에 쓴 돈을 보고 나는 스스로에게 질겁을 했다.

시를 한 편 썼으니, 결국 완전히 낭비한 하루는 아니었다. 그런데 자기 자신에 대해서 충분히 요구하지 않는 것과 너무 많이 요구하거나 기대하는 것 사이에는 어떤 적절한 균형이 있다는 생각이 문득 떠올랐다. 내가 시선을 너무 높이 고정시켜 놓아서 그렇게 되풀이해서 하루를 우울 속에서 끝내는 것일지도 모른다. 그 균형을 찾아내기란 쉽지 않다. 해놓겠다는 거친 꿈들을 가지고 있지 않다면 접시들을 닦아놓을 힘마저 나지 않기 때문이다.

하지만 어두운 기분에는 또 하나의 이유가 있다. 나는 내가 새 시들, 즉「한 알의 겨자 씨앗이」의 출판을, 어떤 중요한 서평도 나오지 않을 것임을 받아들이면서 완전히 침착하게, 그 책을 친구들에게 줄 수 있다는 것에 그냥 고마워하면서 맞아들일 것이라고 생각했다. 나는 페이퍼백들이 나오기를 3주일 동안 기다려왔고, 아주 적은 수의 친구들만이 그 책을 보았는데, 심지어 그 친구들마저 시에 반응을 보이기를 힘들어하고 있는 것이다.

융은 말한다. "삶의 심각한 문제들은 결코 완전히 해결되지 않는다. 행여나 그렇게 보인다면, 그것은 뭔가를 잃어버렸다는 분명한 징조이다. 어떤 한 문제의 의미와 목적이란 그 해결에 있는 것이 아니라, 우리가 그것을 풀려고 끊임없이 노력하는 데에 있는 것 같다. 그것만이 우리가 쑥맥이 되고 석화(石化)되는 것을 막아준다." 그리고 분명히 혼자 사는 인생의 문제들의 경우에도 그러하다.

그 수선화를 얼마 동안 바라보다가 일어나면서, 나는 나 자신에게 "너는 너의 삶에서 무엇을 바라는가?"라는 질문을 했고, 그리고 나는 섬뜩한 인식과 공포심과 함께 깨달았다. "정확히 지금 내가 가지고 있는 것을 —— 그것을 더 잘 다루기를, 그러나 균형이 맞기를."

그러나 그런 울음 발작들이 파괴적인 것은 아니다. 허버트가 그렇게 아름답게 말했듯이, 그것들은 대기를 깨끗하게 해준다.

시인들은 폭풍들을 불쌍하게 잘못 다루어왔다. 그러한 날들이 가장 좋은 것이다.

폭풍들은 바깥의 대기를, 가슴 내부에서 정화시켜준다.

파괴적인 것은 초조하고, 성급하며, 너무 많이 너무 빠르게 기대하는 것이다.

2월 5일

심하게 눈이 내리고 있다. 눈보라. 지난 몇 주일 동안의 혹독한 반짝임 뒤에 이 얼마만의 느긋함인가, 얼마나 부드럽고 아늑한가! 가릴 것도 피할 곳도 없이, 어떤 다이아몬드, 눈[雪]으로부터 반사되는 빛의 한중간에서 살았던 것처럼 산다는 것은 사람을 지치게 만들어왔다. 혹독하게 푸른 하늘, 혹독한 추위가 결국에는 이상하게 밋밋해졌다. 뭐라고 말할 수가 없다.

어제 한 가지 큰일을 해냈다. 몇 년 동안 종이들과 상자들로 꽉 채워놓았던, 아늑한 방 벽난로 곁의 벽장을 치운 것이다. 모든 쓰레기통들을 가득 채우고, 그러고 나서도 쓰레기 봉투들을 이용해야 했지만, 마침내 그 일을 끝낸 것이다. 한 담배 상자 안에서 나는 작은 양모 조각들과 끈으로 만들어져 안에는 뭔가 하얗고 부드러운 것을 댄 아주 아름다운 둥지(꼭 새 둥지 같은)

위에 박제된 것처럼 앉아 있는, 죽은 쥐 한 마리를 발견했다. 그 암컷 쥐가 분명히 둥지를 만들어 새끼를 낳을 준비를 해놓았는데, 그 다음에 필시 쥐약을 먹고 죽은 것이라고 생각하니 마음이 찡했다. 그 쥐는 하얀 배에, 아주 예쁜 얼굴을 가진 들쥐였다. 겨울에는 고양이들이 주디와 함께 지내니까 가을만 되면 들쥐들이 몰려들어온다. 그 냄새가 끔찍했다. 결국 나는 누군가 크리스마스에 보내준 무슨 소나무 향을 피워놓았는데, 도움이 되었다. 그 찬장 곁을 지나갈 때 그것이 말끔하게 정돈되어 있다는 것을 아니까 이제는 안도감을 느낀다.

나 자신이 루이 라벨(1883-1951, 프랑스의 철학자/역주)의 「악과 고통(Le Mal et la Souffrance)」으로 되돌아가는 것을 발견할 때들이 있다. 이 뛰어난 책의 제2장 제목은 "분리된 존재와 통합된 존재에 대하여"인데, 이것이 바로 내게 자양분을 주고, 고독은 공유를 위한 여러 방법들 중의 하나라는 나 자신의 믿음을 확인해주는 것이다. 그는 이렇게 말한다.

인간들이 실제로 존재들이 되기 전까지는 인간들 사이에는 아무런 진정한 공유도 있을 수 없다는 것을 우리는 느낀다. 자기 자신을 줄 수 있기 위해서는, 그 바깥으로 벗어나면 아무것도 우리의 것이 아니고 우리는 아무런 줄 것도 가지지 못한 그 고통스런 고독 안에서 자기 자신을 점유해야만……그리고 내가 나 자신과 이야기하기 시작한 것이 다른 사람들과 이야기하기 시작하는 것이라고까지 말할 수도 있다. 그러므로 가장 비극적인 고독은 내가 나라고 생각하는 것과 나인 것 사이의 장벽을 몰아내버리지 못하게 막는 고독이다. 왜냐하면 그런 때는 나의 의식은 나의 진정한 자아에 대해서 너무도 낯선 것으로 변해버리고, 나의 비탄은 너무도 커져서 나는 더 이상 내가 갈망하는 것을 또한 내게 부족한 것을 알 수 없기 때문이다. 고독이란 나 자신 안에서 움직일 수 없는 어떤 힘의 존재를 느끼기 위한 것인데, 그러나 이 힘은 움직일 수 있게 되자마자 나로 하여금 나 자신과의 그리고 모든 인간들과의 나의 관계들을 배가시킴으로써 나 자신을 깨닫지 않을 수 없게 만드는 것이다.

그럼에도 불구하고 우리가 이제 막 들어온 고독 그리고 우리에게 그러한 강한 내적 책임감과 동시에 혼자서 자족할 수 없다는 느낌을 주는 고독이 하나의 고독으로 느껴지는 까닭은 그것이 동시에 우리가 공유해야 할 필요가 있다고 느끼는 우리 자신의 고독과 같은 고독들을 향한 호소이기 때문이다. 오직 그러한 공유를 통해서만 각각의 의식은, 사물들을 인식하거나 혹은 그것들을 지배하기 위한 것이 아닌 살기 위한 그 자신의 운명의 본질을 발견하게 된다. 이것은 곧 그 의식이 자기 자신 밖에 있는 다른 의식들을 발견한다는 뜻인데, 그 다른 의식들로부터 그것은 결코 그치지 않고 받아들이고 그리고 그 다른 의식들에게로 결코 그치지 않고 주면서 빛과 기쁨과 사랑의 끊기지 않는 회로를 이루고, 그 회로야말로 영적 우주의 유일한 법칙인 것이다.

2월 8일

엘리너 블레어가 토요일에, 잠시 날씨가 더 따뜻해지고 햇빛이 난 아름다웠던 때에, 하룻밤을 이곳에서 지냈다. 1월 6일 이후로 한두 시간 동안조차도 손님이 없었으므로, 그것은 제법 한 사건이었다. 나는 준비하는 일—— 도착했을 때 그녀를 반길 차와 난로를 준비하는 일——이 즐거웠다. 나는 집을 다시, 날마다 안간힘을 써서 돌아가게 해야 하는 망가져가는 기계로서가 아니라, 손님을 맞아들이기 위한 아름다운 보금자리로서 볼 수 있었다. 엘리너는 모든 것을 알아차리며, 그 누구보다도 더 "일로 맺어진 친구"이다. (타이핑과 편집으로 그리고 그것을 해내기 위한 긴 싸움 동안에 「사랑의 종류들」을 믿어줌으로써 그녀는 얼마나 나에게 큰 도움이 되었던가!)

일요일 오전에 우리는 산책을 나섰다. 나로서는 크리스마스 이후에—— 그동안은 너무 추웠다—— 처음으로 나선 산책이었다. 마을 공유지를 가로지르고 그 다음에는 400미터가량 걸어서 프렌치의 농장으로 올라갔다. 봄철 같은 대기의 냄새를 맡고 박새들이 봄철에 우는 울음소리를 처음으로 두 번 듣는 것은 기분 좋은 일이었다. 어치들도 또한 뭔가 음악적인 봄철에 우는 울음소리를 낸다(그것을 노래라고 부를 수는 없을 것 같다). 그 언덕을 반쯤 올라갔을 때 우리를 맞이한 것은 오목조목한 요정 같은 아주 작은 말[馬]인 픽시, 비글(토끼 사냥용으로, 귀가 처지고 발이 짧은 사냥개/역주) 한 마리, 그리고 양들이 매 하고 우는 희미한 소리였다. 그러나 우리가 농장에 도착해서 보니, 큰 양들과 새끼 양들이 축사 바깥에 나와 있었다. 새끼 양들은 공중으로 풀쩍풀쩍 뛰고 있었고, 큰 양들은 눈[雪]을 그것이 마치 철갑상어알인 것처럼 게걸스럽게 먹고 있었다. 나는 검은 새끼 양 한 마리를 팔에 안고 그 부드러운 코가 내 뺨을 비벼대는 것을 느껴보았다. 역시나 곱고 부드러운 양털! 고양이들, 개들, 큰 양들, 새끼 양들, 새끼 고양이들로 이루어진 놀라운 모임이 그곳에 있었고, 그리고 캐시는 자기 양 떼를 돌보기 위해서 오락가락하고 있었다. 그 순간에 열네 마리의 새끼 양들이 태어나는 중이어서, 나는 어미 양이 처음으로 새끼 양을 핥을 때 내는 그 굉장히 쉬고 배고픈 듯한 소리를 다시 한번 들을 수 있기를 바라며 축사로 달려들어갔다. 그 어미 양은 소리는 내지 않았지만, 그러나 캐시가 새끼 양을 젖꼭지로 이끌어줄 때 그녀와 그녀의 노련한 두 손을 지켜보느라 계속 움직거렸다. 이제 아마도 열다섯 살쯤인 이 아이는 불과 대여섯 살 때 애완용 새끼 양 한 마리로 시작하여, 스물 아니면 서른 마리의 큰 양들 한 떼와 한 마리의 숫양 그리고 1년에 스무 마리 이상 태어나는 새끼들을 가진 진짜 목동이 되었다. 그런데 이것은 뎟과 원이 자기 아이들을 위해서 만들어준 경이로운 세계, "평화로운 왕국"의 한 부분에 불과했다. 내가 이곳에서 지낸 그 모든 세월 동안, 그 집의 작은 소년과 그가 그 모든 동물들과 함께 있을 때의 그 절대적인 자신감을 지켜 보는 것은 즐거운 일이었다. 움푹한 사발 모양의 마을 중심이 놓여 있는 곳으로부터 벗어나 언덕 꼭대기에 있는 그 위치 때문에 이곳의 분위기는 더 한층 강해진다. 이곳에는 툭 트인 공간이 있고, 주위를 둘러싼 언덕들을 내려다보는 대단한 경치가 있는데, 오늘 그것은 음울한 하늘을 배경으로 자줏빛이고 벨벳 같았다. 흘러가는 구름이 태양을 가로질러가 태양은 달처럼 보였고, 엘리너가 폭풍 전에 집에 닿을 수 있을 것 같아 그녀에게 다행이라는 생각이 들었다.

폭풍은 이 사나운 겨울 세계에서 다음에 무엇이 일어날 것인가에 대한 떨리는 느낌을 가져다주었다. 높은 바람은 처마 부근에서 울부짖고, 비와 눈이 뒤섞여 창문들을 두드리는, 그것은 격렬한 밤이었다. 깨어났을 때 무엇을 보게 될까 걱정스러웠지만, 막상 깨어났을 때는 원 프렌치가 제설기를 가지고 차를 몰고 오고 있었고 그리고 눈이 불과 7센티미터 정도 쌓여서 우리가 쉽게 풀려나게 되었다는 것을 알 수 있었다. 높은 바람에 눈이 여기저기로 불려 날아가버린 것이었다. 밀드리드가 와서 지금 청소를 하고 있다.

 나는 밖으로 나갈 필요가 없어서 너무 기쁘다. 생각하고 존재할 수 있는 온 하루가 내 앞에 놓여 있다!

2월 9일

이곳에서 지금은 좀 거대한 우주적 기분-변동 속에서 살고 있는 것 같다. 어제 용케 차를 빼내어, 또다른 폭풍이 허공에 스며 있었기 때문에, 급하게 볼일을 보았다. 강한 바람과, 눈 그리고 세차게 쏟아지는 비와 함께 확실히 폭풍은 왔고, 기온은 겨우 얼어붙지 않을 정도이다. 일어나보니 나무들은 은색 얼음에 덮여 있었고, 구름들을 뚫고 햇빛이 비치는 하늘은 4월의 하늘이었다. 30분 전부터 하늘은 불길하게 거의 검은색에 가까운 구름들로 온통 뒤덮여 어둡게 변했다. 바람이 다시 돌아왔다.

 그리고 내 내면도 마찬가지이다. 격한 기분-변동. 이곳에 전화가 없었다면 그것이야말로 정말 박탈감이겠지만, 반면에 목소리라는 것은 또한 얼마나 사람을 뭉개놓을 수 있는가! 고립이 이따금씩 만드는 유사(流妙) 속으로 나는 빨려들어가는 것 같은 기분이고, 그것은 익사해가는, 문자 그대로 **삼켜지는** 느낌이다. 중요한 일들에 이르면 사람은 언제나 혼자이고 그리고 너무도 분명하게 혼자라는 것——많은 시간 내내 몸뿐만 아니라 어느 모로 보나 절대적으로 혼자라는 것—— 으로부터 내가 얻는 덕이랄까 아니면 가능한 통찰력은 보편적인 인간 상태로 들어가는 한 방법인지도 모른다. 이 절대적인 혼자임을 다루는 길은 성장을 이루는 길이고, 모든 사람들의 위대한 심적 여행인 것이다. 얼마의 가격으로 전적인 독립을 사들일 것인가? 그것이 골치 아픈 일이다! 나는 나와, 누구든 내가 좋아하는 사람——예를 들면 앤 우드슨 그리고 물론 X——사이에 놓인 이로운 긴장을 의식하고 있다. 나는 **관계 속에 있음으로써** 배우는 것이다.

나처럼 많은 시간을 혼자 보내게 될 때는, 내가 손님 방 창문턱에 얹어놓고 키우는 네 개의 사발 모양의 화분에 든 수선화들과 나와의 분명히 수동적인 관계에서조차도 그것은 사실이 된다. 한 송이의 꽃 혹은 하나의 식물이 잘 지내고 있는가 아닌가가 보통이 아닌 중요성을 가지게 되는 것이다. 내가 아침에 일어날 때, 내 앵무새 펀치가 어떤 음조를 사용하는가는 중요한 일이다. 내가 새장 뚜껑을 벗겨주면 자유의 몸이 되어 밖으로 나와 바깥 막대기 위에 걸터앉아 거울에 비친 제 모습에 경탄하면서 내는 그 행복한 외침 소리는 나를 기쁨으로 웃게 만든다. 오늘 그랬던 것처럼 그가 침묵하고 있을 때 나는 그것을 느끼거니와, 그것은 결코 길들여지지 않으려고 하는 것 같은, 그러나 매일 오후에 우유와 음식을 먹으러 와서 그 둥근 초록 눈으로 나를 열심히 응시하는 그 들고양이에 대해서 내가 느끼는 것과 같은 것이다. 들고양이가 오지 않았을 때, 나는 여러 번 불안감으로 울었다. 그것은 어이없는 일이다. 하지만 그런 친밀한 관계 없이, 대체 어떻게 계속 살아 있을 것인가? 모든 관계들이 도전을 보낸다. 모든 관계가 내게, 뭔가가 될 것을, 뭔가를 할 것을, 반응을 보일 것을 요구한다. 반응을 닫아버리면, 그러면 무엇이 남는가? 버티고……견디고……기다리고.

갑자기 해가 나와 환한 푸른 하늘이다. 이 모두가 내가 몇 마디 쓰는 동안 일어난 일이다. 놀랍다!

루이즈 보건이 나에게 준 슈베르트의 즉흥곡 두 개──작품 번호 90번과 142번, 기제킹(1895-1956, 독일 피아니스트/역주)──를 다시 틀었다.

나는 다른 어디선가 우리는 우리의 삶으로 신화를 만들어야 한다는 말을 했는데, 그 요점은 만일 우리가 그렇게 한다면, 모든 슬픔 혹은 날씨에 의한 설명할 수 없는 발작, 비탄 혹은 일──우리가 우리 자신을 훈련시키고 충분히 힘들여 생각한다면──이 이야기로 변할 수 있고, 살아 있다는 것, 인간이란 무엇인가, 꽤나 평범하고 일상적인 종류의 모험들은 어떤 것인가에 대한 보다 깊은 통찰을 낳을 수 있게 된다. 우리는 하루에도 열두 번은 천국으로 올라갔다 지옥으로 내려가곤 한다. 적어도 나는 그렇다. 그리고 작업 훈련이 우리에게 평행봉을 제공하고, 그리하여 그 제멋대로이고 불합리한 영혼의 움직임들은 형식을 갖춘 창조적인 것으로 변한다. 그것은 문자 그대로 사람이 곤두박질하는 것을 막아주는 것이다.

그것이 스스로 만든 고독한 감금 속에서 계속 살아 있을 수 있는 한 방법이다. 지난 며칠 동안 내가 또한 유익하다고 발견한 것은 "내가 혼자가 아니라면? 내게 매일 아침 학교로 보내야 할 열 명의 자식들과 그들이 집에 돌아오기 전에 해치워야 할 산더미 같은 세탁물이 있다면? 그 자식들 중 두 명이 감기로 시무룩하고 축 늘어진 채 침대에 누워 있다면?"이라고 말하는 것이다. 그것이면 나를, 그것이 마치 신들로부터 받은 멋진 선물인 것처럼—진실로 그러하지만—고독으로 되돌려보내기에 충분하다.

대비(對比)해보는 것이 한 열쇠이다. 그리고 매일매일 안에서 의도적으로 다양한 창조를 하는 것이. 오늘 아침에는 이런 말을 함으로써 힘을 내어 우울에서 빠져나왔다. "이 아침 작업에 대한 보상은 술 보관장을 청소하지 않는 것이 될 것이다." 그 보관장은 엉망이지만, 서류 벽장에 비하면 보관장 노릇이 가능한 정도의 엉망이다. 그 주위에 쥐약을 뿌려놓았음에도 불구하고 어느 날 그 안의 벽을 기어올라가는 커다란 쥐 한 마리를 보았기 때문이다.

하루하루가 그리고 그것을 사는 것이, 얼마간은 장난스러움으로 그리고 얼마간은 완전한 바보스러움으로 규율과 질서를 누그러뜨리는 어떤 의식적인 창조여야만 한다. 펀치에게 축복이 있기를, 그가 나를 하하하 웃게 만드니까!

　나의 가장 큰 박탈감은 주위에 껴안을 만한 동물이 없다는 것이다. 그 늙은 두 고양이들이 무지무지 그립다.

2월 13일

집에 발렌타인 데이의 봄 꽃들이 가득하다. 2월이야말로 내가 봄 꽃들이 더 즐겁다고 상상할 수 있는 유일한 달이다. 어제 나무들은 얼음으로 덮였고, 오늘은 혹독하게 춥다. 그래서 집 안의 수선화, 아이리스, 튤립의 신선함과 생생함은 아주 압도적이다. 이 얼어붙은 향기 없는 세계에서는 그 짙은 녹색 잎사귀와 그 냄새까지도 경이로운 것들처럼 보인다.

　나는 융으로부터 따온 두 구절을 곰곰이 생각해보는 중이다. 첫 번째는 승화시키는 것의 위험들을 알려주는 열쇠이다. "사람은 빛으로 이루어진 존재들을 상상함으로써가 아니라, 어둠을 의식함으로써 깨달음을 얻는 것이다." 두 번째는 이러하다.

　오직 영원한 이미지들의 살아 있는 존재만이 인간의 사이키(psyche)에게 한 인간이 자신의 영혼을 지키는 것을 정신적으로 가능하게 하는 위엄을 부여해줄 수 있고 그리고 자기 자신을 끝까지 밀고 나가는 것이 할 만한 일이라고 확신할 수 있다. 그때서야 비로소 그는 갈등이 자신 안에 있다는 것을, 불화와 고난은 그의 부(富)이며 그것을 타인들을 공격하는 것으로 낭비하지 말아야 한다는 것을 그리고 만일 운명이 죄의식의 형태로 그에게서 빚을 받아내려고 한다면 그것은 자기 자신에 대한 빚이라는 것을 깨닫게 될 것이다.

2월 22일

주말에 떠나 있다가 이 백색의 세계로 되돌아오니 이상하다. 버지니아 주 노포크에 있을 때는 시들을 읽었고, 그 다음 24시간 동안 워싱턴에 있을 때는 마거릿 부턴과 함께 지냈다. 내셔널 갤러리에서 몇 시간을 보낼 수 있으니까 그녀와 함께 지내는 것은 썩 좋은 일이다. 그녀는 그곳의 큐레이터이면서 한편으로는 자기 사무실에서 작업을 한다. 이번에 나는 새로운 열렬한 마음을 가지고 플랑드르파 화가들한테로 다시 가보았는데, 그 뒤에 대단히 운 좋게도 케네스 클라크(1903–1983, 현대 영국 미술사학자/역주)가 그 시기에 대해서 종합해놓은 것인 "체험의 빛(The Light of Experience)"을 보았다.

플랑드르파 화가들 가까이에 프랑스식 정묘함과 명징함의 정수를 전해주는 듯한 클루에의 작은 그림 하나가 걸려 있었다. 하지만 플랑드르파 화가들이 내 기질에 맞다. 나를 깊이 건드리는 것은 페르메이르뿐만 아니라(페르메이르야 당연하다!) 심지어 피터르 더 호흐에게서도 보이는, 불안정한 하늘, 평범한 집 내부, 네덜란드 방들에서 빛이 움직이는 그 방식의 조합이다. 쿨프의 정물화——잘린 레몬 하나, 두 개의 와인 잔에 닿는 빛——는 내게 절대적인 기쁨의 순간을 주었다. 그 뒤에 나는 렘브란트가 그린 초상화를 보면서, 마치 그 고통받는 인간을 분명하게 만들기 위해서인 듯한, 얼굴을 칠한 거칠고 과감한 붓질과 레이스 칼라와 옷을 묘사한 섬세한 붓질 간의 대조에 놀랐다. 그러한 그림들이 내게 그토록 강렬한 힘으로 이야기하는 까닭은 그것들이 내가 소설과 시에서 하고 싶어하는 모든 것들을 나타내기 때문이 아닐까 생각한다. 그것들은 결코 세계에 대해서 딱딱한 체계를 부과함 없이 세계를 조립해 내면서, 심지어 가장 진부한 상태의 집 안 장면까지도 갑작스런 계시의 느낌과 절절한 새로운 인식을 가지고 바라보게 만드는 것이다. 화가들은 현실을 강한 애정을 가지고 바라보고 그리하여 우리가 보게 되는 것은 결코 감상화된 것이 아닌, 고양된 삶인 것이다.

이러한 모든 즐거움들 밑에는, 마거릿이 나를 위해서 열어준 유쾌한 파티——재기에 넘치는 세 명의 남자들과의 신나는 대화(내가 그러한 것에 얼마나 굶주려왔던가!)——를 포함해서,

그 모든 것 밑에는 메리니어 파넘의 「근대 여성, 잃어버린 성(性)(Modern Woman, The Lost Sex)」에 대한 내 생각들이 깔려 있었다. 이 책을 읽는 것은 마음이 심란해지는 체험이고 또 그러도록 의도되어 있다. 이 책이 그리는 완전히 방향감각을 잃어버린 신경증적인 문명의 그림은 어떤 독자에게나 지진처럼 작용한다. 이 책은 남자들과 여자들을 분류하는 어떤 발언들에 한해서는 조금도 설득력이 없다. 비유들의 어떤 경향 또한 분석이 요구되는 것으로 보인다. 왜냐하면 그 비유들은 내게는 여자들이 관련된 곳에서는 한결같이 비하적이라는 생각이 들었기 때문이다. (어쩌면 이 책은 다른 정신분석학자의 진단을 받았어야만 할 책이다!) 당연히 나는 "진정한" 천재는 바흐를 위대한 원형으로 하는, 이성애적 남성에게서만 나타날 수 있다고 예견하는 한 발언에 대해서 맹렬하게 반발했다. 그렇게 해서 저자가 "보상적" 천재라고 부르는 것과 "진정한" 천재라고 부르는 것 사이에 분화(分化)가 만들어진 것이다. 천재에 관한 공식은 내게는 결코 소용이 없고, 그것은 언제나 역겨움과 심지어는 분노까지 일으키는데, 왜냐하면 인간들이란 자기실현 방법들에서 그 어느 분류법이 허용할 수 있는 것보다 훨씬 더 복잡하고 다양하기 때문이다. 나는 미켈란젤로, 톨스토이, 디킨스, 모차르트, 세잔 그리고 얼마나 더 많은지 알 수도 없는, 신경증을 가진 혹은 결혼하지 않은 혹은 동성애자인 남자들과 여자들을 배제시키는 어떤 규정이 진지하게 받아들여질 수 있다고 믿을 수는 없다! 표본들로 치켜세우는 "진정한" 천재들이 음악 천재이거나 아니면 수학 천재들, 즉 일찍이 심지어 사춘기 전에 드러나는 천재 형태들이었다는 것이 의미심장하다. 문학과 회화에서는 그것이 완전히 다르다 나라면 모든 천재적인 위대한 작품들에서는 개성이 가진 남성적 요소와 여성적 요소들이 표현되는 것이라고 단언하고 싶다. 그 자웅동체적 본성이 성적으로 연기(演技)되든 되지 않든 간에 말이다. 토마스 만이 그 좋은 예이다. 그리고 훨씬 더 낮은 천재 차원에서는 비타 색빌웨스트가 그 예이다.

「근대 여성, 잃어버린 성」에는 내가 전적으로 함께할 수 있는 많은 통찰들이 있다. 예를 들면, 수년간 나는 간호하는 일이 여자의 일이고 여자의 특별한 재능을 사용하는 것이기 때문에 간호직을 평가절하하는 것을 개탄해왔다. 자기-규정을 위한 투쟁을 하는 흑인들이 이 간호직을 하녀 일(집안 일처럼)로 그리고 차별대우하는 것으로 간주하게 되었다는 것은 비극이다. 은총과 본능에 대해서 그리고 병자와 상처받기 쉬운 자들이 필요로 하는 것들에 대한 직관적 이해에 관해서 우리는 그들로부터 배울 것이 너무도 많다. 그들은 타고난 따스함을 가지고 있다. 자기는 폐엽 수술을 받은 뒤로 언제나 흑인 간호인들을 청했었다고, 로버트 클롭스톡이 내게 이야기하던 것이 생각난다.

하지만 지금 미국 정서에서 지겨워져가고 있는 것은 섹스에 대한, 특히 목적 그 자체로서의 오르가슴에 대한 강조이다. 삶을 살찌우는 것에 대해서 좀더 생각해보자. 비유적인 형태로 표현하자면, 꽃들과 동물들에 대해서 새로운 방식으로 생각해보자. 자기 자신이 자연과 그리고 자기 안의 자연인과 평화를 이루고 있다고 느끼는 민감한 사람이라면 섹스로 괴로워하지는 않을 것이다. 섹스란 제때가 있는 것이고, 오르가슴은 만일 그것이 일어난다면 꾀바르게 행하는 어떤 작은 계략으로서가 아니라, 온 우주와의 합일의 파도로서 올 것이다. 오르가슴 자체에 대한 강조는 다만 인간적인 모든 것에 대한 평가절하의 또 하나의 실례일 뿐이다.

답장을 해야 할 그 모든 편지들에 대해서 나는 화가 치민다. 내가 원하는 것이 생각하고 시를 쓰는 것이 전부일 때는 말이다. 사이키(pshyche) 안에 사나운 것들이 일어나고 있는 이상한 때, 나는 내면세계와 거기서 벌어지고 있는 것들을 위한 것 말고는 아무런 책무도 없는 비어 있는 시간을 갈망한다. 하지만 너무 많은 것들이 해결되지 않고 해결되지 않을 수밖에 없을 때는, 어쩌면 침묵 역시 똑같이 좋은 것이다. 어쨌거나 이제는 정오이고 그리고 나는 아홉 시 이후로 끈질기게 편지들을 써왔다.

어제 오후에 걸어들어올 때 집이 얼마나 슬프고 적막하게 느껴졌던가! 가엾은 것, 펀치마저도 며칠간의 고독에 가라앉아 있다. 밀드리드가 성실하게 와서 깨워주고 먹을 것을 주고 재워주건만 말이다. 며칠간 소홀해지면 집에서 영혼이 나가버린다. 그것은 확실하다.

3월 1일

이제는 굉장한 봄 하늘이 나타났다. 그리고 눈이 주위에 온통 아직도 90센티미터 이상의 높이로 쌓여 있기 때문에 더욱더 눈이 부시다. 그러나 허공에, 어치들과 박새들의 봄철 울음소리에, 단풍나무들의 수액 안에 그리고 내 안에 어떤 고양감이 있다. 해변의 바람 속을 거닐던 긴 산책을 포함한 X와의 멋진 주말을 보낸 뒤에 나는 엄청나게 행복한, 지복의 상태에 있는 것 같은 기분이다. 어제 황금빛 햇살을 쏟아붓고 하얀 벽들을 환하게 밝히면서 해가 지고 있을 무렵에 나는 집으로 돌아왔다. 나는 이번만큼은 텅 빈 집의 비통함을 느끼지 않았다. 집은 나를 반겼고 그리고 한 시간 뒤에 들고양이가 와서(나는 그 들고양이를 기다리고 있었다) 들고양이에게 먹을 것을 주었다. 그것은 내가 그동안 느껴왔던 모든 것들을 봉인해주었다. 그렇게 잘 달아나던, 강렬한, 굶주린 피조물이 나의 한 분신으로 변해 있었던 것이다. 나는 그 끊임없이 위안에 굶주려 있는 것, 불

밝혀진 창문들을 지켜보는 아웃사이더에 나를 동일화시켜왔던 것이다.

    나는 때때로 아무런 벽도 없는 집 같은 기분이 든다. 모트 메이스가 3월 어느 날 찍어준, 온통 불이 밝혀져 있는 이 집의 사진 안에 그런 기분이 포착되어 있다. 그 효과는 밖에서 보면 눈이 부신데, 그것은 내 삶이 그 생산성에서, 그것이 전해주는 인간적이고 꽉 채워진, 그리하여 꽉 채워주는 어떤 것에서, 많은 사람들에게 눈이 부시게 **보이는** 것과 마찬가지이다. 그러나 사실은 내 작품이 가지고 있는 어떤 좋은 효과든, 그것은 오히려 나 자신의 고립감과 상처받기 쉬운 상태로부터 온다. 그 집은 어떤 가족이 살면서 교류하는 어떤 집도 될 수 없는 방식으로 열려 **존재하는** 것이다. 내 삶은, 흔히 끔찍이도 외롭기는 하지만, 내가 결코 모르는 그리고 결코 알지 못할 아주 많은 사람들과 교류한다. 그들이 느끼는 것은 앙드레 지드가 "이용 가능한 존재(un être disponible)"라고 불렀던 것으로서, 이용 가능한 까닭은 나의 고립 때문이고 내게 아무 가족도 없기 때문이다. 나는 종종 이사크 디네센이 데니스 피츠-해튼의 죽음 뒤에 만들었던 것인, 그녀의 모토에 대해서 생각한다. "나는 응답하리라(Je réponderai)." 나는 이 모토를 오랜 세월 동안 나 자신의 명구(銘句)로, 어떤 행동방침으로 삼아왔다. 하지만 그런 능력, 대답해주어야만 한다는 필요성은 내가 결코 풀리지 않는 나 자신의 문제들에 너무 열중해 있을 때는 더 이상 존재하지 않는다. 그렇다면, 모트의 사진에서처럼 그 집을 환히 불 밝히고 있는 것은 시(詩)이다. 지금 당장은 시가 이곳에 없기 때문에, 나는 좀 슬프다.

3월 3일

이곳에서의 내 삶의 축복들 중의 하나는 하루 속으로 빠져들기 이전에, 자연스럽게 깨어나 누워 생각할 수 있다는 점이다. 잠재의식은 부드럽게 흐르다가 첫 번째 의식을 거치면서 기억을 해내고 그리고 날씨를 향해서 촉수를 뻗는다. 나는 거의 언제나 여섯 시 반에서 일곱 시 반 사이에 일어난다. 어느 하루와 다른 하루 사이에 큰 차이가 없지만, 그러나 내가 여유를 가지고 있다는, 아무것도 억지로 해치워야 할 필요가 없다는 사실이 차이를 만든다.

 오늘은, 강철의 회색빛 세상. 아침 식사 뒤에, 모이통들을 채워주고 눈보라가 올 것이 분명했기 때문에 쓰레기통들을 비웠다. 일기예보가 있었던 것이다. 바람은 북동풍이라고 한다. 집 안으로 들어왔을 때는 얼굴에 눈이 느껴졌다. 지금은 본격적으로 눈이 오고 있다. 나의 고치 속에 감싸여 있는 또 한번의 멋진 날. 오늘 나는 시 한 편을 쓸 수 있기를 바란다. 최근에 너무 많은 것들이 내 마음속으로 떠밀려들어왔는데 아직 아무것도 자리를 잡지 못한 것이다.

밤에는 한 그리스 신화가 기억났다. 두 연인이 있었는데, 한쪽은 산만을 사랑했고, 다른 한쪽은 바다만을 사랑했으며, 그래서 둘은 그 둘 사이에서 만나야만 하거나 아니면 전혀 만나지 말아야 했다는 이야기였다. 그것에 관해서 생각하다 보니, 빈센트 밀레이(1892-1950, 미국 여류 시인, 극작가/역주)의 "계곡의 안개(Mist in the Valley)"가 되살아났다. 그 시는 이렇게 끝난다.

쓰라리게 괴로워 눈물도 안 나오느니,

나는 서 있다. 그 섬들과 그 바다의 잃어버린 소리를 떠올리면서……

인생은 기껏해야 도요새 울음소리보다 길지 않은 것을,

그런데 나는 2년을, 2년을,

고지대의 땅을 갈고 있다!

바다 이미지들을 여기저기에——벽난로 선반 위에 조가비 하나 그리고 물론 큰 방에는 호쿠사이(1760-1849, 일본의 우키요에[浮世繪] 화파에 속하는 화가, 판화가/역주)를——얹어놓으면서 나는 얼마나 자주 그런 것을 느꼈던가!

밀레이가 다소 투박하게, 분명히 호흡 그 자체에 의지해서 자연스럽게, 긴 행들과 짧은 행들을 번갈아가며 사용하는 부분에서는, 그녀의 시들은 얼마나 멋진 음악적인 고안품인가!……
"눈 속의 수사슴(The Buck in the Snow)"에서는 완벽하다. 너무도 자주 그녀는 하우스먼 아니면 셰익스피어의 여린 메아리가 된다. 그리고 결국은, 아아, 그녀는 원숙함을 위한 생존력 있는 구조——그녀 자신 안에서긴 아니면 그 시들 안에서건——를 만들지 못했다.

어제 나는 외제니로부터 노령에 관한(그녀는 70대이다) 아름다운 편지를 한 통 받았다.

여기서 삶은 계속됩니다. 표면에서는 한결같고 단조롭지만, 그 깊은 곳에서는 번뜩임과 절정과 절망으로 가득 찬 채. 우리는 이제 다른 단계의 사람들에게는 전달될 수 없는 새로운 인식들이 풍부한 삶의 한 단계 —— 아주 많은 부드러움으로 동시에 아주 많은 절망으로 가득 차 있는 느낌이지요 —— 에 다다랐습니다. 이 삶이 가진 불가해한 것은 커지고 커져, 우리를 빠트리고, 우리를 밟아 으깨고, 그러다가 돌연히 어떤 최고의 빛나는 순간에 우리는 "신성한 것"을 의식하게 됩니다.

우리는 E가 "성스럽다"는 말로 의미하는 것에 대해서 문을 열어놓고 있는 모든 사람들과 가능하면 가깝게 살아야만 한다. 나는 힌두인의 생각이 얼마나 맞는가를 점점 더 많이 알게 된다. 그 생각이란 남자는 가족과 의무를 떠나 "성스런" 인간, 방랑자가 되어도 좋다는 것이다. 노년에 자기 자신을 완성하기 위해서 말이다. 그것은 자연으로부터, 순수한 명상으로부터, 그 영혼을 떼어놓아버린 그 모든 것들을 옆으로 밀쳐두기 위한 시간이다. 문제는 무관심 속으로 빠져버리자는 것이 아니다. 잡일들, 집안 일들은 어떤 종류의 틀을 제공하기는 하지만, 그러나 일들에 신경을 써야 한다는 것에 점점 더 짜증이 난다. 큰 마루를 노란색으로 다시 칠해야만 한다는 것은 지겨운 일이다. 그 색깔은 10년간 유지되어왔고 내가 상상했던 것보다는 훨씬 나은 상태이지만, 그러나 이제는 낡고 누추해 보인다. 어제 나는 페인트를 살까 했지만, 그러나 그것을 섞어야 할 텐데 그 모든 것이 시간, "헛시간"이 드는 일이다. 정원 일을 하는 것은 전혀 다르다. 거기에는 "성스러운 것"——성장, 탄생, 죽음——으로 들어가는 문이 언제나 열려 있다. 꽃 하나하나가 그 자신의 짧은 사이클 안에 전(全) 미스터리를 담고 있고, 그래서 정원에서는 죽음, 곧 풍요롭게 해주는, 좋은, **창조적인 죽음**으로부터 결코 멀리 떨어져 있지 않다.

    눈이 굵게 **빠르게** 내린다.……

3월 5일

진짜 북동쪽에서 오는 강풍이다. 바람이 쉭쉭거리며 느릿느릿 움직이다가 갑자기 집을 강타하면 집은 삐걱거리며 신음하고, 문들은 쾅쾅거린다. 나는 늙은 단풍나무들 중 한 그루가 뚝 부러질까봐 늘 겁이 나지만, 그러나 이번에는 처음 몇 번의 겨울에 너무나 무시무시해서 나를 깜짝 놀라게 했던 그 신음 소리가 아직까지는 들리지 않는다.

어제는 멋진 날이었다. 네 시간을 중단하지 않고 시 한 편을 가지고 작업했으니 말이다. 그 시는 충분히 좋지는 않지만, 오늘 오후에 나는 다시 그 시로 돌아갈 것이다.

어제 오후에 그 들고양이가 현관 문에서 똑바로 서서 야옹거렸다. 내가 문을 열어주자 그 암고양이는 문 뒤편에 가서 섰다. 암고양이는 머뭇거렸고, 들어오고 싶어했고, 그럴 만한 용기를 끌어모으려고 애쓰다가 이윽고 달아나버렸다. 하지만 내가 우유를 집 안으로 들여놓고 문을 열어놓자, 그 뒤에 고양이는 결국 들어왔다······드디어! 나는 여섯 달 넘게 믿을 수 있기를 갈망하는, 그 찬찬한 시선을 마음속에 새겨왔다. 그 들고양이가 이 끔찍한 폭풍 속에서 안전할 것임을 알게 되니 커다란 축복 같았다. 나는 세 번인가 네 번인가 먹을 것을 바닥에 놔주었고 그것은 언제나 다 없어져버렸다. 그러나 나는 내가 다가갈 때 소리 없이 획 스쳐가는 그림자로서밖에는 암고양이를 보지 못했다.

밤에 암고양이가 이상한 야옹 소리로 울어서 처음에는 밖에 수고양이가 와 있는 것이 분명하다고 생각했다. 그러나 지금은 그것이 암내를 내는 것이라고 믿는다. 오늘 아침 그녀는 지하실 안 아니면 집 밑 어딘가로 사라져버렸다. 이 야생 피조물이 집 어딘가에 보이지 않게 있으면서 그러나 안전하게 자신의 삶을 이어가고 있다는 것은 아름다운 일이다.

밖은 우윳빛 세상, 눈이 수평의 물결을 이루어 끊임없이 창문들을 지나쳐 몰려가고 있다. 높은 바람에 불려온 눈이 높이 쌓인다. 그러나 나는 정말로 천국에 있다. 연녹색 화분에 심은 예쁘장한 "2월" 나팔수선화들이 내 책상 위에 있고, 어두운 자줏빛 심($心$)에 노란 잎맥을 가진 미묘한 살굿빛 튤립이 벽난로 선반 위에 있다. 스며드는 바람에 한기가 느껴져서 불을 피워놓고 있다. 레코드 플레이어에 베토벤 소나타들("전원" 그리고 "작별")을 걸어놓고 있다. 그리고 이제는 일을 하자!

3월 16일

강연하느라 떠나 있었던 것이 일주일에 불과한데, 몇 달 같은 기분이 드는 것은 그 일주일 동안 너무도 많은 것들이 채워져

들어왔기 때문이다. 집에 돌아온다는 것은 산더미 같은 우편물의 공격을 받는다는 것을 의미하고, 그러므로 내면생활로 되돌아가는 것이 아직도 조금은 덜컹거리는 느낌이다. 돌아오니 안개에 쌓인 하얀 세계였다. 헛간에서 도로까지의 길에 1.8미터 높이로 쌓여 있는 거대한 눈 언덕들 위로는 우윳빛 허공이었다. 집 안에는 꽃 하나 없었고, 그래서 집에 들어올 때는 황량한 기분이었다. 들고양이는 아직 이곳에 있다. 그동안은 밀드리드가 먹을 것을 주었다. 나는 단지 한순간, 잠시 한순간만 들고양이를 보았을 뿐, 그것은 이내 사라져버렸다. 이상한 보이지 않는 존재.

나는 내 모험들에 대해서 누군가에게 이야기하고 싶었지만, 이야기할 사람이 아무도 없으니 자는 동안 그것들이 저절로 솎아져나와, 혼란스런 이미지들의 덩어리가 점차로 분리되어 에센스로 좁아들었다. 내가 쓸모 있는 사람인 것 같은 기분이 들었기 때문에, 너무도 많은 사람들이 내게 와서 "당신이 쓴 것은 모두 다 읽어왔어요"라고 말했기 때문에, 행복한 한 주일이었다. 어떤 사람이든 누구이든 간에 내 것을 읽었다는 것에 나는 늘 놀라워하고, 그런 만큼 어떻게든 조금씩 조금씩 내 작품이 이해되고 있음을 발견하고 이제는 굉장히 기운이 난다.

밀워키에서는 마저리 비트커의 집에서 내가 머물렀던 침실 창문 너머 호수 위로 뜨는 멋진 일출을 보았다. 처음에는 밋밋

하고 푸르스름한 호수 너머의 수평선이 따스한 황금빛으로 가득 물들더니 그 다음에 그것은 불그스름한 분홍빛으로 변했는데, 드넓고 평화롭게 열리는 것이 마치 하늘 자체가 하나의 커다란 꽃인 것만 같았다. 눈이 내려서 지면은 온통 하얀색이었다. 마침내 둥글고 붉은 원반이 솟아오르고 그 위로 온통 빛이 흘러넘쳤다. 커다란 평화의 순간. 덕분에 그날 하루를 잘 출발할 수 있었다. 그리고 그 이전의(책읽기 이전에 음료수 마시는 데 한 시간, 점심 먹는 데 한 시간) 그 모든 잡담들에도 불구하고, 균형을 유지할 수 있었다. 그래서 나는 떠올랐고 그리고 육체적 노력은 극소화되었다. 관객은 놀랄 만큼 주의 깊게 들었다.

그 뒤에 마조리는 프랭크 로이드 라이트의 그리스 교회를 보라고 나를 태우고 나갔다. 둥근 돔이 있는, 내부는 그리스 십자가 모양으로 만들어진 교회였다. 그것은 건축에서의 일출에 해당되는 것처럼 보이는, 온통 청징하고 온통 풍성한, 어떤 평화로운 환상과도 같은 완전함을 가지고 있었다. 하지만 그날 안으로 이곳저곳에서 신문 인터뷰, 라디오 인터뷰가 있었고, 그날 저녁에는 30분짜리 텔레비전 인터뷰가 있어서, 끝날 무렵에는 나는 녹초가 되었다.

3월 18일

날마다 너무도 많은 일들이 일어나서, 일기에서 다시 생각해보기가 힘들다. 중서부에서 보냈던 그 한 주일은 벌써 멀리 사라진 것처럼 보인다. 하지만 지금 생생하게 남아 있는 것은 그곳 평원들에 대한 기억이다. 거대한 하늘 아래, 서글프고 적막한 짙은 갈색의 드넓은 경작지들, 뛰어다니는 새끼 돼지들, 날뛰는 새끼 양들 그리고 마지막 날에 방문했던 에셀 세이볼드 소유의 오래된 농장……그것은 예전에는 가뭄 소유였던 것을 그녀가 거의 완전한 황폐의 상태에서 구출해놓은 농장이었다. 농장에는 어떤 건전하고 고풍스런 정겨움이 있었다. 그녀와 그녀의 언니는 그것이 마치 시(詩)인 것처럼 그 농장을 가꾼다. 그들이 은퇴할 무렵에는 그 농장 집이 그들에게는 기쁨과 모험의 유일한 원천이 되었다. 그 마을의 이름은 피시후크(낚시라는 뜻/역주)이다. 그 모든 것이 아직도 얼마나 미개척지의 느낌을 가지고 있는지! 도시가 아니라 그곳에서 그 주일을 끝내게 된 것이 그리고 학생들과 함께 끝내게 된 것이 기뻤다. 일리노이 칼리지는 부자는 아니지만, 그러나 나는 그곳 아이들의 그 신선함과 열성을 아주 깊이 느꼈다. 좋은 시간이었다.

내 책상 곁에는 꽃이 핀 선홍색 아마릴리스가 놓여 있다. 눈부신 푸른 하늘을 배경으로 빛나는, 잎맥이 보이는 투명한 그 꽃잎들을 바라볼 때, 그것은 기쁨의 외침이며, 건강함이며, 겨울을 이긴 승리이다.

어제 나는 몇 주일 동안 곰곰이 생각해오던 한 편지에 대한 답장을 썼다. 그것은 최근에 내가 받은 다른 많은 편지들의 원형이다. 편지 쓴 이는 마지막 단락에서 내게 이렇게 말한다.

어떤 지옥이 더 고약할까 궁금하군요. 완전히 자발적 동기로 이루어지는 삶의 지옥인가, 아니면 나 자신이 한 일부로서 속해 있다고 느끼는 지옥인가. 내가 무엇을 말하고 싶은가[편지 쓴 이는 그림 그리는 사람이다], 그것을 어떻게 말하고 싶은가와 타협을 하려고 발버둥치는 나 자신, 그 두려움과 의구심. 너무도 많은 것들이 나를 주저하게 만듭니다. 나 자신의 무기력, 결혼생활에서 두 번째의 위치에 있겠다는, 내가 10년 전에 했던 선택, 아이들, 나의 배경, 나의 배경에서 여자들이 차지했던 위치, 개인적인 의미에서뿐만 아니라 보다 큰 의미에서의 나의 배경에서, 우리의 사회적 배경에서. 그냥 여자라는 것. 그것은 힘이 듭니다. 발전하기 위해서, 어느 정도의 안전을 그리고 다른 뭐든 필요한 것을 포기하는 것인가요? 결혼의 틀 안에서 **존재할** 수 있는 것일까요, 당신은 그렇게 생각하나요? 나는 진심으로 당신의 고독이 부럽습니다. 그리고 당신이 살아야만 하는 대로 살 수 있는 용기가.

"결혼의 틀 안에서 **존재할** 수 있는 것일까요?" 이런 질문을 하는 사람들은 책임감 없는 여자들이 아니라, 흔히 (이 경우에서처럼) 아이들을 가진 여자들, 식구들을 보살피는 여자들로서 깊은 좌절감과 상실감을 가진, 자신들의 "진짜 삶"을 줄곧 놓치고 있다고 느끼는 사람들이다. 이것이 늘 사실이었는데, 우리는 이제서야 겨우 그것을 인정할 수 있는 것일까? 그리고 그 해결책은 무엇일까? 그것은 부분적으로는 분명히, 여성해방운동이 주장해온 대로, 대개 여자들에게서는 당연시되는 따스한 보살피는 힘들을 이제는 동등한 정도로 남자들로부터 불러내야 할 때가 되었다는 것이다. 역할들은 더 이상, 성(性) 혹은 어떠한 것이든 미리 생각해놓은 결혼 관념을 근거로 해서 부과되어서는 안 되고, 두 인간과 그들의 능력들과 재능들이 특별히 요구하는 것들로부터 유기적으로 키워내야만 하는 것이다. "결혼생활에서 두 번째의 위치"라는 구절은 빅토리아 시대적으로 들린다. 사랑 관계(이성 간의 것이든 동성 간의 것이든)에서의 어떤 쪽도 그 관계를 살아남게 하기 위해서 자신의 본질적인 어떤 부분을 포기해야만 한다고 느껴서는 안 된다. 그러나 사실은 남자들은 아직도, 주부로서의 역할을 제외하고는, 문명에 대한 진지한 공헌자들로서의 여자들의 힘을 과소평가하거나 혹은 평가절하한다. 그리고 여자들도 분명히 똑같이, 그들 자신의 힘을 평가절하한다. 하지만 나의 것과 같은 고독이 아이들을 가지고 행복한 결혼생활을 하는 사람들에게 "부러움"을 살 수 있을 때는 뭔가 잘못된 것이다.

나의 고독은, 나 자신이 분명하게 느끼지만, 최상의 인간적 해결책이 아니다. 또한 그런 때가 있었다고 생각해본 적도 없다. 내 경우에는 그것이 어쩌면 어떤 예술작품을 가능하게 해주었지만, 그러나 확실히 그것은 정서적 성숙함과 행복에서 비싼 대가를 치르고 그렇게 된 것이다. 내가 가지고 있는 것은 나를 중심으로 한 공간과 나를 중심으로 한 시간이다. 결혼생활에서 그것들을 어떻게 얻을 수 있는가가 진짜 문제이다. 그것은 대답하기 쉽지 않은 문제이다.

그 문제가 예전보다 더 어려운 것은 모든 것이 가속화되었고 모든 것이 번잡스러워졌기 때문이다. 그러므로 우리에게 속도를 누그러뜨리게 하고 인내심을 강요하는 것들은 무엇이든지, 또 우리를 다시 자연의 느린 사이클 안에 놓아두는 것들은 무엇이든지 도움이 된다. 정원 일을 하는 것은 은총을 가져다주는 도구이다.

그 문제가 예전보다 더 어려운 것은 살림을 꾸리고 집을 장식하는 것이 허식적이고 경쟁적으로 변해왔기 때문이다. 나는 아이들이 그러한 「아름다운 집(*House Beautiful*)」(「아름다운 집」은 잡지 이름이다/역주) 같은 집들로부터 달아나는 것을 비난하지 않는다. 그러한 집들은 보금자리들이 아니고, 비인간화되어 있고, 허세적이고, 어떤 개별적인 가족생활 방식을 별로 드러내지 않는다. 「패밀리 서클(*Family Circle*)」이라는 잡지에 한 칼럼을 쓰고 있을 때 나는 누추함을 찬양하는 글을 쓰려고 계획했었다. 낡고 편안한 의자 하나 없는 집은 영혼이 없는 집이다. 그 모든 것이 결국은, 우리에게 요구되는 것은 완전한 것이 아닌 다만 인간적인 것이라는 사실로 되돌아온다. 인간적인 집 안으로 걸어들어간다는 것은 얼마나 위안이 되는가!

그것은 결국, 우리가 너무 많은 것들을 조종하려고 한다는 것일까? 예를 들면, 식물들은 그것들이 조종될 수 없기 때문에 한 집 안의 내부를 인간적인 것으로 만들어준다. 그러나 집을 과시할 필요는 없고, 단지 그 안에서 살기만 하면, 인간적인 요구들을 위한 진정한 보금자리, 보살핌의 자리를 만들면 되는 것이다. 그리고 그것은 효율이 아니라 생명감의 고양을 의미한다. 바깥이 내다보이는 한 테이블 위에 앉아 있는 고양이 한 마리, 꽃이 피는 구근 식물들이 담긴 수반 하나, 여기저기에 흩어져 있는 책들.

지난 일요일에 이 안으로 걸어들어올 때 나는 이 집은 꽃들이 없을 때는 죽어버린다는 것을 알았다. 집이 황량하게 느껴졌고 그래서 나는 마치 신에게서 저버림을 당한 것처럼 눈물로 그 하루를 끝냈다. 지금은 한 방에는 진홍빛 튤립들이, 또 한 방에는 하얀색과 분홍색 튤립들이 있고 그리고 나는 숨을 쉴 수 있고, 기쁨으로 가득하고, 다시 편안해져 있다.

3월 20일

봄의 첫날, 그런데 우리는 사나운 폭풍의 한가운데에 있다. 어제 폭풍이 시작될 때 새들이 떼를 지어 모이통들이 있는 곳으로 왔는데, 황금방울새 떼가 가장 먼저 왔다. 그 다음에는 자줏빛 방울새의 밝은 분홍빛 머리를 얼핏 보았다. 지금은 레드윙드 블랙버드(redwinged blackbird : 찌르레기 비슷한 새의 일종/역주) 떼와 찌르레기들이 와 있다. 저녁에 그것들이 가버리면 큰부리새들과 어치들의 차례가 되리라. 솜털로 뒤덮인 딱따구리 두 쌍과 헤어리 한 쌍이 슈이트(소, 양 따위의 콩팥, 허리통 근처의 단단한 지방. 요리나 수지 재료로 쓰임/역주)를 먹으려고 하루 종일 오락가락 한다. 저 모든 날개 달린 것들이 없다면 문 밖의 하얀 세계가 얼마나 적막해 보일까!

　지난 며칠 사이에 두 번 화가들――보겔-크노츠와 앤 우드슨――의 방문을 받았다. 그래서 화가들이란 시인에게는 풍요로움을 주는 친구들이고 그 반대도 마찬가지라는 생각을 하고 있다. 매체가 다르기 때문에, 작가들 사이에는 언제나 있는 것으로 생각되는 경쟁의 그림자가 조금도 없다. 우리가 서로에게 해주는 비평, 우리가 서로의 작품을 바라보는 태도는 순수하고 즐거움으로 가득 찬, 자연스럽게 솟아오르는 반응이다. 화가들은 자기 작품을 세워놓고서, 작가들로서는 산문 혹은 시 한 쪽을 가지고서도 그렇게 할 수 없는 방식으로 그 전체를 바라볼 수 있기 때문에 나는 화가들을 부러워한다. 하지만 자기 그림을 포기해야만 한다는 것은 얼마나 힘들겠는가! 책 한 권이 나올 때 그것은 세상 속으로 나아가지만, 그러나 그 작가는 그것을 간직하고 다시 계속해서 친구들에게 그것을 줄 수 있다. 그림은 영원히 가버리는 것이다.

내가 화가들을 부러워하는 것은 그들은 인간적인 고통과 혼돈을 염두에 두지 않고서, 형태와 구조, 색채와 빛에 대해서 명상할 수 있기 때문이 아닐까 하고 생각한다. 언어들 없는 표현을 상상하는 것만으로도 편안해진다.

4월 6일

강연으로 다시 한 주일 떠나 있다가 마침내 집에 돌아오니 눈이 녹고 있었다! 바깥의 화강암으로 된 정면 계단들 옆에는 아네모네들이 자그마한 무더기들을 이루고 있고, 상록수들 사이에는 크로커스들이 몇 송이의 꽃을 피우고 있다.······옮겨 심기에는 너무 빠르다고 생각된다. 분명히 당분간 추위가 계속될 것이기 때문이다. 요즈음 모이통에는 레드윙드 블랙버드들과 찌르레기들만 온다. 너구리가 뒷문 곁 장작더미 위를 기어올라가 씨 박힌 과자를 훔쳐 먹는다. 바깥 헛간 곁에서 커다란 우드척(북아메리카산 마멋/역주)을 보았다. 그 녀석이 접시꽃의 처음 나온 여린 싹들을 벌써 먹어버렸을까? 작년에는 그 녀석들이 접시꽃 싹들을 전부 먹어치웠다. 그래서 결국에는 그곳에 토마토를 심어 따스한 색깔의, 비바람에 풍화된 목재에 기대어 놓았다. 토마토들은 잘 자랐지만, 그러나 나는 접시꽃들이 그리웠다.

얼었던 개울들이 마침내 풀렸다. 바위들 위로 거품을 일으키고, 둥근 돌들 위의 작은 폭포들 속으로 뛰어드는, 짙은 갈색의, 생명력을 가진, 그 세찬 물살, 그것이 "봄"을 말해준다.

그러나 우리에게는 내일 차가운 북동풍과 큰 눈이 약속되어 있고, 그러므로 내가 스노 타이어를 교체하지 않은 것은 현명한 일이었다.

4월 7일

예고되었던 대로 엄청나게 심한 북동풍이 휘몰아친다. 오늘 아침에는 펀치마저 소리 없이 새장 안에서 등을 구부리고 앉아 있다. 하지만 나는 신이 난다. 지난 며칠간의 "급하게 따라잡는" 날들 동안의 어수선함으로부터 그리고 소화되지 않은 체험의 덤불처럼 느껴지는 것으로부터 빠져나오기 위해서, 잘 이용해볼 만한 텅 빈 하루. 한 주일 동안 떠나 있다가 고독 속으로 재입장하면서 내동댕이쳐지지 않기란 힘들다. 꼭 해야 할 많은 것들에 의해서 단번에 공격을 받기 때문이다. 내가 갈망하는 것은 스물네 시간을 가지고서, 그동안 내게 일어났던 일들을 걸러내는 것뿐인데, 여러 가지 서로 다른 응답들을 해주어야만 하는 것이다. 나는 조류가 바뀌고 그래서 얼마 동안은 아무런 방향도 없이, 온갖 방향으로부터 끌어당기기만 하면서 물결들이 서로 역류하며 흐르는 강과도 같은 기분이다.

예를 들면, 루이즈 보건으로부터 온, 나의 편지들을 그녀의 문학 담당자에게 보내달라는 짧은 편지를 발견하고서는 마음이 산란해졌다. 그녀는 선별된 나의 편지들을 출판하기를 원했다. 내가 해야만 하는 일은 그 커다란 편지철을 열고서, 오랫동안 내게 큰 의미가 있었던 한 관계 속으로 뛰어드는 일이다.

워싱턴으로부터 밤을 새워 운전한 끝에, 168번 가 이스트 137에 있는 그 아파트 안으로 처음 걸어들어가던 때를 나는 결코 잊지 못할 것이다. 민감하고, 신랄하고, 명철한 정신의 빛으로 가득 찬, 그 점잖고 인간적인 방으로 들어갈 때 나는 노스탤지어의 날카로운 격통을 느꼈다. 그 충격이 그리도 컸던 것은 내가 브뤼셀에서 학교 너머에 있는 장 도미니크의 두 방으로 들어갔던 이래로 내 내면의 자아가 그렇게도 큰 편안함을 느껴본 적이 없었기 때문이다. 각각의 경우에 그 거처는 아주 특별한 방식으로 한 여자의, 그것도 혼자 사는 한 여자의, 말하자면 그 음색과 숨겨진 음악을 드러내고 있었다. 깊숙한 양토(壤土)를 체험한 느낌과 풍취가 주위에 표현되어 있는 그 방은 그 방 주인의 과거가 가진 대양들과 조류들과 파도들의 소리가 울려퍼지는 하나의 조가비, 어떤 색채, 어떤 예술작품 그리고 특히 많은 책들로 변해버린 한 인간의 삶의 본질이었다. 그 노스탤지어는 그 세계 속으로 받아들여지고 싶다는 갈망으로부터 오는데, 프랑스인들이 사랑에 빠진 우정(amitié amoureuse)이라고 부르는 그것은 연애로서는 결코 "실현되지" 않겠지만 어떤 흡인력을 가진 것이라는 것을 처음부터 알 수 있었다. 거기에는 양쪽으로부터의 강한 느낌의 메아리가 있고, 말로 하든 하지 않든 간에 슬픔, 심지어 체념의 향기가 스며 있고, 혹은 약간 씁쓸한 맛이 있는 것이다. 루이즈 자신은 그런 분위기를 "생명을 고양시키는 분위기"라고 나타냈다.

  그러한 관계의 본질은 영혼에 가까이 접해 있는 어떤 친화력── 그 관계를 비열정적이고, 부드럽고, 계시에 가득 찬 것으로 지켜줄 친화력──에 있다.

  그러한 방들은 나보다 나이 든 여자들이 살던 방들이었고, 그들에 대해서 나는 사랑뿐만 아니라 존경심을 느꼈다. 내가 이따금씩 그와 똑같은 식으로 편안함을 느꼈던 것은 행복한 결혼생활을 이어가고 있는 혹은 두 친구가 공유하며 살고 있는 (샌프란시스코에 있는 빌과 폴의 아파트가 떠오른다) 집 혹은 방에서였다. 하지만 그러면 나는 불가피하게 그 본질로부터 가로막혀 있는 셈이다. 혼자 사는 삶이기는 하지만 그것이 문을 열어놓은, 타인들과 새로운 친구들을 받아들여 따뜻이 대접해 주기 위한 방을 가진 집에서 사는 것이라는 점에서의 그것의 가치에 대해서는 충분히 이야기되어오지 않은 것이다. 루이즈, 장 도미니크 그리고 나의 경우에는, 그러한 가능성은 미묘하게 다루어져왔고 또 그래야만 하거니와, 그렇지 않으면 늪 속에 가라앉을 수밖에 없다. 완벽하게 열려 있고 받아들이고 싶다는 갈망과 비례하여 초연함을 키워야만 하는 것이다. 그 모든 문제가 결국은 평정, 진정한 균형을 이루고 있을 때의 영혼의 평정으로 되돌아온다. 내가 흔히 저지르는 인간적인 실수들은 뭔가를 "해치우기" 위해서, 답장을 하기 위해서, 그것을 책상에서 치워버리기 위해서, 빠르게 치닫는 데서부터 오고……그리고 그렇게 억지로 한 응답들은 너무 지나치거나, 너무 많이 주어버리거나, 혹은 따로따로 선택해서 충분히 주지를 않게 된다.

내가 어떤 사람들을 내 삶 속으로 받아들이건 간에, 내가 받아들이는 까닭은 깊은 차원에서 그들이 내게 대답을 요구하고 내가 그들에게 대답을 요구하기 때문이다. 그러한 관계들은 별로 차분하지는 않지만, 그러나 영양분을 준다. 앞의 글을 쓸

적에 콧(S. S. 코텔리안스키)이 생생하게 내 마음에 떠올랐다. 그라면 내가 한 말에 완벽하게 동의했을 텐데, 옛날 일기장을 펼쳐보다가 그가 보냈던 편지들의 부분들을, 그가 죽은 뒤에 일기장에 베껴놓은 것과 마주쳤다. 이 두 부분은 그가 어떤 친구였는지를 다시 한번 보여준다.

있잖소, 나는 당신을 아주 좋아하고, 그래서 당신이 그 모든 장점들을, 흠도 티도 없이 소유하고 있길 바라오. 당신은 수백만 가지 장점들을 가지고 있는데, 하지만 당신은 그것들을 실천하길 미루고 있소. 그래서 내가 당신에게 설교하는 거라오. 하지만 당신은 귀여울 뿐만 아니라 끔찍이도 지혜로운 사람이니까, 내 말을 진지하게 들어야만 하오. 미소 정도는 허락해주겠지만 말이오(내가 얼마나 일관성 없는 사람인지 봐요. 당신 미소를 위해서 내가 할 말 전체를 망쳐놓고 있잖소).……줄곧 당신은 당신의 "강철"이라고 부르고 나는 당신의 지혜라고 부르는 그것을 당신이 의식하길 바라오. 내 말은, 당신이 무슨 미친 혹은 혼란스런 짓들을 저지르더라도 거기에 당신을 분명 안전하고 온전하게 지켜줄 당신의 궁극적인 지혜가 있다는 것을 잊지 말라는 거요.……

물론 나는 당신을 꾸짖을 것이고, 무지무지 엄하게 대하고, 때로는 당신을 때려주기까지 할 거요. 그리고 그 모든 것은 당신을 위한 아주 좋은, 아주 다정한 사랑에서 나오는 것이오.

4월 12일

땅에 아직 눈이 있다니 정말 어이가 없다! 진흙 철이 얼마나 사람을 미치게 만들 수 있는지를 나는 늘 잊어버린다. 매일 밤, 씨 박힌 과자들을 들여오는 것을 잊어버리면 너구리가 기어올라가 그것을 훔쳐가고, 그러면 나는 눈과 진흙 속을 돌아다니며 빈 바구니를 찾아야만 한다. 정해진 모이통에는 이제 찌르레기와 레드윙드 블랙버드와 카우버드(미국산 찌르레기/역주)만 온다. 너무 바보 같다! 그리고 그 큼직한, 아마도 임신 중인 그 마멋은 아무런 도움도 되지 않는다.

그러나 오늘은 대기 속에 드디어 봄의 느낌이 스며 있고, 정오에는 기온이 21도쯤 될 것이다. 가장 따뜻한 곳인 집 앞에는 큰 눈을 넘기고 살아남은 줄줄이 늘어선 크로커스들이 이제는 태양을 향해서 활짝 벌리고 있다. 수많은 하얀색 크로커스들, 자줏빛 줄이 있는 라벤더 빛깔의 것들, 노란 것들. 하지만 얼마 전의 폭설 때 눈을 치우기 위해서 그레이더를 사용했을 때, 꾹꾹 뭉쳐진 커다란 눈덩어리들이 10년 전에 심은 커다란 해당화 위에 쌓였는데, 이번에 그 해당화는 끝이 난 것 같다. 작년에 그것은 10분의 1은 죽었다가 다시 회복했었다.

한 평론가가 나와 이야기하기 위해서 올 것이므로 오늘은 흥미진진한 날이다. 이런 일이 생긴 것이 이번이 처음이라고 생각하니 웃음이 난다. 나는 교수들이 주목해주기를 오랫동안 기다려왔다. 이것은 어느 모로 보나 긴장과 흥분의 시간이다. 급격한 종류의 변화가 허공에 스며 있다. 문들이 열린다. 수호천사가 나타난 것이다. 넬슨에서의 내 세월은 수명이 다한 것일 수도 있고, 그리고 나는 안도감을 느낀다. 이곳에서의 그 세월은 길고 고독하고 힘든 시절이었지만 이제는 새로운 출발을 위한 때이다. 1년여 뒤에, 내가 간다면, 그것은 바다로 가는 것일 게다.……최근에 밀레이의 그 시구들이 자꾸 떠올랐던 것은 이상한 일이다.

4월 13일

이제 눈이 녹고 나니, 아주 끔찍하게도 앞 잔디밭에 두더지 굴들이 뒤얽혀 있는 것을 볼 수 있다. 어제는 한껏 올라간, 대기가 무척이나 상쾌했던 진짜 봄의 첫날이었다. 나는 바깥으로 나가 낡은 빗자루(제설기는 그 몰아치는 힘으로 자갈들과 함께 화단들과 풀까지 쏟아내버린다)로 풀밭에서 자갈들을 쓸어내기까지 했다. 하지만 봄철의 녹작지근함과 더불어 집 밖에서의 그 일이 끝나기도 전에 기진맥진한 느낌이, 그리고 이 봄도 지나가고 X를 거의 만나지 못할 것이라는 슬픔의 느낌이 왔다. 때때로 내게는, 이 집에서 내가 하는 일은 별로 없고 다만 오지 않는 혹은 올 수 없는 사람들만 기다리고 있는 것처럼 느껴진다.

어제 콜롬비아에서 돌아온 캐롤 헤일브런이 내가 한 가장 좋은 것—— 그리고 그녀가 내 작품에서 아주 새롭다고 생각하는 것—— 은 고독에 대해서 이야기하는 것이라고 느낀다는 말은 나를 기운 나게 하지 않았다. 마치 감옥 문이 닫히고 있는 것처럼, 나는 간밤에 비통하게 울었다. 하지만 물론, 이것은 기분일 뿐이다. 이곳에서의 고독은 내 삶이다. 내가 그것을 선택했고, 그러므로 할 수 있는 한 절망으로부터 풍요로움을 만드는 것이 좋을 것이다.

어제 「타임스」에, 번역판 「역사와 정치(*History and Politics*)」에 나오는, 발레리(1871-1945, 프랑스의 시인, 수필가, 비평가/역주)가 쓴 이러한 구절이 있었다.

바로 우리 눈앞에서 한 새로운 사회가 형성되고 있다. 보다 더 넓은 기독교 세계, 즉 중세의 기독교 세계보다 덜 신학적이고 우리 선조들의 "인류"보다 덜 감상적이고 덜 추상적인 시민 세계(civitas mundi)이다. 그것은 피안이 아니라 이곳 그리고 지금에 기반을 두고 있다. 그것은 감상이나 견해가 아닌, 사실들과 필요성들로부터 자신의 힘을 끌어낸다. 그 영역은 다름 아닌 지상이다. 그 구성요소들은 인간들, 종족들, 국가들이며, 그 창조적인 정신적 힘은 문화이며, 그 창조적인 자연적 힘들은 공간과 기후이고, 그 안내자는 이성이고, 그 신념은 질서——말하자면 신은 미치지 않았다는 비교적 온건한 도그마——에 대한 직관이다.

봄 기분에 나는 워너 집안의 "만족한 동물들의 농장"으로 캐롤을 데리고 올라가기로 결정했다. 진흙 철 동안에는 오도가도 못 할까 두려워서 그리고 겨울에는 드물게만 가능하기 때문에 아주 오랜만에 그곳에 가볼 수 있게 된 것이었다. 그러나 그것은 내게는 언제나 일종의 귀향이다. 넬슨에 있는 나의 가장 좋은 친구들 중의 한 사람인, 그 거대한 부족의 여족장 그레이스 워너가 있기 때문이다. 또한 내가 여름 한 철 동안 빌렸던 당나귀 에스메랄다가 그곳에 있어서 껴안아주고 그 부드러운 귀와 벨벳 같은 코를 쓰다듬어주고, 하나씩하나씩 씹어 먹도록 각설탕들을 선물해주어야 하기 때문이다.

겨울이 끝난 뒤라, 농장은 여느 때보다 조금 더 약하고 땅속으로 가라앉은 듯이 보였다. 언덕 꼭대기에 농장이 있고, 그 아래로 연못 근처에 그 자식들의 집들이 펼쳐져 있고, 그 뒤편으로 매우 높직한 암소 축사가 있었다. 그 곁에 전에는 위풍당당한 느릅나무가 있었는데, 지난해에 베어버려야 했다. 올려다보면서, 거기에 빠져 있는 것이 무엇일까, 허공의 그 텅 빈 공간에 무엇이 있어야만 할까 궁금해하게 된다.

그 주위에는 여기저기에 언제나 네댓 대의 차들이 주차되어 있고, 그래서 나는 그 차들 뒤편에서 멈추게 되었다. 개 한 마리가 짖고 또 짖고, 고양이 한 마리가 마차 아래서 졸고 있었다. 잠시 우리가 방향을 가늠하며 그곳에 서 있자니 그레이스 워너의 손녀딸인, 펄리 콤이 떠나간 이후로 내 집 정원을 돌봐주었던 그레이시가 달려나왔고, 평소보다 더 등이 굽고 쇠약해 보이는 그레이스 자신이 나와 우리를 맞이하고 캐롤과 인사를 했다.

  오랜 세월에 걸쳐서 나는 많은 친구들을, 마치 언덕 위의 비밀스런 보물이 묻혀 있는 곳으로 데려가는 것처럼 그곳으로 데려갔다. 이제는 더 이상 어디에서도 그런 농장을 흔히 볼 수가 없는 것이다. 그레이시는 열일곱 살쯤으로 보이지만, 이제는 분명히 20대일 것이다. 날씬하게 다듬어진 몸매에 긴 머리카락을 어깨 너머로 풀어놓고 있었는데, 그녀의 두 눈은 제 할머니처럼 푸른색이었다. 이 집안 사람들 모두가 동물과 아이를 무척 좋아하지만, 그 모든 농장 일을 하는 틈틈이 어떻게든 시간을 내어 수없이 많은 애완동물들을 키우고 보살피는 일을 하는 것은 그레이시이다. 그레이시가 우리에게 작은 오두막이랄까 바깥채를 차례로 구경시켜주었는데, 그 하나하나가 열어보면 어떤 작은 동물이 들어 있는 마술 상자와도 같았다.

  처음에 우리는 암소 축사로 들어갔다. 그곳은 그레이스 워너의 맏아들인 버드의 영역이었다. 그는 자기 누이동생과 함께 농장 일을 하는데, 매해 가을이면 자신의 커다란 말들을 우리 집 들판으로 데리고 와서 풀을 먹인다. 축사에 암소들은 나가고 없었지만, 우리는 그 자극적인 암모니아 냄새를 맡았고, 말뚝에 묶여 있는 뭉툭한 코를 가진 세 마리의 얼룩배기 송아지들의 이마를 긁어주었다. 이 농장의 어떤 동물들도 결코 무서움을 모른다. 모두가 부드러운 사랑의 보살핌으로 다루어지는 데 익숙해져 있기 때문이다.

그 다음에 더 많은 마술 상자들이 있는 곳으로 갔는데, 첫 번째의 자그마한 오두막은 한꺼번에 두 사람이 들어갈 만한 공간이 없어서 캐롤 혼자 들어가야 했다.……오른쪽에는 아주 늙은 양 한 마리와 마른 풀을 씹고 있는 사나운 눈을 가진 두 마리의 염소……그리고 다시 일렬로 늘어선 기니피그 우리들로. 그 다음에 멈춘 곳은 작은 마구간이었는데, 우리는 두 마리의 조랑말의 살진 엉덩이들을 돌아서 귀여운 에스메랄다에게로 갔다. 나는 설탕을 가지고 오는 것을 잊어버렸지만, 다행히 차에서 커다랗고 딱딱한 박하사탕 몇 개를 발견했는데, 에스메랄다는 그 사탕들을 아주 좋아했다. 에스메랄다가 그 커다란 머리를 내 쪽으로 돌렸다. 나는 속눈썹이 아주 긴, 그레타 가르보 같은 두 눈에 다시 한번 감격했다. 그리고 내 오래된 친구의 건강한 모습을 보는 것이 즐거웠다. 그레이시는 에스메랄다가 관절염이 다 나아서 밖에 내놓으면 잘 뛰어다닌다고 말했다.

에스메랄다는 나의 개인적인 넬슨 신화의 한 부분이다. 나는 좋지 않은 시간으로부터 나를 끌어내기 위한 한 모험으로서 에스메랄다를 빌렸었다. 그녀는 심하게 발을 절어서 거의 걸을 수 없었고 그래서 나는 내가 그녀를 치료할 수 있을지 보고 싶었던 것이다. 그것은 어느 모로 보나 커다란 성공으로 드러났다. 코티손 주사 그리고 그녀의 발굽을 깎아준(당나귀들은 편자를 박지 않기 때문에 손톱처럼 그 발굽이 자라므로 주기적으로 잘라주어야 한다) 한 남자의 도움으로, 우리는 그녀를 걷게 했을 뿐만 아니라 달리게 함으로써, 내가 매일 오후 네 시에 들판에서 놀던 그녀를 이끌고 나와서 밤을 보낼 마구간으로 데리고 갈 때면 깡충거리며 달리는 것이 하나의 의식(儀式)이 되었다. 그해 여름이 끝날 무렵에는 에스메랄다와 나는 둘 다 다시 즐거운 동물들로 변해버렸다.

그레이스와 내가 겨울에 있었던 일들에 대해서 이야기하는 동안, 그레이시와 캐롤은 은색 뿔닭들을 방문했다. (나는 그레이시로부터 밍크 한 마리가 들어와서 그녀의 오리들 반을 죽여버렸다는 이야기를 들었다.) 우리는 토끼들이 겨울을 나는 곳에서 그들을 따라잡았는데, 캐롤은 커다란 하얀색 토끼 한 마리를 두 팔에 안고 있었다. 긴 귀를 가진 동물들——토끼, 당나귀——은 특별한 매력을 가지고 있다는 것이 사실이 아닐까? 하여튼, 어떤 놈들은 검은 코에 검은 줄무늬가 있는 귀를 가지고 있고 한 놈은 완전히 까만색인, 그레이시의 큰 토끼들은 아름다운 짐승들이다. 우리는 싸움닭들과 의기양양한 작은 어린 수탉들, 식용 오리들 그리고 마지막으로 들판 한참 아래 자기만의 영역에 있는 돼지에게로 계속 옮아갔다. 그런 다음 우리는 언덕 위 마구간으로 도로 올라갔는데, 어둡고 건초들이 높이 쌓여 있어서 처음에는 버드의 자랑거리인, 커다란 일하는 말 두 마리의 치솟은 엉덩이만 겨우 분간할 수 있었다. 그 마구간에 이제는 그레이시의 두 마리의 조랑말도 있는데, 숨죽이게 할 만큼 아름다운 것은 그 말들이었다. 엄청 큰 그 말들이 어둠 속에서 엄청 크게 어른거렸다. 나는 그 말들을 보면 언제나 사람이 자기가 이용하기 위해서 그것들을 길들였다는 사실에 경탄하곤 한다. 그 말들은 신들처럼 보이기 때문이다.

나는 캐롤과 나의 우정이 그 농장에 있는 동안 굳어졌다고 느꼈다. 말을 하지 않고 뭔가를 함께 나누고 즐겼던 것이다. 그리고 집으로 돌아오는 길에 나는 그녀에게 워너 가족에 대해서 더 많은 이야기들——그들이 얼마나 열심히 일하는지, 우리 모두가 그들에게 얼마나 의지하고 있는지——을 해주었다. 그레이시의 어머니 도리스는 학교 버스들 중의 하나를 운전하고, 농장의 영구 거주민들인 늙은 부인들 중의 세 명을 위해서 청소해주고 보살펴주며, 그 힘과 보살핌으로 모든 이들을 일으켜주고, 겨울에 자동차가 시동이 안 걸리면 나타나서 "도움이 필요하면 밤이든 낮이든 어느 때나 절 부르세요"라고 말한다. 그리고 그레이시는 내가 본 중에서 가장 열심히, 가장 빠르게 일하는 사람이다. 그녀가 내 정원에서 즐거운 마음으로 집중하여 일하여 하루에 해내는 일을 내가 하려면 일주일이 걸릴 것이다. 그녀는 나의 친구들, 내가 떠나 있을 때 나의 집에서 살았던 사람들과 연락을 하고 지내고, 그러므로 언덕 위의 그 농장에서 네덜란드와 샌프란시스코, 웰즐리와 린필드로까지 뻗어나가 그녀의 삶의 국경선들을 밖으로 밀고 나가는 것이다.

4월 14일

최근에는 조금 너무 많은 삶들이 쏟아져들어오고, 그래서 나는 심란한, 허공에 붕 떠 있는 듯한 기분이다. 1954년 12월 19일 소인이 찍힌, 바질 드 슬랭쿠르가 여자 시인들에 관하여 보낸 한 편지를 옮겨 적으면서 나를 진정시켜보기로 하자. 이것은 내가 캐롤이 요전번에 말했던 것들에 대해서 생각하다가 찾아본 편지이다.

> 당신은 내게 여자들의 시(그런 것이 있다면!)에 관한 개인적인 의견을 묻는군요. 몇 년 동안 나는 여자들의 시 선집을 만들고 싶어했는데 몇몇 시인들이 이제 자기 시 선집을 냈습니다. 내 육감은 만일

뭔가 필요한 것이 있다면 그것은 여자들이 자기들의 역할이 매우 창조적인 역할이라는 것을 조용히 깨달아야 한다는 것입니다. 남자와 남자의 마음은 불똥처럼 튄 곁가지이지만, 여자는 "가만히 있으면서 아는" 그 중심에 있는 것입니다. 시와 다른 예술들은 마음이 분석적으로 그리고 분리시켜 작업하여 이끌어낸 자료를 사용하며, 그런 만큼 남성적인 노고들이라는 것은 분명히 인정해야 하지만, 그러나 전체적인, 원래의 그리고 계속되는 창조작업은 내부로부터 바깥으로 나가며, 그것은 그 중심 자리와 힘을 소유할 수 있는 여자의 특권인데, 이것은 여자가 자신감과 인내심을 가지고 있다면, 언어와, 남자에 의해서 만들어진 다른 표현양식들을 다룰 때조차도 효과적으로 이용하지 못할 수가 없다는 사실입니다. 여자들의 시가 이제까지 괴팍하고 지나치게 힘을 준 표시들을 보여왔다면 그것은 무거운 부담과 장애를 메워야 한다는 감정 때문임이 분명합니다. 자기가 정신적으로 중심에 있다는 것을 깨닫는 여자에게는 그 모든 것이 사라져버립니다. 그러한 깨달음 그리고 그것에 대한 자연스런 시각으로부터 나오는 생각과 언어들은 직접적으로 급소를 치는 특질을 가질 수밖에 없습니다.

캐롤은 내가 내 소설들 속의 여자들을 프로이트적 견해를 가진 여자들로 혹은 그것에 맞아떨어지도록 의도했다고 느낀다. 또한 내가 (내 세대의 다른 사람들과 마찬가지로) 무의식적으로 여자들을 요구되고 있는 에토스에 맞추려고 애써왔다고 느낀다. 심지어 「세월의 다리(*The Bridge of Years*)」의 멜라니의 경우에도(캐롤은 그렇게 느낀다) 그 일에 대해서 너무 적게 이야기되었고 그녀는 자기 남편에게 "굴복한다"는 것이며 또한 캐롤은 남편의 철학적인 사변들이 그 소설에서 보이는 멜라니의 일보다 더 "사실적"이라고 느꼈다. 그것이 나를 깜짝 놀라게 했다! 캐롤이 요구하는 것은 자식 셋을 기르고 결혼생활을 아주 활기 있게 그리고 행복하게 꾸려가며 교수로서 뛰어난 일을 해내는 한 여자(그녀 자신 같은?)의 초상화일까? 하지만 그녀는 내게 자신의 결혼한 친구들인, 자식을 가진 여자들 중 **세 명**이 각기 자신의 삶이 막다른 골목에 다다랐다고 느꼈기 때문에, 자신이 쓸모 있는 혹은 필요 있는 사람이라고 느끼지 못했기 때문에 자살했다는 이야기를 해주었다. 셋이란 놀랄 만한 수이고, 그로 인해서 나는 생각을 해보게 되었다.

대화를 하다가 나중에 나는 캐롤에게 그녀가 어떻게 그렇게 할 수 있는지를 물었다. 보아하니 학생들도 종종 그녀에게 그런 삶이 치러야 할 대가가 무엇인가를 묻는 모양인데, 그녀는 언제나 "그 대가는 모든 것이다"라고 대답한다는 것이다. 그러나 우리의 지쳐버린 미국 문명에서는, 무엇—— 정원 일, 자식, 좋은 결혼생활, 예술작품——에 대해서든 기꺼이 그 대가를 치르려고 하는 사람들은 적다. 그리고 그들은 자기들이 용케 치르는 그 작은 대가를 원망한다. 캐롤은 내게, 예외적으로 잘 균형 잡혀 있고, 차분하고 분별력이 있으며, 유머 있고, 그러나 결코 무정하지는 않은 사람이라는 느낌을 준다. 그녀는 대단히 예외적인 사람으로 보인다!

나의 심란함의 일부는 캐롤이 떠난 뒤, 내가 읽어보겠다고 약속했던, 펠로십을 따려고 노력하는 한 40대 여자가 보내온 50쪽짜리 원고를 발견했기 때문이다. 그녀는 또한 그림을 그리고 시와 단편소설을 쓴다. 그녀는 탁월한 작품의 가치가 무엇인지 아직 이해하지 못했다. 나는 겸손함을 가지고 그런 말을 하는데, 왜냐하면 나 자신이 내 작품의 진부한 몇몇 구절들은 손을 보았어야 했다는 캐롤의 지적에 아직도 낙심해 있기 때문이다. 확실히 엘리너 블레어의 예민한 감식력을 가진 편집 안목은 나의 이전의 작품들에서 엄청난 도움이 되어왔다. 캐롤은 「꿈을 깊게 심고」에서는 그런 실수들이 없었다는 것을 인정했다.

나는 그 원고를 읽고서 내 반응을 전화로 이야기해주었다. 그것으로 최소한 편지를 쓰는 일은 면하게 되었다. 하지만 나에게 필요했던 것은 풍요롭고 결실 많았던 그 하루 동안 캐롤과 나눈 대화에 대해서 생각해보는 것이었지, 다른 누군가의 체험을 다시 한번 "받아들이고", 그에 응답해주는 것이 아니었다. 내 삶의 이 풀 수 없는 문제가 이 일기의 시도동기(示導

動機∶leitmotif)가 되어가고 있는 것이 아닐까 겁난다. 빌어먹을!

캐롤이라면 바질의 언급에 대해서, 특히 여자의 수동적 역할을 강조한 구절에 대해서 격한 반응을 보였을 것이다. 내가 그녀와 동의하는 그리고 내가 최근에는 밀쳐놓았던 통찰들에 의해서 새로운 기운을 얻게 되었던 부분은 모든 예술가들이 자웅동체적이라는, 결국 창조적인 것은 여자 안의 남성성, 남자 안의 여성성이라는 것이다. 그것은 내가 늘 믿어온 것이다. 하지만 그녀가 내게 어떤 신선한 이미지를 가져다준 것은 아주 남성적인 남자를 한끝으로 하고, 아주 여성적인 여자를 다른 한끝으로 한 뒤 모든 변화하는 급수들이 중간으로 향해 있는 한 스펙트럼 안에 모든 인간의 삶들을 놓아야 한다는 것을 시사한 부분이다. 지극히 여성적인 것은 지극히 남성적인 것만큼이나 빗나간 것일 수 있으며, 가장 커다란 이해력뿐만 아니라 가장 커다란 창조력과 힘을 가진 사람들이 그 스펙트럼 중간 가까이에 온다는 것에 나 또한 동의한다. 우리가 그 퍼센티지에 대한 걱정을 밀쳐둘 수 있다면, 그리고 우리 각자가 자기 자신의 중심(그것이 스펙트럼 안의 어디에 있든 간에)으로부터 움직여나간다는 의식에 다다를 수 있다면, 우리는 분명히 무척 더 자유롭고 더 행복할 것이다.

4월 21일

삶이 덩어리들로 온다. 고독의 덩어리들, 그런 다음에는 거의 숨 쉴 틈도 없는 시간의 덩어리로. 그레이시 워너가 와서, 잔디밭이 모양새를 갖추도록 젖은 풀들로부터 자갈들을 긁어내고 있다. 언제나 쾌활하고, 내가 본 중에서 가장 능률적으로 일하는 사람인 그녀가 와 있다는 것은 큰 위안이다. 저 밖의 그녀를 바라보면서 나는 이제 봄이 마침내 대기 중에, 아니 그보다는 "땅 위에" 돌아왔으니 더 열심히 일을 하자는 결심을 하게 된다. 대기 중에 봄이 돌아온 것은 벌써 얼마쯤 되었다. 화단으로부터 눈이 거의 모두 없어져버렸고, 나는 상록수 가지들을 서서히 쳐내는 중이다. 집 앞의 한 포기 수선화조차 꽃을 피우고 있는데, 남쪽으로 가서 주말을 보내려고 집을 나설 때 굵은 하얀 눈보라가 치자 나는 **괘씸하다는** 기분이 들었다! 그리고 오늘 아침은 겨우 4도이다.

지금 당장은 커다란 활력이 밀려들고 있는데, 하지만 그 모든 것 밑에는 나로 하여금 계속 생각하게 만드는 어떤 갈라진 틈 혹은 결함이 있다. 그것은 나의 삶에 열정적으로 휘말려들 때는 이미 지났어야 하는 것이 아닌가라고 캐롤이 제기했던 커다란 질문 때문이다. 나는 모든 연시(戀詩)들을 「한 알의 겨자 씨앗이」에 포함시키지 않았는데, 그 때문에 그것은 내게는 일부분이

누락된 책같이 느껴진다. 그전에는 늘, 나는 모든 면면들이 포함되기를 원했다. 한 인간 전체의 시들을—그 갈등들, 사랑들, 분노들, 정치적 불안들도. (나는 후자의 이유 때문에 늘 두들겨맞아왔는데, 오래 전에는 콘래드 에이킨에게, 보다 최근에는 루이즈 보건에게 두들겨맞았다. 수사학적 시들—정치적 시는 수사학적 시일 수밖에 없다—은 한물갔다.) 하지만 「꿈을 깊게 심고」 이후로 나는 나의 거짓된 이미지, "그 모든 것" 위에 있는 그 지혜로운 늙은이의 이미지가 세워지고 있다는 것을 느낀다. 캐롤이 얼마간 실망했던 것은 그러한 신화적 인간이 보이는 것이 **아니라**, 그 대신에 그녀가 상상해왔던 것보다 훨씬 더 잘 상처받고 빠져들고 완성되지 않은 인간이 보이기 때문이라고 나는 믿는다. 한 편지에서 그녀는 "연인들의 별리(Divorce of Lovers)"라는 연작시 중의 마지막 몇 소네트들을 다시 인용했는데, 거기에 함축된 의미는 개인적인 생활을 포기하지 않는 것은 퇴보라는 것이었다. 하지만 나는 그것은 터무니없는 것이고 그것은 그런 사람이 되고자 하는 나의 필요보다는 그런 사람이 되고자 하는 **그녀의** 필요를 보여주는 것이라고 생각한다. 그녀는 "인간들은 중용을 가지도록 만들어진 것이 아니었다"라고 끝을 맺는다. 하지만 내가 블레이크나 다른 사람들과 함께 믿는 것처럼, 우리가 중간을 알기 위해서 극단들을 필요로 하는 것이라면, 어쩌면 중용이란 우리가 두려움이 아니라 지혜를 통해서 그 중심을 선택하며 살아낸 삶의 최종적인 보답일지도 모른다.

나는 정신적인 지도자가 되는 것이 시인이 할 일이라고는 생각하지 않는다. 시를 쓰는 것이 시인이 할 일이고, 그러기 위해서는 그는 계속 열려 있고 쉽게 상처받을 수 있어야 한다. 우리는 모든 종류의 관계들을 통해서 성장하지만, 그러나 무엇보다도 그 인간 전체를 필요로 하는 한 관계를 통해서 성장한다. 그리고 "문을 닫아버리겠다"는 독단적인 결정을 한다는 것은 거만하고 젠 체하는 일이 될 것이다.

문제는 박살이 나버리는 것이 아니라 균형을 유지하는 것이다. 만년에 자신의 균형을 유지하면서 루이즈 보건은 시 쓰기를 중단했다. 혹은 거의 중단했다. 그것은 부분적으로는, 비평가에게서 (그리고 특히 다른 사람들의 작품을 분석하는 일에 열중하는 일에서) 요구되는 초연함은 시인에게서 그 자신의 작품과 관련하여 요구되는 초연함과 정반대되는 것이기 때문이었다고 나는 확신한다. 우리는 한 체험의 **충격**이 받아들여진 뒤에, 가장 깊은 의미에서 "일어나도록" 허용된 이후에만 비로소 초연해지는 것이 허락되는 것이다. 초연함은 시를 쓰는 방법에 의해서 그 체험을 검토함과 더불어 오는 것이다. 하지만 이것은 격렬한 비판적 인식이고, 캐롤의 "중용"과는 아무런 관계가 없는 것이다.

내가 「꿈을 깊게 심고」가 독자들의 마음에 창조해놓은 그 신화적인 인간의 마스크를 쓰고 있어야 한다면, 나는 성장하지 않고, 새로운 것을 만들기 위해서 그 거죽을 내던져버리지 않고, 그 신화를 영구화하고 있을 것이다. 이 모든 것이 내 마음에 많이 걸려 있는 까닭은 내가 지난 열흘 동안 내 인생에서의 급격한 변화에 대해서 생각해왔기 때문이다. 나를 평생토록 이런 고독 속에 처박혀 있는 "언덕 위의 그 사람"으로 생각하고 싶어 하는 사람들을 깜짝 놀라게 해줄, 심지어 공포감을 일으키게 될 어떤 변화에 대해서.

며칠 전 두 친구 —— 그중 한 사람은 비벌리 홀럼이다 —— 가 이곳에 왔는데, 나는 그들이 메인 주에 사놓은 땅 —— 길게 뻗은 거친 삼림지, 바위가 많은 해안가, 콘월에서처럼 바다를 향해서 달려내려가는 초원(얼마나 꿈 같은 일인가!) —— 에 세 들 수 있는 집이 한 채 나올 텐데, 그것은 지극히 인구 밀도가 높은 메인 주 해안가에서 발견할 수 있는 놀라운 "물건"이라는 것을 알게 되었다. 그들은 암석들 위에 현대적인 집 한 채를 지을 것이고 그래서 그 "오래된 집"은 내게 세를 주겠다는 이야기였다. 어제 그 집을 보았는데, 나는 지금 나 자신이 그 집으로 옮겨가는 것을 상상하면서 약간 어색함을 느낀다. 그 집은 넬슨의 집보다 한층 더 화려하지만, 그러나 그와 같은 뚜렷한 특색이 없다.……내 짐작으로는 1920년대에 지어진 것인데, 틈

튼하고 안락하고, 바로 아래 황금 초원으로부터 대양에 이르는 최상의 경치를 가진 집이었다. 나는 그 집을 두루 돌아다니면서 내가 작업할 수 있는 보금자리를 찾아보려고 애썼고, 내가 궁금한 것은 그것뿐이다. 나는 3층에 있는 다소 숨겨주는 듯한, 패널로 만든 방이 좋을 것이라는 생각을 가지고 있다. 그리고 오, 바다──"바다, 바다, 언제나 다시 시작하는!"

지금은 변화를 위한 시간이다. 그 생각 자체──바닷가에서의 삶, 조류들의 리듬, 오래 품어온 꿈의 실현──에 내 정신이 고양된다. 내가 집을 찾다가 마침내 넬슨에 오게 되었을 때, 나는 맨 먼저 바다를 보았다. 이사를 하게 되기까지 2년이 남아 있고, 그것은 그 집으로 들어가는 것을 느끼고 생각하기 위한 시간이 될 것이다. 그곳에는 넬슨의 내 것보다 훨씬 더 다루기 쉽고 더 잘 디자인된, 이미 "만들어져 있는" 정원이 있고, 작은 "온실" 창문을 낼 수도 있고, 꽃 따는 정원을 위한 터가 이미 준비되어 있고, 울타리를 따라 난 수많은 덩굴 장미들과 참으아리(심지어 하얀 것도 있다)가 있고, 집 현관을 기어올라가는 늙은 등나무도 한 그루 있다. 그러므로 그곳에는 바다로 이르는 기다란 들판과 더불어 어떤 질서와 형식미가 있다.

그 지역 전체가 습지(야생 새들을 위한), 조약돌 해변, 커다란 바위들에 이르기까지, 거의 믿을 수 없을 만큼 다양하다. 메인 주의 한 표본지역이다.……아름다움과 야생.

4월 28일

간밤에는 서리. 오늘 아침에는 하얀 들판, 흰 서리로 하얀 들판을 내다볼 때 정말 지긋지긋한 기분이었다. 봄이 오기는 할까?

5월 6일

이 일기에 긴 동면이 있었던 것은 그동안 이곳에서 혼자 지낸 날이 하루도 없었기 때문이다. 내 앞에 시간이 탁 펼쳐져 있던 때가 없었기 때문이다. 내게 어떤 약속이든, 심지어 오후 약속이라도 있을 때는 그것이 시간의 특질 전체를 바꿔버린다는 것을 나는 발견한다. 나는 과도한 금액을 지불한 듯한 기분이다. 무의식으로부터 차올라오는 것을 위한 공간이 전혀 없다. 깊고 고요한 물 속에서 사는 그 꿈들과 이미지들은 하루 시간이 흐트러지게 되면 그냥 가라앉아버리고 만다. 하지만 나는 또한 최근에 어떤 종류의 흐트려버리기, 내부로부터 밖으로 흐트려버리기 또한 체험해왔다. 그리고 내가 봄이 오기는 할까 의심했던 4월 28일 이래로, 추위와 비, 결코 환해지지 않는 어둡고 심란한 하늘밖에 없었다. 어제 마침내 푸른 하늘이 보였을 때, 거의 믿을 수 없는 기분이었다. 이곳에서는 오직 새들──오늘 아침에는 목이 하얀 참새들, 귀여운 자줏빛 피리새들의 소리가 들린다 —— 만이 봄을 말해왔다. 하지만 서서히 풀이 푸르러지면서 여기저기 온통 뒤덮어가고 있다. 오늘 정원 주위를 걸을 때 내가 세어본, 마침내 벌어진 서로 다른 수선화들이 열 혹은 열두 종류였고, 파란색의 협죽도 또한 벌어져 있었다. 정원은 이제 얼마 동안은 온통 파란색, 노란색일 것이고, 진짜로 프라 안젤리코(1387-1455, 이탈리아 화가/역주)가 잘 쓰는 파란색의 그 눈부신 실라(백합과 무릇속 식물/역주)와 그 작은 꽃 —— 아마도, 눈[雪]의 별일지도? 아직 잎사귀들은 없고, 굵은 가지들과 잔가지들이 약간 두툼해져 있을 뿐이다.

마멋을 쏘려고 하루에 여섯 번쯤은 밖에 나간다. (그것에게 부상을 입히려는 것이 아니라, 놀래켜서 쫓아버리는 것이 내가 바라는 것이다.) 이미 그 마멋은 처음 나온 접시꽃들의 여린 싹을 먹어치웠다. 요즘에는 밤마다 법석인데, 새벽 한 시경이면 너구리 한 마리가 뒤쪽 현관에서, 새 모이통에서 떨어진 슈이트 부스러기들을 찾아 먹으려고 쌓아놓은 장작들을 여기저기로 던지는 통에 장작 부딪치는 소리가 나기 때문이다. 너구리는 내가 불을 켜도 놀라지 않는다. 지난밤에는 그것이 창가로 와서 발을 창가에 대놓고서는, 마치 "당신이 여기서 뭘 하고 있다고 생각해?"라고 묻는 것처럼 나를 매섭게 노려보았다. 주디와 고양이들이 이번 주일에 이곳에 와 있을 때의 어느 날 밤, 그 너구리는 고양이 문을 통해서 들어와서 그 곁에 놓여 있던 고양이 음식이 든 상자들을 전부 끌어내갔다. 나는 결국에는 일어나서 고양이 문에다 무거운 통을 밀어 기대어놓았다. 그래서 어젯밤에는 오랜만에 처음으로 잠을 푹 잤다. 그런데 그것이 새로운 날의 출발을 확실히 다르게 만든다.

어제 주디를 집에 데려다주었다. 한 일주일 머물기 위해서 그녀와 고양이들은 6월에 다시 올 것인데, 그녀가 돌아갈 때는 고양이들을 이곳에 두고 갈 것이다. 가정부가 한 명씩 딸린 겨울 집과 여름 집이 각기 따로 있는지라 이 고양이들은 아주 버릇이 없다. 지난주에는, 깨어나면 곁에 기분 좋게 가르랑거리는 동물이 있는 것이 즐거웠다. 스크래블은 매일 밤 나와 함께 지냈고, 퍼즈 버즈는 위층에서 주디와 함께 지냈다. 새끼였을 적부터 이 얼룩 고양이 자매는 따로따로 살아왔고 그래서 서로 질투한다. 스크래블이 내 침대 위에 있을 때는 퍼즈 버즈는 아침 일찍 배가 고플 때라도 방으로 들어오지 않는다. 그녀는 문턱에 앉아서 이따금 어쩔 수 없이 야옹거리는 소리를 낸다.

쉰아홉 번째 생일에 한 무더기의 편지들과 꽃들을 받았다. 나는 일요일에 다섯 명의 친구들을 집으로 초대해서 샴페인과 샌드위치를 먹었다. 그러나 생일 당일인 월요일에는 하루 종일 비가 내렸고, 기분은 저조했다. 그것은 언제나 정말로 똑같은 이유——너무도 자주 내가 한 인간으로서 실패한다는 것——때문이었다. 나는 요즘 들어 기억력이 떨어진 사랑하는 주디에게 화가 난다. 나는 괴로움의 필요성에 대한 융의 통찰들에 도움을 받아왔다. 때때로 나는 친밀한 인간관계들이 종종 잘못되는 것은 그것을 인식하지 못하기 때문이 아닐까 생각한다. 우리는 불안과 변화를 두려워하고, 고통스러운 것을 밝히고 그것에 대해서 이야기하기를 두려워한다. 괴롭다는 것은 종종 실패처럼 느껴지지만, 그러나 그것은 사실은 성장으로 들어가는 문이다. 그리고 어느 나이에서나 성장에는 고통이 따른다. 융은 말한다. "콤플렉스들을 가지고 있다는 것 그 자체가 신경병을 의미하는 것이 아니다. 콤플렉스들은 심리적 사건들의 정상적인 초점들이며 그것들이 고통스럽다는 사실은 병리학적 장애의 증거가 못 된다. 괴로움은 병이 아니다. 그것은 행복의 정상적인 반대극이다. 한 콤플렉스가 병적인 것이 되는 것은 우리가 그것을 가지고 있지 않다고 생각할 때뿐이다."

어떤 관계가 서로에 대한 비난으로 저하될 때 그것은 단순히 "말썽을 일으키지 않도록 하기 위해서" 성장을 위한 가능성을 파묻어버린 것일 수 있다. 나는 전의 어느 때보다도 올해에, 융이 "그림자(shadow)", "어둠 속으로 들어오게 하기"라고 부르는 것에 관해서 더 많이 배웠다.

> 그림자는 꽉 짜인 통로, 비좁은 문이다. 그 고통스러운 옥죄임은 그 깊은 우물로 내려가는 그 누구에게서도 면제되지 않는다. 하지만

우리는 자신이 누구인가를 알기 위해서 자신을 아는 법을 배워야만 한다. 그 문 뒤에 오는 것은 놀랍게도 전례 없는 불확실함으로 가득 찬 경계 없는 망망함, 분명히 안도 밖도 없고, 위도 아래도 없고, 여기도 저기도 없고, 내 것도 그대 것도 없고, 좋은 것도 나쁜 것도 없는 망망함인 것이다. 그것은 물의 세계, 모든 생명이 부유하며 떠 있는 곳, 교감체계의 영역, 살아 있는 모든 것의 영혼이 시작되는 곳이며, 내가 분리될 수 없이 이것이며 또한 저것인 곳, 내가 나 자신 안에서 다른 것을 체험하고 나-아닌-다른 것이 나를 체험하는 곳이다.

우리는 우리가 잘못되었다는 것과 약점을 인정하는 것을 끔찍이도 무서워한다. 하지만 우리가 그럴 수 있을 때에만 사면(赦免)처럼 빛이 흘러들어오는 것이다. (분노를 터트린 뒤에, 절망 속에서 너무도 자주 나를 무릎 꿇게 만들었던, 플래너리 오코너의 소신에서 나오는 그 구절—— 자비의 작용 ——을 나는 다시 찾아보았다.) 나는 지옥, 자기-혐오의 지옥, 내가 사랑하는 어떤 사람과의 전쟁이라는 지옥 속으로 내려감으로써 새로운 기운을 얻은 기분을 느끼고, 그러고 나서 자기-용서의 천국으로 되돌아오는데, 그것이 또한 상대방에 대한 용서이기도 한 **까닭**은 우리 사이의 그 싸움 속에서, 만일 우리가 그것을 직면할 수 있다면, 진실이 드러나고 밝혀질 수 있기 때문이다.

몇 주일, 몇 달 동안 나는 상대방을 면제시켜주기 위해서 나 자신을 실망스런 가짜 평안에 넘어가게 해왔다. 하지만 거기에 깊은 사랑이 개재되어 있을 때는, 그것에 대한 깊은 의무가 있는 것이다. 우리는 성장을 위한 싸움을 하지 않을 수가 없다. 그것이 고통스러울 때조차도, 물론 당연히 고통스러울 수밖에 없지만. 고통 그리고 고통을 일으키는 것에 대한 두려움은 분명히 죄이다. 어떻든 간에, 나는 도로 나 자신으로 돌아온 듯한 그리고 5월 30일의 졸업식 식사(式辭)를 포함하여 몇 주일 동안의 많은 방해물들에 대한 준비가 되어 있는 듯한 기분이다.

지금은 변화의 시간이고 그리고 나는 릴케의 "오르페우스에게 부치는 소네트들(Sonnets to Orpheus)" 중의 하나에 나오는 그 구절을 나 자신에게 말한다. "예기하라 변화를, 마치 그것을 그대 뒤에 두고 떠나왔던 것처럼." 내가 서서히 떠날 결심을 하니까 요즘 넬슨이 아주 환해지고 리얼해진다.

5월 7일

마침내 진짜 푸른 하늘, 그러나 어젯밤에 다시 서리가 내렸다.

어제는 내가 받은 최상의 생일 선물에 대해서 쓸 시간이 없었다. 앤 우드슨이 오늘 점심을 먹으러 오기로 했기 때문이다. 내가 앞으로 얼마의 시간 동안 가지게 될 유일한 "자유로운 날"

인 오늘 말이다. 수요일에 케임브리지에서 돌아왔을 때 집에 들어가보니 깜짝 선물들——걸려 있는 퓨셔(바늘꽃과 퓨셔속 식물, 아름다운 꽃이 피는 관상용 식물/역주), 두 그루의 놀라운 장미나무, 낸시(열한 살)가 만든 아주 맛있는 브라우니 과자가 든 작은 봉투——이 있었는데, 거기에 내게 하루 시간을 내겠다고 적어놓은 앤이 남긴 쪽지가 있었다. (내가 떠나고 없는 사이에 그녀는 볼일이 있어서 왔었다.) 그녀가 내게 시간을 내주겠다고 한 것이 바로 오늘이고 그리고 두 편의 시가 내 안에서 바글바글 끓고 있다. 그러니까 일을 시작하는 것이 좋겠다.

그레이시가 바깥 정원에서 블루벨들(푸른 종 모양의 꽃이 피는 식물의 총칭/역주)로부터 낙엽들을 긁어내고, 풀 씨앗들을 뿌리고 있는데, 만일 모든 것이 잘되면, 오늘 오후에 정원에 나가서 이번 봄 최초의 정원 일을 해봐야겠다.

5월 9일

그 좋았던 날(시 한 편을 썼고, 또다른 시를 대충 지어놓았다) 이후로, 그치지 않고 끔찍하게도 비가 내리고 있다. 나팔수선화들은 비를 맞아 축 늘어져 있다. 그러나 집 안에는 향기를 내뿜는 화려한 오렌지빛 앵무새 튤립들과, 생일 선물로 받은 하얀 장미들이 있다. 내 눈은 슬프지만(망쳐진 정원을 내다보면서), 내 코는 이런 향기들을 맡으면서 아주 행복하다.

　나의 울 수 있는 능력은 정말로 괴상한 고통이다. 눈물을 멈추는 약이 뭘까? 오늘 아침에는 "진짜"──의무에서 쓰는 것과 반대되는 진짜──편지들을 몇 통 썼는데, 그것은 언제나 내가 어디에 있는지를 알려주는 데 도움이 된다. 내면세계에서 그것은 지금 당장은 황량한 고원이다. 하지만 우리는 현실과 타협하기만 하면 굳건하게 설 수 있는 어떤 기반을 가지게 된다. 일어났을 때는 한 숨 한 숨이 고통이었고, 그 마음의 고통은 얼마 동안 너무도 격심해서 나는 그 때문에 꼼짝하지 못하고 숨쉬기 위해서 애를 썼다. 마침내 침대에 깨끗한 시트를 깔고, 새들과 펀치에게 먹이를 주고, 부엌 창문을 통해서 나를 노려보는 탐욕스런 마멀레이드 쌍둥이에게도 먹을 것을 주었다. 나는 사랑할 수 있는(그것들은 사랑할 수 없다) 그리고 사랑하는 짐승을 갈망한다. 여름을 지내러 고양이들이 돌아오면 굉장하리라!

　이제는 좀더 든든해진 기분이다. 그것은 언제나 똑같은 필요성으로 되돌아온다. 아무리 힘들더라도 충분히 깊이 내려가라, 그러면 거기에 진실의 기반암이 있다. 나는 혼자 있도록 "예정된" 것처럼 보이고, 게다가 어떠한 행복의 희망도 예정되어 있지 않은 것처럼 보인다. 내가 행복의 요령을 얻어내기에는 너무 늦은 것일까? 어쩌면 너무 늙어서, 다른 사람의 삶을 받아들여 영속적인 기반 위에서 나의 것과 함께 공유할 수 없는 것일까?

만일 그러하다면, 나는 내가 가진 것으로 해야만 한다.……그리고 내가 가진 것이란 대단히 많은 친구들 그리고 분명히 열정적인 사랑의 본성이다. 아무것도 아닌 것이 아니다!

5월 15일

지금이 그때이다. 서로 다른 많은 종류의 나팔수선화들이 꼬박 하루 동안의 심한 비와 바람에도 불구하고 화려하게 피어 있다. 작은 환한 빛깔의 붉은색 튤립들 또한 멋지다. 나무들에는 아직 잎들이 돋아나지 않았고, 그래서 깃털 같은, 갓 물먹어 부풀어오른 잔가지들을 뚫고 가벼운 푸른 하늘이 비치므로 지금이 그때이다. 그 구조가 여전히 보이고 그리고 그것이 바로 스테인드글라스의 효과를 주는 것이다. 어제 나는 벌새 한 마리를 보았다. 자주색과 황금색 피리새들이 모이통 주위로 떼지어 몰려들었고, 그리고 공중에서 단풍나무 꽃들을 먹어치우고 있는 오리올(찌르레깃과의 작은 새/역주)──그 놈을 아직 눈으로 보지는 못했지만──이 내는 소리를 들었다. 어제 처음으로, 그레이시가 풀을 베었다. 지난 며칠간 나는 잔인했던 이번 겨울에 꽃이 열에 하나는 죽어버린 정원 가장자리를 메우기 위해서, 6그루의 장미 덤불과, 피튜니아, 매발톱꽃, 루핀 같은 작은 식물들을 200포기쯤 심었다. 5월 1일 이후로 겪은 두 번의 심한 서리 때문에 진달래들은 죽어버린 것이 아닌가 생각된다.

이곳에서의 그 모든 달들 중에서 10월을 제외하고는 가장 좋은 달인 이번 달에 뛰어다녀야만 한다는 것이 원망스럽다. 하지만 사실이 그렇다. 작가들을 위한 밀러와 로즈 "축연"에 참석하느라고 버지니아 주 리치몬드에서 이틀을 보낸 뒤 이제 막 돌아왔다. 나는 옷에 대해서 터무니없이 신경이 쓰인다. 그 모임의 전체적인 분위기가 나를 밀어낸다.……나는 결코, 결코, 그런 모임에서 편안함을 느끼지 못할 것이다. 모든 것이 잘되었지만, 나는 걱정과 불만을 가득 안고 돌아왔다. 책 판매에 끼어드는 일은 어째서 그리도 혼란스러운가? 나 같은 작가가 어떻게 그 큰 메커니즘을 견뎌낼 수 있겠는가? 짧은 시간일 뿐이라도, 그 메커니즘이 몰아가는 것을 지켜보는 것은 공포를 일으킨다.

이번에 그래도 쓸 만했던 것은 두 사람의 작가들과 금방 친해졌다는 것이다. 그중 한 사람인 C. D. B. 브라이언은 런던에서 보곤 했던 고상하고 원만하며, 트여 있고 유머러스하며, 날카로운 모서리들이 다듬어진 젊은 영국 남자의 그 모든 매력을 다 가지고 있었다. 다른 한 사람은 활달하고 단단하고 예리한 아일랜드인 토머스 플레밍이었다. 그들은 한 줌의 신선한 공기였다.

그러나 헤어질 때 테드 위크스가 내게 일러주었듯이, 그리도 많은 "노출"로부터 오는 반작용은 이틀 뒤에 온다는데, 그래서인지 지난 이틀 동안은 죽도록 피곤했다.

5월 16일

잿빛 날씨…… 하지만 이상하게도, 잿빛 날씨 때문에 집 안에 있는 몇 다발의 나팔수선화들이 특이한 광휘, 어떤 하얀 빛을 발한다. 아침에 침대에서, 열린 문을 통해서 큰 방에, 그 오래된 푸른색과 하얀색의 네덜란드산 약(藥) 항아리에 담겨 있는 한 다발의 나팔수선화를 볼 수 있었는데, 그때 그 꽃들은 환하게 빛났다. 나는 일곱 시 이전에, 비가 올 것 같았기 때문에 파자마 바람으로 밖에 나가 서로 다른 다양한 꽃들 25송이를 샘플로 하나씩 꺾었다. 일찍 일어난 보람이 있었다. 왜냐하면 내가 맨 처음 본 것은 몇 센티미터 떨어져 라일락 수풀 위에 앉아 있는 진홍색의 풍금조였기 때문이다. 굉장한 광경이었다! 그렇게 선명한 진홍색도 없고, 그렇게 검은 검은색도 없다.

5월 20일

우리는 열파(熱波)를 겪고 있다. 어제 오후는 32도였다. 너무 심하다. 하루 전만 해도 그렇게 생기 있고 신선하던 나팔수선화들이 타오르며 시들어가고 있기 때문이다. 지금 짧은 순간 동안은 정원은 그런 대로 멋지다. 이틀이나 사흘 뒤에는 나무들에서 잎사귀들이 나올 것이고 그리하여 그 속이 비치는 베일은 두꺼워져 커튼으로 변할 것이다. 그러면 집 아래의 언덕들을 가을까지는 다시 볼 수 없으리라. 나무들이 꽃을 피우고 있을 때가 새들을 보기 위한 가장 좋은 시기이다. 꾀꼬리는 단풍나무 위에서 그 꽃들을 먹으면서 몇 분마다 한 번씩 그 날카로운 단음절의 울음소리를 낸다. 나는 그놈을 보기는 했지만 언제나 태양을 등지고 있는 것을 보았기 때문에 그 두 날개의 붉은 황금색의 반짝임은 아직 보지 못했다. 어제 저녁 현관에 나가 30분 동안 앉아 있으면서, 그 섬세한 색깔, 초원 발치에 있는 나무들의 그 연한 붉은색과 옅은 녹색에 넋을 빼앗겼다.……제비들은 헛간을 들락날락하며 날아다녔고……멧종다리는 아카시아 나무에서 저녁 노래를 불렀다.

높이가 거의 2.8미터까지 자랐고 5월 말까지도 꽃으로 뒤덮여 있던, 헛간 곁에 있는 홑꽃 백장미 나무 네바다는 죽은 것처럼 보인다.

지금 정원의 보물들은 모두가 자그마한 것들이다. 가막살나무를 작은 카펫처럼 둘러싸고 있는 푸른색 아네모네들은 대단한 성공작이고, 그 이상한 알록달록한 방울들을 가진 패모들(백합과의 여러해살이풀/역주)은 개나리나무 아래에서 잘 자랐고, 꽃잎에 하나씩 자그마한 초록색 점이 있는(마치 어린아이가 상상 속의 꽃을 그려놓은 것처럼) 그 커다란 하얀 방울들을 가진 류코줌은 무럭무럭 자라고 있다. 목줄기에 고운 푸른색 줄무늬가 있는 하얀색 제비꽃들 역시 나와 있다. 나는 며칠간 이곳을 떠나 있어야 한다는 것에 화가 난다. 변화들이 너무도 빨리 온다. 나는 이곳에 있고 싶다.

5월 25일

너무도 많은 요구들과 약속들로 숨이 막힐 것 같은 요즘의 나 자신만큼이나 계절이 잘 변하고 발작적이고 미친 듯하다. 내가 나의 "진짜" 삶이라고 생각하는 것을 가져본 지 정말 오래되었다. 5일 전에 일기를 쓴 이래로 기온은 영하 7도까지 내려갔는데 어찌된 일인지 대부분의 것들이 그 추위를 살아넘겼다. 어느 날 밤엔가는 지금은 아주 여릿여릿한 참으아리들을 포대 자루들로 싸주었다.

 한바탕의 추위 뒤에 바람이 높고 해가 나온 날이 며칠간 이어졌다. 햇빛은 온통 움직거리고 있는 나뭇잎들을 헤치고 대기는 어른거리는 햇빛에 눈이 부셨다. 지금은 짙은 안개에 쌓여 있고 비가 내릴 것 같은데, 비가 몹시 필요하기는 하다. 어제 나는 줄곧 내 얼굴에 몰려드는 진디등에들과 싸우면서 용케 일년초들을 모두 씨 뿌리고, 몇 상자의 꽃담배, 파슬리, 약간의 매발톱꽃과 그보다 많은 팬지들을 심었다. 이제 얼마간 나는 위대한 봄철이 계속되는 동안의 정원을 즐길 수 있다. 나팔수선화들은 거의 끝났지만 그러나 튤립들과 금낭화들은 계속 피어 있다.

다섯 마리의 새끼 마멋들이 헛간에 들어가면 재앙이다. 그것들은 작은 장난감 곰들처럼 사랑스럽기는 하지만 말이다. 물론 그것들은 접시꽃들을 다 먹어치웠다. 하지만 그런 낭패들을 나는 전보다 좀더 철학적으로 받아들인다. 나는 그 모든 것을 개인적으로 받아들이지 않는 것을 그리고 실패를 염려하지 않는 것을 배우고 있는 중인 것 같다. 정원은 성장이고 변화이며 그리고 그것은 상실뿐만 아니라 몇 가지 낭패들을 보상해주기 위해서 끊임없이 생기는 새로운 보물들을 의미하기도 한다. 파란색 팬지들이 올해에는 근사하다. 파란색은 정원에서 가장 흥미를 일으키는 색깔이라고 생각한다. 그런데 그런 파란색들이 이제는 곳곳에 있다. 버지니아 블루벨, 무스카리(백합과 무스카리속에 속하는 구근 식물의 총칭/역주), 파란색 앵초 그리고 아네모네. 곧 작은 숲에 블루벨과 야생 플록스(꽃고빗과의 한 속. 북아메리카에 50여 종이 자람/역주)가 여기저기 나타날 것이다.

앤 우드슨이 와서 함께 점심을 먹을 텐데 그녀가 얼마나 주의 깊게 그 모든 것들을 바라볼 것인가 생각해보면 즐겁다.

나는 모든 것을 함께 나눌 수 있는 단 한 사람을 갈망해왔지만, 그러나 그런 일은 결코 일어나지 않을 것이라는 것을 알면서 서서히 그것과 화해를 해가고 있다. 그 열렬한 마음을 어딘가에 영원히 뿌리 내린다면 좋겠지만, 그러나 그것은 작업에 뿌리 내려져야만 할 것이라고 나는 짐작한다. 아마도 내가 이달에 산란스러움을 느끼는 것은 내가 당장은 굉장한 작업에 몰두해 있지 않기 때문일 것이다. 작은 의무들과 요구들을 옆으로 밀쳐두고서 지옥이 오든 만조(滿潮)가 오든, 계속 밀고 나가도록 나를 강요하는 그런 작업 말이다.

5월 28일

때때로 어디서인지 모르게 놀라운 선물들이 온다. 어제도 모르는 사람이 난데없이 클라크 E. 무스테이커스의 「외로움(*Loneliness*)」이라는 제목의 책을 보내왔다. 펼쳐보니 이런 구절이 있었다. "외로움은 좋은 것도 나쁜 것도 아니며, 자기에 대한 열렬한 그리고 영원한 자각의 지점, 전적으로 새로운 감수성과 새로운 자각을 시작시키고 그리하여 그 사람을 그 자신의 존재에 접하게 하고 근본적인 의미에서 다른 사람들과 접하게 만드는 결과를 가져오는 어떤 시작이라는 것을 나는 차츰 알게 되었다."

나는 요즈음 뒤죽박죽인 생활을 이어가고 있다. 새끼 마멋들이 정원을 먹어치우고 있다. 그러나 그것들이 그리도 즐거워하는데 어떻게 그것들을 죽일 수 있을까? 너구리는 부엌 쪽으로 난 문 밖 여기저기에 장작들을 집어던져 부딪치는 소리를 냄으로써 매일 밤 한 시쯤에 나를 깨운다. 내가 불을 켜면 너구리는 차가운 호기심으로 나를 올려다보다가 천천히 기둥을 타고 지붕 위로 올라가버린다. 하지만 그것은 몇 분 뒤에 다시 내려오고 그러면 그 모든 것이 다시 시작된다. 지난밤에도 나는 일어났지만 너구리가 제멋대로 하게 내버려두었다. 헛간에 있는 세 마리의 고양이들이 하루에 다섯 번씩 와서 나를 보고 길게 울어대고, 그러면 나는 힘없이 져버려 그것들에게 먹을 것을 준다. 나는 그것들 중 두 마리의 오렌지 빛깔의 수컷은 싫지만 얼룩 고양이는 겨우내 돌봐주었고 정말로 사랑하는데, 그런데 그놈은 임신 중이다!

거기에 더하여, 펀치는 왼쪽 눈이 커다랗게 부어올랐고, 그래서 펀치의 눈이 멀어버릴 수도 있겠다는 생각에 걱정이 된다. 다음 두 번의 강연(그중의 하나가 일요일에 뉴잉글랜드 칼리지에서 있을 졸업식 식사[式辭]이다)이 끝나면, 펀치를 수의사에게 데려가봐야겠다. 가엾은 것, 그것은 더 이상 외쳐대지도 않는다. 새들은 용감하다! D. H. 로런스가 한 시에서 새들은 "결코 자기들을 안쓰러워하지 않는다"라고 말했던 것이 생각난다. 펀치는 여전히 그 친근한 목소리로 내게 말을 하지만, 그러나 아침결의 그 즐거운 외침 소리는 더 이상 없다.

나는 이 모든 불안들에 시달리고 있지만, 그러나 내가 **뒤죽박죽**이라는 말로 의미하는 것은 그것들이 아니다. 그것은 정확히, 물살이 즉 마음의 자유로운 흐름이 장애물에 의해서 막히는 곳에서 생기는 흐르는 물 안이 침전토처럼 침적되는 어떤 것이다. 어제 킨에서 네 시간을 보내면서, 차를 점검시키고 새 타이어를 두 개 달고, 또한 몇 벌의 여름 블라우스를 골랐다. 우편물이 끔찍하게도 쌓였고, 내 책상 위에는 답장을 해야 할 것들이 무질서하게 엄청나게 쌓여 있다. 결국 나를 죽이는 것은 고뇌가 아니라(고뇌는 적어도 어떤 영혼과 관련된 것을 요구하기 때문이다), 일상생활이다.

연애의 굉장한 가치는 뒤죽박죽인 것을 마치 쓰레기인 것마냥 불태워버린다는 점이다. X와 처음 만났을 때, 나에게 삶은 다름 아닌 긴 찬미의 노래였다. 나는 지금 그때의 시들을 고치는 중이고, 그러므로 X가 내 삶 속으로 들어온 이후의 처음 몇 주일과 지금 우리의 관계가 처해 있는 위치 사이의 차이를 아주 잘 의식하고 있다. 지금 우리에게 요구되는 것은 너그러워지고 참는 것, 각자의 개성과 기질의 차이를, 심지어 우리의 가치들의 그리고 우리 삶의 형태들의 차이를 메우는 것이다.……X가 일주일간 자기 일을 떠나 있을 때 그 일은 완전하게 잘라내버릴 수 있다. 그러나 내 일은 결코 잘라내버릴 수 없다. 잘라낼 수 있다면 그것은 느끼고 분석하는 일의 끝장을, 인식의 끝장을 의미한다. 그러나 X와 내가 함께 있을 때 내게는 그 모든 것이 결코 덜 절실해지지 않는 것이다. 제임스 커컵은 그의 시 "시인 (The Poet)"에서 그것을 얼마나 잘 말했던가.

그의 삶, 한 임무의 매 순간을 그는 결코 쉬지 않고,
그리고 아무것도 하지 않는 것처럼 보일 때 그는 가장 많이 일한다.
그것의 최소한도가 말로 옮겨질 것이고,
대개 남는 것은 쓰이지 않은, 말해지지 않은 채로이고,
그리고 아주 종종, 이야기되지 않은 채 남아 있는 편이 훨씬 낫다.
그가 보통의 말로 하고자 애써야만 하는 그것은
정말로 말로 할 수 없는 것이기 때문이다.

그리고 만일 꾸며서든 우연으로든,
그가 그 말할 수 없는 것을 말한다면, 그때는
그것은 분명히 숨 쉬는 것처럼 자연스럽게 보이겠지만
그러나 그것은 분명히 하나의 영감이다. 그리하여
그 원치 않는 기적, 그 특이한 태도로 더 외로워진 그는,
기껏해야 온순한 미치광이인 그는 사라져야만 한다.
무뚝뚝하고 이성적인 인간들로 이루어진 사회들에서.

체험을 분석할 시간이 전혀 없을 때는 뒤죽박죽이 된 기분이다. 그것은 문자 그대로 마음을 숨 막히게 만드는 침적토—캐보지 않은 체험이다. 너무도 많은 것들이 이 집으로 들어온다. 읽고 코멘트를 해달라는 책들, 원고들, 편지들, 어떤 일기에 관해서 내 의견을 구하는(그것이 출판될 수 있을지 없을지) 한 오래된 친구, 기타 등등. 마멋이나 너구리가 아니라, 이것이 뒤죽박죽인 것이다.

6월 4일

마침내 롤러코스터에서 내려왔다. 대중 앞에의 출현이 당분간 얼마 동안은 끝난 셈이다. 오늘 아주 오래간만에 처음으로, 단 한 통의 편지 쓰는 일보다도 내 일을 먼저 앞에 놓고 시들을 쓰는 중이다.

하지만 지금은 에머슨 크로커가 뇌종양으로 죽었다는 것을 알리는 한 우편물에 대해서 이야기해야겠다. 유달리 늙은 사람들에 대해서 드문 친절함을 가진 사람이던 그의 죽음을 나는 슬퍼한다. 밀크셰이크나 샌드위치를 들고 늙은 에셀의 집에 나타나 한 시간 동안 앉아 그녀와 함께 점심 식사를 하고 좋은 이야기를 나누는 식으로 그는 상상력이 풍부한 친절함을 가진, 정말로 너그러운 사람이었다. 너그러움이 여러 자질들 중에서 가장 희귀한 것이 되어가는 나이에 그는 그것을 얼마나 많이 간직했던가! 이것에 비하여 한 친구가 제50회 초등학교 동창회에 가기 위해서 펜 스테이션에서 티켓을 사려고 줄을 서서 기다리는 동안 그녀의 슈트케이스를 도둑맞았다는 추악한 사실을 대조해본다. 그리고 에머슨의 너그러움에 비하여 퀸즈 대학(엊그제 여기서 내 시를 낭독했다)의 그 분위기를 대조해본다. 그곳에서는 모든 사무실의 문뿐만 아니라 모든 책상 서랍과 모든 서류함을 잠가두어야만 한다. 중요한 책은 밖에, 보호 장치 없이, 책 선반에 놓아둘 수 없다! 그러므로 그 분위기는 감옥의 그것이다. 한 늙은 여자가 공공장소에서 도둑을 맞을 때, 학생들에게 줄 선물들을 그리도 풍부하게 가진 한 배움의 기관이 그 학생들에 대항하여 무장되어 있을 때, 어떻게 인간 계약이 실행될 수 있는 것으로 의식될까?

나는 에머슨의 너그러움과 삶에 대한 공경심을, 조지 사튼(저자 메이 사튼의 아버지/역주)을 열심히 깎아내리는 젊은 과학사 학자들에 대해서 들었던 것과 대조해본다. 물론 조지 사튼은 약점이 있었고, 그것은 아마도 그가 20세기가 아닌 19세기 사람이라는 사실로부터 기인한 것이다. 그는 결코 프로이트를 이해하지 못했다. 그는 또한 현대적 의미에서의 사회학자도 아니었다. 그는 정말로 낡아빠진 학파의 역사가였지만, 간과되어온 혹은 조금밖에 쓰여오지 않은 역사의 요소들을 다루었다. 확실히 그의 위대함은 예술, 과학, 종교를 인간의 위대한 발명물들로 자리매김하는, 그리하여 그가 그리도 자주 말했듯이, 과학의 역사에 대한 검토를 통해서 "과학의 인간화"를 향해서 나아가는 통합적 시각으로부터 나온 것이었다. 그는 실험과학의 국제적 성격뿐만 아니라, 모든 돌파구들은 많은 익명의 헌신적인 사람들의 작업에 기반을 둔 것이며 최후의 "천재"는 그런 사람들의 어깨를 밟고 서 있는 것이라는 사실을 즐겨 강조했다. 그러므로 그 젊은 과학사학자들은 조지 사튼의 어깨를 밟고 서 있는 것이다. 하지만 물론 그는 아버지-상(像)이고, 그러므로 넘어뜨려져야만 하며 그리고 그가 과학사의 할아버지가 되었을 때에야 비로소 그는 아마도 자기가 마땅히 받아야 할 것을 받게 될 것이다.

자, 우리 위대한 자들을 조롱하자.
마음에 그런 짐을 가지고서
그리도 열심히 늦게까지 고생해
어떤 기념상을 뒤에 남겼으되,
그것을 납작하게 해버릴 바람에 대해선 생각지도 못했으니.
자, 우리 지혜로운 자들을 조롱하자.
그 모든 달력들 위에 그들은
그 늙은 쑤시는 눈을 고정시킨 채,

계절들이 흘러가는 것도 전혀 보지 못했다가
이제사 해를 보고 입을 딱 벌리므로.
……………

그 다음엔 조롱하는 자들을 조롱하자.
선하고, 지혜로운 혹은 위대한 자들이
그 험악한 폭풍을 막을 수 있도록 돕기 위해서
어쩌면 손 하나 까딱하려 하지 않을 그들을.
우리는 조롱을 거래하는 것이므로.

그러므로 예이츠가 이긴 것이다.

6월 12일

6월에 서리가 내리다니 얼마나 이상한 봄인가! 지난 이틀간 기온은 0도로까지 내려갔지만, 그러나 차갑고 맑은 날씨는 축복이다. 그것은 라일락들이 두 주일간 꽃이 핀 상태로 있었다는 것을 의미하는데, 그것들은 이제는 색이 바래기 시작하고 있다. 라벤더빛 라일락 꽃들은 처음에는 약간 은빛으로 변하다가 그 다음에는 칙칙한 갈색으로 변한다. 그리고 멋있는 짙은 자줏빛 라일락 꽃들은 라벤더빛으로 변했다가 져버린다. 내가 이렇게 늦게까지 꽃을 피우고 있는 튤립들을 본 적이 있었던가? 아직

세 개의 밝은 붉은색 튤립들이 하얀 라일락과 함께 큰 방 꽃병에 담겨 있다. 그리고 오늘 아침 그것들을 바라보면서 투명하고 밝은 붉은색은 정원에서는 거의 투명하고 밝은 푸른색만큼이나 보기 드문 것이라는 생각이 들었다. 작약의 붉은색은 아아, 자줏빛으로 변해간다.

나는 너구리들에게는 열성적이지만 그러나 매일 밤 와서 장작들을 여기저기 던지고 그러다가 한 시간 뒤에는 재받이통들을 쾅쾅 굴리는 그놈에게는 신경질이 난다. 이제는 그놈을 막기 위해서 고양이 문을 닫아두어야 한다.……뿐만 아니라 집 없는 고양이들을 막기 위해서도. 그런 고양이들이 셋이 있고 그리고 서로 다른 패거리들이 만나면 으르렁거리고 식식거린다. 나는 그것들 모두에게 먹이를 주는데, 질투심 많은 우리 집 고양이들이 속상해하지 않도록 음식이 담긴 그릇을 가지고 재빨리 달려가 덤불 밑에 숨겨놓는다. 그러니까 그것은 고양이들을 위한 하우디-두디 식당과 비슷하다. 웨이트리스가 바깥에서 손님들에게 음식을 제공하니까!

다시 스케줄대로 움직인다는 것은 좋은 일이다. 노턴 출판사는 나의 60세 생일을 축하하는 새 시 집을 내년 봄에 출판할 것이다. 9월 말경까지는 그들 손에 원고를 넘겨주어야 한다. 마감 시일이 정해지자마자 나는 일을 더 잘하게 된다. 기한이 정해져 있지 않은 시간은 다루기가 힘들다.

6월 15일

하얀 모란이 벌어졌다. 어떻게 그것은 제설기가 그 위에 뒤덮어 쌓아놓은 몇 톤의 눈을 버텨내고 살아나, 이제 내게 커다란 기적 같은 한 송이 꽃을 선사하는 것일까? 나는 그것을 보기 위해서 계속 밖으로 나간다. 그 하얀 모란을 이미지로 사용하는 시 한 편을 고치는 중이므로. 물론, 고치는 데에서의 문제는 비평적 열성이 줄어들면서 시가 차갑게 끝난다는 것이다. 영감이란 작열하는 상태의 비평인 것이다. 오늘 아침 나는 거의 절망에 빠졌다.

어려운 것은 그 또렷또렷함을, 그러나 빛과 그늘이 그 꽃잎들 위에서 어른거릴 때의 그 흐르는 듯한 상태와 결합시켜 묘사하는 것이다. 그 무늬는 언제나 아주 뚜렷하고 결코 흐르는 듯한 상태는 아니지만, 그러나 그 효과는 결코 아이리스처럼 뻣뻣하지 않고 흐르는 듯한 상태인 것이다.

아이리스와 작약이 피는 연중 최고인 한 주일 동안 정원을 떠나 메인 주로 가기는 싫지만, 하지만 나는 요즈음 고갈 상태의 아슬아슬한 가장자리에 있는 것이 분명하다. 기쁨마저 너무 값비싸게 얻어지고, 정말로 오직 어둠과 잠만이 반가운 상태가 된다는 것은 나쁜 일이다. 오늘 아침 나는 아홉 시까지 침대에 있었고 사실상 열 시간을 잤다. (나는 재받이통들을 실내로 들여놓았었고, 너구리와 고양이 간의 싸움 외에는, 이번만큼은 밤이 조용했었다.) 사람은 어떻게 휴식을 취하는가? 나는 서두르지 않음으로써, 압박이 쌓이지 않게 함으로써 그렇게 하려고 애쓰고 있다. 한 번에 한 걸음씩. 그것은 깊은 우물로부터 기어 올라오는 것 같다.

6월 21일

일주일간 X와 함께 있다 돌아오다. 금요일 오후에 떠날 때 눈이 부시게 아름다운 순간이 곧 올 것임을 알고 있었지만, 그러나 아홉 시 직전에 돌아왔을 때 황혼 속에서 발견한 그 폭발과도 같은 것은 예기치 못했었다. 중심을 뚫고 나온 진홍색 끈 같은 것을 가진 그 고전적인 백조 같은 모양의 작약들, 그것들의 대부분이 피어 있고, 두 겹의 분홍빛 작약들(내가 가장 안 좋아하는 것들) 또한 피어 있다. 아이리스는 곳곳에 피어 있고, 커다란 붉은색 양귀비, 인동과(忍冬科)의 관목, 크고 밝은 분홍빛의 홑꽃 장미는 한참 아래 커다란 화단 가장자리 끝에 피어 있다. 모든 것이 뼈처럼 메말라 있다. 나는 여섯 시에 일어나 물을 주고, 집 안에 꽂아놓을 꽃들을 꺾었다.

그러나 조용한 밤은 아니었다. 열한 시경에 그 너구리가 바깥에서 쾅쾅거리며 돌아다니기 시작했던 것이다. 내가 재받이통들을 다시 집 안으로 들여놓았음에도 말이다. 하지만 이 집요하고 영리한 짐승은 고양이 문으로 들어와 고양이 먹이 상자들을 훔치려고 **작정**하고 있었다. 결과적으로 얼마나 요란법석인 밤이 되었던가! 나는 바깥 포치에 있는 한 의자에 장작들을 꽉꽉 채워 쌓았다. 그것을 조금이라도 움직인다는 것은 불가능해 보였다. 하지만 결코 아니었다! 삼십 분쯤 뒤에 나는 요란한 소리를 듣고 그곳으로 가서 포치 전등을 켰다. 그 너구리가 고양이 문을 기대어놓은 마지막 요새인, 20파운드짜리 새 모이통을 열심히 밀고 있었다. 나는 너구리를 향해서 소리쳤다. 그러자 너구리는 내게 더러운 눈길을 보냈다. 나는 잠자리로 되돌아갔다. 이것이 다섯 번 되풀이되었다. 매번 좀더 많은 무게가 더해졌지만, 매번 소용이 없었다. 마침내 나는 라이플총을 쏘아 너구리를 놀래켜 보내버렸지만, 너구리는 곧 되돌아왔다. 그 뒤로 나는 세 번 맨발로 밖으로 나가, 호스를 풀어 포치 지붕 위에 앉아 있는 너구리를 향해서 거센 물줄기를 쏘아댔다.

두 시쯤에는 나는 죽을 만큼 지쳐서, 고양이 문 안과 밖에 무거운 물건들을 쌓아놓은 뒤에 그냥 쓰러져 잠든 것이 분명하다. 하지만 아침에 일어나서 보니 그 너구리가 이겼다! 모든 것들이 여기저기 내동댕이쳐져 있고, 고양이 문을 통해서 밖으로 끌려나온 고양이 먹이 상자들은 거의 손도 대지 않은 상태로 포치에 엎질러져 있었다. 이 게임이 계속되는 것은 배고픔 때문이라기보다는 악의와 심술 때문인 것 같다. 유일한 해답은 못과 판자로 고양이 문을 영원히 닫아버리는 것이다.

6월 23일

요즘은 너무도 심한 일들이 일어난다. 정원에서 그렇게 빠르게 피었다가 죽어버리는 그 모든 것들에 대해서 어떻게 충분히 의식할 수 있을까? 꼬박 1년 동안의 작업과 기다림을 들여야 이 커다랗고 눈처럼 하얀 작약들의 최고의 순간이 오고 —— 그러나 그 뒤에 그것들은 가버리고 마는 것이다! 오늘 아침 침대에 누워 있을 때 그것에 대해서 생각했다. 그리고 또한 "사랑의 뿌리들은 물을 주어야만 해요, 그렇지 않으면 죽어버리죠"라고 했던 밀드리드의 지혜로운 말에 대해서. 그녀가 떠날 때면 집이 평화롭다. 아름다움과 질서가 되돌아와 있고, 언제나 그녀는 그런 구절 같은 한 방울의 향유를 뒤에 떨어뜨려놓고 간다. 그러므로 그녀가 여기서 하는 작업은 예술작업이다. 청소하고 정돈하는 물질적인 활동 밑에는 어떤 신비한 의식(儀式)이 있다. 사랑을 가지고 하는 일은 언제나 그 자체보다 더 큰 어떤 것이 되고, 얼마간 천상적인 질서들을 가지고 있다. 세 송이 커다란 하얀 작약과 두 송이 옅은 파란색 아이리스를 집 안으로 가지고 들어오는 데 꼬박 1년이 걸린다는 것은 놀라거나 화낼 일이 아니다. 그런 화려한 아름다움이 오랜 인내와 믿음으로 얻어진다는 것은(요번 봄철에 아주 여러 번 나는 라일락들이 서리에 죽어버린 것이 아닌가 두려워했지만, 결국 그것들은 전과 다름없이 여전히 화려하게 아름다웠다) 전적으로 옳고 합당한 것처럼 보이고, 그리고 그것들이 계속될 수 없다는 것 또한 전적으로 옳고 합당한 일인 것 같다. 그렇기는 하지만 우리 인간관계들 속에서 우리는 최고의 순간들, 즉 꽃이 핀 순간들을 기다려야 하고……그런 뒤에 그것들이 지속될 수 없을 때 분노한다. 우리는 정상에 다다르고, 그런 뒤에 다시 내려가지 않을 수 없는 것이다.

아마도 인내는 우리가 배워야 할 것들 중에서 마지막 것일 것이다. 늙고 눈이 안 보이는 장 도미니크가 내게 "항상 기다린다"라고 했던 말이 기억난다. 그때 나는 서른이 되기 전이었고 그녀는 예순이 넘었었는데, 그래서 나는 그렇게 늙은 사람이 아직도 어떤 사람을 그렇게 열심히 기다릴 수 있다는 생각에 놀랐었다. 하지만 사람은 일평생 기다린다는 것을 지금은 알고 있다.

7월 7일

그리닝즈 아일랜드로부터 돌아왔다. 주디와 함께 앤 소프를 매

년 방문하는, 나의 순례여행이다. 4.8킬로미터 길이의 그 섬은 데저트 산맥의 산들을 마주하고 있고, 사우스웨스트 항구 맞은편 섬스 사운드의 입구에 있다. 키 큰 전나무와 가문비나무, 여러 색깔의 부드러운 이끼, 월귤나무 밭들 그리고 함수호(鹹水湖)까지 굽이쳐 내려가는 기다랗게 탁 트인 초원으로 이루어진 섬이다. 이곳, 전통에 푹 잠겨 있는 무시간의 세계로 와서, 우리는 1890년대에 앤의 아버지가 많은 방이 있고 기와를 얹은 방주형의 집 한 채를 손수 지었을 때의 그 빅토리아 시대적 안전함과 안락함 속에서 한 일주일쯤 지내는 것이다. 우리는 그 모든 낯익은 즐거움들로 되돌아간다. 발코니에 앉아 바다 위로 미끄러져 지나가는 고요한 배들을, 언제나 변하고 있는 구름을 그리고 물과 언덕들 위의 빛과 그림자를 지켜보고, 저녁에 먹을 홍합들 아니면 블루베리들을 주워 모으고, 야생화들로 꽃다발을 만들고, 우리가 집에 돌아가면 만들 일본식 정원에 쓸 조그마한 나무들과 방석만 한 이끼 덩어리들을 찾고, 커다란 층계에 촛불 하나 켜둔 채(그곳에는 전기가 들어오지 않는다) 잠자러 가서, 놋쇠로 만든 트윈 침대에 쑥 들어가 나란히 누워 몇 시간 동안 이야기하다가 잠이 드는 것이다. 우리는 다시 아이들이 되어, 작은 집안 일들을 맡아서 하고, "가족"을 이루어 아래층 포치의 커다란 식탁에 함께 모여 식사를 한다. 그런 때는 이 커다란 그러나 친근한 왕국의 여왕인 앤이 감사 기도를 올린다. 식사 뒤에는 한 시간 동안 아무거나 그리고 모든 것에 대해서 토론을 하고, 한 해의 소식들을 주고받고, 정치로부터 철학으로 접어들고 그러는 동안 해는 저물고 마침내 집 안의 불가로 가야 할 때가 되는 것이다.

  여기서의 나날이 시간에 묶여 있지 않은 것은 부분적으로는 그날들이 질서가 있으면서 동시에 자유롭기 때문이다. 우리는 우리 자신의 삶을 이어가지만, 그러나 평소의 스트레스들과 요구들은 없이 이어가는 것이다. 나는 육아실 곁에 있는, 전에는 다디(다디는 오래 전에 죽은 소프 집안의 유모였다)의 방이었던 곳에서 아침에 작업을 한다. 정오에는 주디와 산책을 나간다. 이따금씩은 새가 노래하는 소리에 걸음을 멈추면서 숲을 거쳐 나와, 노란 데이지들과 헤더 밭들과, 어쩌다가 마주치는 덤불을 이룬 섬세한 라벤더빛 초롱꽃들 사이로 들판을 가로질러 못으로 수영을 하러 간다. 저녁에는 우리는 글들을 낭독한다. 나의 책들 중 다수가, 어떤 이는 곰 양탄자 위에 눕고, 앤은 소파 위에 눕고, 또 어떤 손님들은 알라딘 램프가 뿌리는 환한 둥근 불빛 밖 여기저기에 흩어져 앉은, 소리가 울리는 "큰 방" 장작불 앞에서 원고 상태로 처음 읽혔다. 그것이 여섯 달 뒤 넬슨에서 마침내 책으로 나오게 되는 때보다 훨씬 더 보람 있는 작품 "발표" 방법이다.

  부모의 죽음 이후로, 이 섬은 내 삶에서 유일한 불변의 장소가 되었고, 앤 소프는 주디를 제외하고는 가장 가족과 같은 사람이 되었다. 그것은 재생과 안전무사함의 장소이고, 당분간은 아무런 해도 공격도 없을 그리고 모든 감각이 자양분을 얻는 동안 영혼이 안식하게 되는 곳이다.

 어느 날엔가 이 섬에 대해서 자세히 쓰게 되기를 바라지만, 그러나 오늘 나는 이 섬에서 생명을 주는 케레스 여신처럼 살고 있는 사람의 특별한 품격을 묘사하고 싶다. 앤 소프, 그녀를 찬미하며. 지난 한 해 동안 나는 여자들의 삶, 그들의 문제들과 갈등들에 대해서 그리고 결혼하지 않고 사는 여자가 때때로 대변할 수도 있는 가치들에 대해서 많이 생각해왔다. 앤은 그러한 가치들을 나타내는 좋은 실례이다. 그녀에게는 삶 자체가 창조인데, 그러나 아내, 어머니, 할머니로서의 일상적인 방식으로서는 아니다. 앤이 결혼했더라면 그녀는 다른 삶을 그리고 분명히 어떤 풍요로운 삶을 이끌어갔을 테지만, 그러나 그녀가 이곳에서 주는 것과 그녀가 지금 주는 방식으로 줄 수는 없었을 것이다. 이곳에는 몇 채의 집들이 붙어 있는데, 그 모두가 여름 한 철 동안 왔다가 가는 가족 혹은 친구들로 가득 찬다. 앤의 삶은 수많은 방향들로 뻗어나갔다. 셰이디 힐 스쿨(그녀는 내가 7학년 때 선생님이었다)을 거쳐서뿐만 아니라, 그 이전에는 프랑스계 미국인 고아원에서 피난민 어린이들을 돌보았던 제1차 세계대전 후의 프랑스로, 그리고 제2차 세계대전 뒤에는 브레멘에 한 인보관(隣保館)을 세우는 것을 도우면서 유니테리언교 봉사위원회와 함께 일했던 독일로까지. 그러므로 그 섬은 풍부하고 다양하게 온갖 나이와 온갖 인종의 사람들을 자신에게로 끌어모은다.

아래 보트하우스에서는 분명히 어떤 어린 소년이 유목(流木)으로 보트를 만드는 일에 열중해 있을 것이고, 떨어진 숲에서는 한 나이 든 여자가 식물채집을 하거나 아니면 새를 관찰하고, 한편 한 쌍의 젊은 연인은 바위 끝에 앉아 미래에 관하여 서로를 떠보는 긴 이야기를 나누고 그리고 어떤 가족은 고기잡이 배들 중의 하나를 타고 나가 고기를 잡는다. 그리고 그 모든 것들을 지나서, 어깨에 배낭을 걸친 앤이 가벼운 걸음으로 움직이면서, 새로 온 손님들을 맞을 집을 준비하거나, 한 아이의 손을 잡고서 그에게 물수리 둥지를 보여주거나, 혹은 주디와 내게 "차 한 잔 어때?"라고 묻는다. 여름에 한두 번 그녀가 섬을 떠나 있을 때면, 섬에는 눈으로 알아볼 수 있는 진공상태가 존재한다.……뭔가 빠져 있는 것이다. 그 모든 끈들을 하나로 자기 두 손에 쥐고 있는 누군가가 그곳에 없는 것이다. 우리는 슬며시 놀라고, 조금 외로워진다.

이제 70대인 앤은 등이 굽었지만, 그녀의 옆얼굴은 아직도 네페르티티(기원전 14세기 초의 이집트 여왕/역주)의 그것이고, 큰 걸음걸이는 여신의 그것이다. 여신? 그 단어가 튀어나온 것은 내가 어릴 때(그것이 50년 전일 수가 있을까?) 롱펠로 하우스 정원에서 그녀가 "여신"이라는 이름의 포크 댄스를 추는 것을 보았고, 그 이후로 그런 연상이 있어왔기 때문이다. 롱펠로의 손녀인 그녀는 내게는 미국 귀족의 의인화인, 한 유럽인인 것처럼 보였다. 이것은 인정을 요구한다거나 어떻게든 보통 인간의 노고와 책무로부터 면제받는다는 의미의 "특권"의 정반대인, 어떤 깊이 느끼는 **귀족의 의무**라는 뜻을 내포한다. 여기에 개인적인 큰 선심, 가능한 모든 방법으로 생명에게 주는 큰 선심이 있고, 그것이 그녀의 존재 자체를 존재하게 만드는 것이다. 그녀는 쥐 한 마리에게도 화를 내지 않을 것이다. 그녀가 셰이디 힐 스쿨에서 오랜 세월 동안 그랬던 것처럼, 그녀가 돈을 준다면 그것은 그녀 자신을 함께 주는 것이다. 그리고 그 모든 것이 물려받은 은총일 수도 있지만, 그러나 앤은 자기 가문 내에 있으면서도 떨어져 있어서, 특이하다. 그녀의 재능은 무엇으로 만들어진 것일까? 그것이 오늘 아침 내가 계속 생각해온 미스터리이다.

어쩌면 그 대답은 어느 날이든 어떤 때이든 채워지기를 갈망하거나 혹은 함께 나눔으로써 누그러지기를 갈망하는……쏟아져나오기를 그리고 이해되기를 갈망하는 인간의 어떠한 기쁨 혹은 슬픔을 위해서도 자신이 소용되게 만들 수 있는 그녀의 능력에 있다. 그리하여 발가락을 찧은 한 살짜리 아이에게는 마술처럼 장난감 곰이 주어지고, 그리하여 누구와 결혼해야 할지 결정하지 못하는 한 젊은 여자는 끝없이 편안한 마음으로 긴 이야기를 나눌 수 있고, 그리하여 한 늙은 여자는 다가오는 대통령 선거에 관해서 맛나게 토론하면서, 앤의 푸른 눈 속에서 자기 것과 걸맞은 어떤 불길이 솟아오르는 것을 느낄 수 있다. 그 참여는 결코 수동적인 것이 아니며, 종종 그러는 것처럼, 언제나 생생하고 독특한, 갑작스런 한바탕의 웃음이 줄곧 터져 나오는 것이다. 예술과 삶 사이에서 언제나 분열되어 있는 내게는, 앤의 무한한 체험능력이 그녀가 두 손에 쥐고 있는─특히나 섬에서─그 끈들로 인해서 결코 무리가 있거나 부담을 받는 듯이 보이지 않는다는 것이 놀라운 것이다. 이것이 그 미스터리의 핵심이다. 그녀는 어떻게 그러는가? 어떻게 그녀는 그 순간을, 그 인간적 순간을, 그밖의 모든 것으로부터 똑 떼어내는가? 어쩌면 그 면에서 그녀는 한 시인이기 때문일 것이다. 나는 시를 쓰고 있을 때는 내가 정원에서 하고 있어야만 하는 어떤 일 혹은 답장을 쓰지 않은 편지 따위에 대해서 생각하지 않는다. 나는 온통 무한한 창조의 세계에 가 있는 것이다. 앤은 하루의 매 순간을, 마치 그것이 처음이요 마지막인 것처럼, 자신의 전체로써 사는 것이다.

주디와 내가 그리닝즈 아일랜드에서의 즐거운 일들을 회상할 때─아마도 우리가 넬슨의 집의 난롯가에 앉아 있는 크리스마스 때──면 우리는 어김없이 몇 가지 이미지들을 떠올리게 된다. 나는 커다란 수리부엉이들이 섬에 둥지를 틀었고, 앤이 우리를 위해서 그것들이 짝짓기하는 울음소리를 흉내내주었던 그 해를 다시 떠올린다. 그녀의 두 팔은 날개가 되었다. 그녀 자신이 한 마리의 부엉이였고, 그 부엉이가 냈던 그 소리들은 잊혀지지 않는 것이어서, 많은 세월이 흐른 지금도 그때를 생각하면 여전히 우리는 눈물이 나올 정도로 웃는다. 또다른 이미지는 우리가 걸어서 아이들이 있는 다른 한 집으로 건너갔던 날의 것이다. 앤은 바사 대학 학생 시절의 유물인 기다란 붉은 망토를 걸치고 있었는데, 갑자기 흥이 난 그녀는 망토를 박쥐 날개 모양으로 펼치고서 여기저기 덮쳐 아이들을 즐겁게 해주었고, 아이들은 자기들의 정원에 나타난 이 새로 태어난 마녀의 진짜 같은 모습에 아마 조금은 놀랐을 것이다. 내가 내 마음에 간직하고 있는 것은, 오전 작업을 끝내고 넓은 계단을 내려올 적에 보았던, "사무실"에서 뚜껑 달린 책상 앞에서 자기 아버지 의자에 앉아 있던 앤의 모습이다. 무슨 보고서 아니면 편지 위로 고개를 기울인 그녀는 그 문서에 집중하고 있어서 좀 멀어진 듯한 모습이었는데, 갑자기 즐거워진 듯 비밀스런 미소를 지었다. 이번 방문에서 얻은 새로운 앤의 이미지가 있다. 그것은 그날 저녁 정확히 여덟 시 십 분에 바위 많은 해변가에서, 엄청 큰 오렌지빛 달이 서튼스 섬 위로 살짝 떠올라서 하늘 속으로 내달아 잔잔

한 물결 위로 끊어지지 않고 완벽하게 곧은 길을 밝히기를 높은 기대감을 가지고 기다리면서 우리와 함께 서 있던 모습이다.

나는 그 비결을 사로잡지 못했지만——그럴 수 있는 사람이 누가 있겠는가?——그러나 넬슨이 다시금 사람들로 북적이기 전에 내가 아는 사람들 중에서 가장 사랑스런 그녀의 미스터리 속에 한 시간 동안 푹 빠져 있었던 것은 얼마나 즐거운 일인가?

넬슨은 터질 듯한 장미들과 **동시에** 일본 장수풍뎅이들로 나를 맞이했고, 정원은 한 달 동안 비가 거의 혹은 전혀 오지 않아서 끔찍이도 메말라 있었다. 나는 또한 포치 아래에서 몇 마리인지도 모를 고양이 새끼들을 발견했다. 그 작은 얼룩 들고양이는 그곳이 안전하다고 느낀 것이 분명하다. 그녀는 끔찍이도 야위었고, 그녀의 그 못된 호색한 아들들에게 다시 쫓김을 당하고 있는데, 그 아들들 중의 한 마리가 이 새끼 고양이들의 애비인 것이 분명하다.

나는 여섯 시에 일어나 물을 주었고, 그런 뒤 여름 축하 선물로 화려한 두 개의 꽃다발을 꽂꽂이 해놓음으로써, 나와 집 사이의 오래된 영적 교류를 되찾아주었다. 여기 벽난로 선반 위에 있는 그 축하 선물은 디기탈리스, 인동덩굴, 큼직한 피스 장미 한 송이, 점박이흰나리, 작고 하얀 참으아리 몇 가지 그리고 한 철에 단 한 번 피는 밝은 분홍빛 홑꽃 장미 한 송이이다. 바깥 정원에는 수브니르 드 라 말메종과 되유 드 폴 퐁텡이 꽃을 피우고 있는데, 하나는 옅은 분홍빛이고 다른 하나는 아주 짙은 붉은색으로서, 그 모습만큼이나 그 이름까지도 아름다운, 옛날식 쿠션 모양으로 생긴 장미들이다.

바깥에 돌봐주기를 기다리고 있는 것들이 너무도 많은데 집에서 작업을 시작하기란 힘들다. 하지만 X와 한 주일 함께 있기 위해서 다시 떠나기 전까지 닷새밖에 남지 않았으므로, 작업을 시작해야만 한다. 올 여름은 체커판 같은 여름이지만, 나는 그것을 한 걸음 한 걸음씩, 한 기쁨 한 기쁨씩, 철학적으로 받아들이려고 노력한다.

물을 준 뒤에 침대로 가서 아침을 먹고 「타임스」의 일요일판에 난 소로(1817-1862, 미국의 사상가. 에머슨의 절대주의에 영향을 받아 자연과 인간의 순수한 교류를 추구함/역주)에 관한 설득력 있는 에세이를 읽었다. 그 필자는 소로의 부활은 비현실적이라고 느끼는데, 왜냐하면 소로의 "영원한 순간"의 경작은 인간관계들을 차단시키고 그리하여 그는 우리 시대——"사회적 인간"이 고통스럽게 성장해야만 하는 그리고 우리에게 더욱더 많은 것을 받아들이도록 요구하는 시대—— 를 위한 믿을 만한 정신적 지도자가 되지 못하기 때문이라는 것이다. 대단할 정도로 소로는 본토로부터 떨어진 한 섬이 되기를 기원했고 그것에 성공했다. 우리는 그것이 가능하다거나 혹은 좋은 것이라는 신화를 벗어나야만 한다. 내가 이 일기를 1년간 꼭 계속 쓰지 않으면 안 된다고 느꼈던 한 가지 이유는 「꿈을 깊게 심고」가 가짜 천국의 신화를 창조했다고 생각하기 때문이다. 나는 그 신화를 파괴하고 싶은 것이다. 사실상 나는 현실에 그리고 현실을 받아들이는 것에 점점 더 가까이 다가가기 위해서 신화들을, 설사 나 자신이 만든 것들이라고 할지라도, 조용히 파괴시키는 것을 내 할 일로 보고 있다. 책 속의 스티븐스 부인 자신이 그 생활방식에서 낭만적이라고(**하얀 여신**을 숭배하는 모든 사람들이 그러하듯이) 하더라도, 그것을 바라보는 그녀의 관점은 낭만적이지 않은 것이다.

평생 동안 나는 다른 모든 사람들과 마찬가지로 힘든 진실과 맞붙어보려고 애쓰는 동안 위안을 주는 신화들이 차례로 하나씩 분해되는 것을 보아왔다. 우리는 문명화된 인간을 모든 동물들 중에서 가장 잔인한 동물로 인정해야만 비로소, 절대 권력이 주어질 때 우리 모두가 사디스트들(독일 수용소들, 캘리 중위 등등)이 된다는 사실과, 사악함이란 사람들을 겁주어 순종하게 만들기 위해서 유용한 종교적 개념이 아니라 절대적 현실이라는 것과 그리고 우리 모두가 자신과 싸움을 벌이고 있다는 것을 인식할 수 있다. 미국의 민주주의는 그동안 조직화된 노동계급과 군대를 포함하여 카르텔들과 권력집단들에 의해서 알아차릴 수 없게 넘어가 정부라는 것으로 변모되어왔으며, "대중"의 손에서 거의 빠져나가버렸다는 것을 인정해야만 한다. 그리하여 우리는 그 누구도 믿을 수 없는 그리고 우리로서는 무기력하여 끝낼 수 없을 것 같은 무서운 전쟁에 휘말려 있다. 우리는 흑인들이 "해방"되기는커녕 있을 수 있는 모든 방법으로 여전히 억압받고 있다는 것을 이해하게 되었다. 그리고 여사들은 자유권과 전체성을 위한 힘들고 고통스런 전쟁을 치러야만 한다는 것을 이제 우리는 점점 더 많이 의식하고 있다. 심지어 중산층의 소년소녀들마저 많은 수가 비행 청소년들이며, 그들이 여러 원천들 중에서 가장 골치 아픈 것인 마약에서 "각성"을 추구할 정도로 우리가 만들어놓은 기풍에 뭔가 너무도 부족한 것이 있다는 힘든 진실을 우리는 받아들여야만 한다. 우리는 우리의 공립학교들이 격분하고 굶주린 학생들에 의해서 물리적으로 파괴되는 것을 보아왔다. 그리고 그 모든 것들 중에서 가장 힘든 것으로서, 우리는 시몬 베유가 지금 있는 그대로의 세계의 끔찍한 것들에 대한 책임으로부터 신을 면제시켜주기 위해서는 우리는 신을 무한한 거리에 두어야만 할 것이라고 말할 때 아마도 그녀가 옳다는 것을 인정해야만 한다는 것이다.

경이로운 것은 그 모든 절망할 이유들에도 불구하고 계속해서 싸우는 용기 있는 사람들이 아직도 많다는 것이다.

메인 주로 떠나기 전날 밤 나는 5분 동안 CBS 방송을 보고 눈물을 흘렸다. 그 방송은 한 흑인, 야위고 열의에 찬 얼굴을 가진 아흔세 살의 노스캐롤라이나 출신의 한 벽돌공인 미스터 블랙에 관한 이야기였다. 미스터 블랙은 건축자재들과, 벽돌을 만들기 위해서 자기네 나라 흙을 이용하는 법을 배울 수 있는 **전문가적 의견**을 끔찍이도 필요로 하는 아프리카의 한 나라로 정부의 보조를 받아 날아갔다. 그는 그들에게 진흙을 파는 법, 틀을 만드는 법, 비용을 조금밖에 혹은 전혀 들이지 않고서 한 마을 전체를 세우는 법을 보여주었다. 이것만큼은 강국들 측에서 나온, 얼마나 상상력 있는 행동인가! 그리고 아주 늙은 사람인 그가 자신의 재능이 사용되는 것을 보는 것과, 자기가 함께 나누어야만 했던 것을 발견하는 것은 얼마나 놀라운 일인가! 나는 그것을 하나의 우화로 받아들였고, 그래서 울었다.

7월 8일

빌 브라운이 점심을 하러 오기로 되어 있었다. 그는 지난달로 양친을 모두 잃었는데, 사랑하는 아버지를 바로 며칠 전에 심장마비로 잃었던 것이다. 나는 그에 대해서 많은 것을 생각하고 있다. 이제는 나처럼 고아가 된 그를. 쉰 살에 고아? 이 단어가 튀어나온 것은 아버지가 돌아가셨을 때, 당시 80대였던 해리 그린으로부터 받았던 한 편지가 생각나서이다. 그 편지는 이렇게 시작된다. "이제 당신도 고아입니다." 방금 빌이 전화를 걸어왔는데, 몸이 아파서 올 수 없을 것 같다고 한다.

우리의 이야기가 끝날 무렵, 이제 아흔 살인 그의 아주머니 에이미 루미스가 나에게 이야기를 하자고 했다. 상을 당한 와중에서도 그녀는 내게 이야기를 들려주고 싶어했는데, 그 이야기인즉슨 인디베일에 있는 메리먼 부인 집에서 꽃을 따고 있던 내 어머니, 어머니가 손에 쥐고 있던 꽃들(거기에는 멋진 샐피글로시스[가짓과 식물/역주]가 있었던 것이 생각난다), 그리고 어머니가 그 꽃들을 들고 있던 모습에 관해서 자신이 간직하고 있는 생생한 추억들이라고 했다. 그녀다웠다. 메리먼 부인의 정원은 벨벳 같은 경사진 잔디밭의 한쪽 편에 있었고 단풍나무 잎사귀 같은 형태였는데, 일년초들과 다년초들이 있는 작은 화단들이 많이 있었다. 어머니는 아침 일찍 꽃을 따서 꽃꽂이하는 것을 얼마나 즐거워하셨던가! 물론 다른 사람이 풀을 뽑아주는 정원에서 나온 꽃들을 말이다.

매년 있었던 우리의 인터베일 방문은 커다란 축복이었다. 아버지와 어머니에게는, 그리닝즈 아일랜드가 내게 그렇게 되었던 것과 같이, 인터베일이 아주 대단한 곳이었다. 그 집은 널찍하게 형태를 갖춘 집이었고 보물들로 가득했는데, 그중 잠긴 한 캐비닛에는 진귀한 조가비들이 들어 있었다. 매일 오후 정각 네 시에 검은 옷을 입은 운전사 피어스 애로가 호수, 폭포 혹은 "절경"을 보는 짧은 드라이브를 시켜주려고 우리를 데리러 왔다. 네 시 반에는 메리먼 부인이 자기 지갑에서 작은 환약 상자를 꺼내어 내게 특별 대접으로, 정제된 맥아분유 알사탕을 주었다. 어느 여름엔가 나는 그녀가 호주머니에 넣고 다니도록, 수채화로 꽃 그림이 그려져 있는 자그마한 시 모음집을 만들면서 행복한 몇 시간을 보냈었다. 때때로 나는 그런 것을 하면서——내가 사랑하는 사람들을 위한 물건들을 만들면서——내 남은 생애 동안 다시는 책을 내지 않게 되기를 갈망한다.

7월 2일자 「뉴 스테이츠먼(*New Statesman*)」에 캐서린 맨스필드에 대해서 쓴 LM의 책에 대한 서평이 나와 있다. 마침내 여든세 살에, LM은 그녀의 이야기를 들려준 것이다. 이제까지 우리는 맨스필드의 일기들에 나타나 있는, 여러 부분들이 삭제되어 있는 이야기밖에 알지 못했다. 당연히, 머리는 진실이 알려지는 것을 몹시 원하지는 않았다. 그렇지만 그 일기들이 출판되었을 때조차도(머리가 편집했다), LM이 바나나들을 먹는 그 느린 모습에 대해서 괴로울 정도로 입을 다문 상태로 놓아두는 것은 불필요하게 잔인해 보였다. 콧(S. S. 코텔리안스키)은 언제나 그녀가 "좋은 여자", 그가 전적으로 좋게 생각하는 아주 얼마 안 되는 사람들 중의 한 사람이었다고 말하곤 했다.

클레어 톰린이 쓴 서평은 "아내의 이야기"라는 제목을 달고 있다. 그 마지막 부분은 이러하다.

캐서린을 돌봐줄 수 없는 머리와 전적으로 헌신적인 LM 사이를 오락가락하는 이 흔들림은 마지막까지, 즉 캐서린의 생애의 마지막 몇 주일 전까지 계속되었고, 그때서야 그녀는 그 둘로부터 물러났다. 그전까지는 사정이 이러했다. 머리는 전혀 캐서린을 돌볼 수 없었고, 그녀가 편안해지도록 —— 그녀는 대개 고통스러운 상태였고, 언제나 허약했다 —— 실제적인 일들을 준비해줄 수 없었고, 그녀를 충분히 사랑해줄 수조차 없었다. LM만이 돌봐주고, 사랑해주고, 먼지를 털어주고, 불을 지펴주고, 쇼핑을 해주고, 단추들을 달아주고, 아침 식사와 점심 식사를 차려주고, 캐서린이 어린아이처럼 내동댕이쳐 버린 재킷을 주워들고 그녀를 뒤쫓아 달렸다. 천재성과 병을 가진 그녀가 남편뿐만 아니라 "아내"를 필요로 했다는 것은 의심의 여지가 없다. 그리고 LM은 머리가 그녀의 남편이었던 것과 마찬가지로 진정으로 그녀의 아내였다. 그 보호적 본능들이 종종 K를 미쳐 격분하게 만드는 아내이기도 했지만, 그러나 그런 그녀에게 K는 1922년에 이렇게 썼다. "내 쪽에서의 표시들이 없다고 하더라도 내가 당신을 사랑하고 당신을 내 아내로 원한다는 것을 믿으려고 애쓰고, 계속 믿어요." 그녀가 없었더라면 캐서린 맨스필드는 그녀가 썼던 그것들조차도 쓸 수 없었을 것이다. 코텔리안스키는 LM을 캐서린의 "유일무이한 친구"라고 불렀다. 어떤 면에서 캐서린은 LM으로 인해서 작품을 쓰고 사랑을 하고픈 갈망으로 불타는 한 여자가 필요로 하는 두 삶을—— 둘 다 짧기는 했지만—— 살 수 있다. 젊은 시절의 열정으로부터 시작해서 많은 시련들과 싸움들을 거쳐 마지막으로 서로를 받아들이기까지의 이 범상치 않은 우정의 행로를 우리가 추적할 수 있게 해주면서, 미스 베이커는 자신의 친구를 위한 봉사를 계속해 온 것이다.

당연히 큰 물음은 어째서 "어머니"라는 단어가 아닌 "아내"라는 단어인가 하는 것이다. LM은 사실 "어머니" 역할을 했지만, 그러나 그것은 어머니와는 다른 종류의 사랑으로부터 나온 것이었고, 확실히 그녀에 대한 캐서린의 감정은 양면적인 것이었다. 콧이 늘 지적하는 점은 LM은 종종 노예처럼 행동했고 노예 같은 취급을 당했지만, 그러나 결코 노예가 되지는 않았다는 것이다. 그녀는 자신의 위엄과 자신의 전체성과 자신의 사랑을 고스란히 지켰고, 그것은 작은 재주가 아니다.

아마도 진실은 머리가 어머니를 필요로 했다는 것일 것이다. 그는 기질적으로 KM이 필요로 하는 간호사가 될 수 없었고, 그녀가 간호사를 필요로 하게 되고 더 이상 어머니 역할을 할 수 없게 되자마자 그들의 결혼은 깨지기 시작했다. 그러므로 그 트리오 안에서 모든 역할들이 바뀌게 된 것이다. 머리는 KM이 충분히 연인을 가질 수 있을 만큼 몸이 좋았을 때 연인이 되었고 그리고 LM은 아내를 필요로 하는, 캐서린 내부의 창조자의 아내가 되었다. 전문직 여성들은 아내를 필요로 하고 그리고 많은 사람들이 그 사실에 대해서 농담을 해왔다. 그리고 우리는 그것이 효과가 있는 듯이 보이는 동성애 관계의 실례들을 보아왔다. 거트루드 스타인(1874-1946, 미국 여류 작가/역주)과 앨리스 B. 토클러스가 마음에 떠오른다. 그러나 한 전문직 여자의 여자 아내는 임칭니게 비이기적이어야 하고 그러면서도 자신의 위엄을 지키기 위한 강한 에고를 가져야 하는데, 토클러스는 거트루드 스타인의 죽음 이후에야 비로소 한 사람으로서의 자기 몫을 정말로 얻게 되었다.

7월 10일

어제는 너무도 피곤함을 느껴서 어떤 것도 해치우지 못했다. 어제는 비를 기다리는 긴장이 흐르는, 구름장들이 드리워진, 덥고 습한 날이었다. 그러나 구름들은 마침내 흘러가버렸고 그래서 결국에는 나 자신이 정원에 물을 주어야만 했다. 사물들이 끔찍이도 메말라 있다. 그런데도 정원은 우거지고, 다시 눈부시게 아름다워져 있다. 끝이 푸른색에 커다랗고 뾰족한 참제비고깔과 흰나리들도 피어 있고, 환한 연푸른색 또는 보라색의 아이리스들도 여기저기 피어 있다. 헛간 근처 아이리스를 위한 둥근 화단은 내가 그리닝즈 아일랜드에서 가지고 왔던, 테두리가 붉고 푸르스름한 양귀비의 씨들을 뿌린 곳이기도 하다.

ALT는 그 씨들이 한 새가 부리로 물어 그곳에 가져온 것이라고 생각한다. 그것들을 이곳에 붙잡아둘 수 있도록 용케 그 씨들을 얻을 수 있었던 것은 이번이 처음이다. 그것은 흥미진진한 사건이다. 나는 그 섬에서 말고는 그 꽃을 전에는 어디에서도 보지 못했기 때문이다. 요즘은 장미들이 풍성한 무리를 이루어 여기저기서 떨어진다.

침울해져 있는 그런 때에는, 어제 같은 텅 빈 날이 에너지를 재충전시켜주는 어떤 일을 할 수 있는지 의식하지 못한다. 처음에는 메말라버린 샘처럼 완전한 녹아웃이고, 그러다가 그 다음 날에는 갑작스런 에너지의 분출이 있는 것이다. 오늘 나는 중심이 잡혀 있고 힘차고 행복한 기분이고, 오랫동안 마음에 걸려 있던 몇몇 편지들을 썼을 뿐만 아니라 새로운 책에 들어갈 시들을 전부 읽었다. 그 책은 정말 잘될 것이라는 그리고 특별히「한 알의 겨자 씨앗이」와는 완전히 대조되는 것이 될 것이라는 생각이 든다. 이 책은 대부분이 연시(戀詩)들인, 꽃, 나무, 꽃과 나뭇잎 위의 빛과 그림자의 이미지들로 가득한, 꽃 같은 책이다.

어떤 날들은 얕은 종류의 긴장들이 모여든다. 어제는 모든 기계들이 돌아가려고 들지를 않는 날이었다. 자동차가 고장이 났고, 그 다음에는 (결정적으로 견딜 수 없게 만든 것!) 뉴스를 보려고 텔레비전을 켰을 때 텔레비전이 작동되지 않았다. 그 텔레비전은 13년이나 묵은 것이었는데 그동안 제 구실을 잘해왔다. 나는 충동적으로 킨으로 달려가 새 텔레비전을 샀다. 그 텔레비전을 켜자 루이 암스트롱 추모식이 방송되고 있었다. 나는 무엇을 준다고 해도 트럼펫으로 연주하는 "세인트 루이 블루스"를 놓지시는 잃있을 것이다. 그한테는 뭔가 빛나는 것이 있었다. 어떤 진귀한 것, 진정한 기쁨. 그것은 어떤 종류의 예술가들 사이에서는 지극히 드물어져가는 어떤 것이다. 그리고 나는 그것을 전해줄 수 있고 전하는 그런 사람들은 언제나 힘든 시간을 가졌던 사람들이라고 생각한다. 그때 그 기쁨은 그 안에 아무런 으쓱거림도, 독선도 없으며, 물리치는 것이 아니라 끌어들이는 것이며, 기도에 가까운 것이 된다.

7월 26일

마지막으로 일기를 적은 지 두 주일. 그동안 며칠은 쉬고 그 다음에는 손님들이 오거나 아니면 내가 떠나 있거나 했다. 가뭄은 계속되지만 정원은 무성하다. 내가 여섯 시에 일어나 한 시간 동안 물을 줄 수 있을 때는 특히 그렇다. 물을 주면 뿌리가 얕은 일년초들은 크게 달라진다. 지금은 셜리 포피들의 시절이다. 매일 아침 나는 밖에 나가서 조금씩은 다 다른, 하얀색, 분홍색, 붉은색의 꽃이 핀 싱싱한 셜리 포피들을 열두어 송이가

량 꺾는데, 그 투명한 꽃잎들은 내가 여태껏 본 가장 아름다운 것들 중의 하나이고, 그 떨어진 꽃잎들을 만져보면 비단결 같다. 대부분의 꽃들이 광택이 없어지고 정원이 정글로 변해가는 이런 철에는 그것들의 섬세한 아름다움은 기쁨이다. 또한 피고 있는 나리들도 있다. 커다란 분홍빛 나리 한 송이가 약간 연한 분홍빛 풀협죽도와 커다란 푸른색 엉겅퀴들과 함께 여기 벽난로 선반 위에 놓여 있다. 부엌 아래 화단 가장자리에 있는 모든 풀협죽도들과 모든 과꽃들을 마멋들이 또다시 먹어치웠다.

바닷가에서 X와 함께 일주일을 지내고 돌아왔다. 그곳에서 나는 나무, 그늘 그리고 넬슨의 특별한 것들에 절대적으로 굶주려 있었고, 요즈음 모든 진짜 "해변지대"에서 보이는 대로의 그 부유한 사회에── X가 그곳에 그 집을 산 이후 서글프게 변해버렸다 ── 정나미가 떨어졌다. 그곳은 화가 크노케를 떠올리게 했다. 해안가 늪들 너머의 묵화 같은 하늘, 사구(砂丘)들과 넓은 모래톱, 파라솔들 그리고 옛부터 있어온 장난인 모래성을 쌓는 일을 하다가 양동이로 바다에서 물을 담아 가지고 올라와 그 모래벽들을 가라앉히고, 그리고 (이것은 내가 잊고 있었던 것이다) 서로를 모래 속에 파묻어주는 아이들. 이것은 꽤 무서운 이미지인데, 아이의 머리만 남아 있고, 그 몸은 그 무거운 무게에 짓눌려 꼼짝도 하지 못하는 것이다.

그것은 하나의 차원에서는 진짜 휴가였지만, 깊은 차원에서는 좀 괴롭고 실망스러운 휴가였다. 이 일기는 거의 1년 전인 9월에 시작되어, 내가 이야기하고 싶지 않은 것이 무엇이었든지 간에, 나와 X와의 관계의 부단한 쇠락을 기록해왔다.

8월 3일

어머니의 생일. 내가 어머니에 대해서 쓸 수 없다는 혹은 아주 조금밖에 쓸 수 없다는 것은 이상한 일이다. 어머니에 대해서 쓰려고 해보았을 때 고통이 그것을 방해했다. 그래서 나는 어머니의 생생한 우아한 모습을, 어머니의 웃음소리를(우리는 눈물이 뺨을 타고 흘러내릴 때까지 함께 웃곤 했다) 그리고 70대가 되어서도 저녁에 먹을 생선을 사러 가는 길일 뿐인데도 마치 중대한 목적지를 향해서 가는 길인 양 걷는 빠르고 힘이 들어간 그 걸음걸이를 기억해내고 전달하는 것에 실패했다. 어머니는 내가 알았던 그 누구보다도 삶을 음미한 사람이었다. 그것은 어머니가 놀라움을 가지고 그리고 빈틈없는, 완전한 주의력을 가지고 그 모든 것 —— 꽃, 도자기 꽃병, 우리의 아름다운 고양이 클라우디, 혹은 정원에서 서로 마주 앉아 의식(儀式)처럼 차 한 잔을 함께 할 때의 조지 사튼 —— 을 바라보는 그 모습에서 볼 수 있었다. 사람들은 따뜻한 빛 쪽으로 향하듯이 어머니에게로 향했다. 따뜻하고 밝고, 결코 센티멘털하지 않은 어머니에게로. 그녀는 정치적으로는 급진적이었고, 거리낌이 없었고, 쉽게 화를 내거나 기분이 고양되었고, 지극히 용감했다. 단 한 번이라도 나의 어머니를 만났던 사람들은 마치 그것이 기억할 만한 일이라는 듯 어머니를 생생하게 기억한다. 엘리너 블레어는 종종 그들이 처음 만났을 때를 내게 되살려주곤 한다. 그때 어머니는 한 다발의 꽃을 들고 계단을 달려내려와 그녀를 맞이했던 것이다. 그것은 내가 어머니에게 그날이 엘리너의 생일이라고 말해주었기 때문이었다. 그리고 어머니를 개인적으로 알지 못하는 사람들까지도 종종, 어머니가 벨가트 회사에서 디자인한 그 매혹적인 수가 놓인 드레스들을 영원히 간직했다. 에메랄드 그린색, 오렌지색, 분홍색, 붉은색, 파란색, 그 환한 색깔들은 아직도 빛을 내고 있다. 똑같은 식으로 어머니의 편지들 또한 간직되었다.……어머니의 죽음 이후 지난 몇 년간 얼마나 많은 작은 꾸러미들이 내게 보내졌던가!

이 모든 것이 평생 건강이 좋지 않았던 그리고 두 번이나 전격적으로 이주해야 했던 한 여자의 생명력을 고양시켜주는 빛나는 측면이었다. 처음에는 영국에서 벨기에로, 그곳에서 아버지와 결혼했고, 그 다음에는 벨기에에서 미국으로, 우리는 1916년에 피난민으로서 이곳에 왔던 것이다. 친구를 사귀는 그 재능에도 불구하고, 두 번째의 이주 이후에는 어떤 깊은 거리낌 때문에 친한 친구들을 사귀지 못했다는 것이 어머니의 비극이었다. 깊은 우물들로부터 나오는 물을 마시기 위해서 어머니는 유럽으로 되돌아가야만 했다. 앤 소프만이 유일한 예외였다. 그러므로 벨기에, 스위스, 프랑스로부터 그리고 그곳들로 왔다 갔다 하는 긴 편지들이 정말로 구명 밧줄이었다. 나의 어머니는 미국에서 이고 유랑자로 남아 있었다.

어머니는 천성적으로 주는 것에 아낌없는 사람이었지만, 아주 만년까지도 아슬아슬한 가난의 단단한 고삐를 꽉 잡고 있었다. 아버지는 돈 문제에 관해서는 전형적인 부르주아 벨기에인이어서, 오랜 세월 동안 어머니는 아버지가 얼마나 버는지를 알지 못했다. 아버지는 결코 충분하지 않은 다달의 생활비를 인색하게 내놓았고, 어머니와 돈 문제를 이야기하려고 들지 않았다. 그러므로 가르쳐서 또 벨가트에서 디자인을 해서 돈을 번 것은 어머니였고, 그 돈으로 나는 캠프에도 가고 학교도 끝마칠 수 있었다. 그 돈으로 수없이 많은 필수품들과 사치품들을 구입했으며, 그리고 우연히 어머니의 관심에 들어왔던 피렌체에 사는 한 백러시아 가족이 먹고 사는 것을 돕는 데에 필요했던 "작은 여분"이 마련되었다. 애초부터 돈이 이 결혼생활을 망치는 상처였다. 나는 나 자신이 그런 결혼생활로부터, 청구서들로 인한 어머니의 잠 못 드는 밤들의 불안에 대해서 너무 많이 아는 것으로부터 고통받았기 때문에, 스스로가 돈에 대해서 아주 무책임하게(적어도 내 아버지의 기준에 의하면) 된 것이 아닐까 하고 생각한다. 나는 음식이 그러하듯이 돈이 나 자신을 통해서 흘러나가 버는 대로 쓰여, 꽃들로 책들로 그리고 아름다운 물건들로 변하고, 창조하는 사람들 혹은 궁핍한 사람들에게 주어져야만 하며, 돈이라는 것──이런저런 종류의 더 많은 생명과 반대되는 것──으로서 말고는 결코 계산되지 말아야 한다고 믿는다. 돈은 변환될 수 있는 것, 묵혀두지 말아야 하는 것으로 남아 있어야 한다. 아마도 나는 그것에 대해서 너무 많이 이야기하는 것인지도 모르겠다. 섹스에 대해서 억제하도록 교육받고 자란 사람이 해방의 표시로 음란한 농담들을 지껄이는 것처럼.

기온은 섭씨 21도와 26도 사이, 축축하고 녹녹한 열대성 날씨가 계속 이어진다. 글을 쓸 때 습기 때문에 선풍기를 계속 틀어야만 한다. 오늘 X가 올 것이고 그래서 나는 함께 내 고무보트로 수영을 하러 갈 수 있기를 바랐는데 애석한 일이다. 나는 결코 혼자 수영하지 않는다. 보트를 가지고 호수들 중의 하나를 향해서 떠나는 것은 휴가 기분이다.

오늘은 아주 꽉 짜인 기분이 아니라 좀 헐렁하다. 최근에는 아주 게으르다! 왜 휴일이면 안 되나? 하지만 나는 집안 일밖에 할 것이 없으면 결코 아무런 성취감도 얻지를 못하는데, 그것은 부분적으로는 집안 일은 결코 한 번에 "되지" 않기 때문이다. 최근에 나는 그런 잡일들을 뚫고 지나서 진짜 일들로 가기 위해서 언제나 달리고 있는 듯이 보인다.

8월 4일

펀지가 죽었다. 헛간 곁의 하얀 장미 덤불 아래 방금 그를 묻었다.

그가 나의 유쾌한 친구가 된 지 2년 반, 2월 어느 날 그를 한 싸구려 잡화점에서 데려온 후부터였다. 그를 데려온 것은 집에 어떤 존재가 있어야만 한다는 기분에서였다. 고양이들이 겨울에 케임브리지의 주디 집에 가서 지내는 동안 집이 너무 외로웠던 것이다. 펀치는 내가 일어나야 할 이유가 되었다. 그는 뚜껑을 벗겨주면 아주 즐거워했고, 기쁜 비명 소리들로 낮의 햇빛을 반겼으며, 단번에 창문 턱으로 날아갔다가, 내가 창문에 붙여둔 거울을 보며 제 모습에 감탄할 수 있는 새장 밖의 횃대로 내려가 앉았다.

그런데 몇 주일 동안 그의 한쪽 눈 위에 종양이 나 있었다. 수의사를 네 번 방문했다. 매번 내 손에서 파닥거리는 그를 안고 있는 동안 그 종양을 잘라냈다. 매번 나는 그가 회복할 것이라는 확신이 들었다. 그러나 오늘 오전의 그 끔찍한 피투성이의 수술 뒤에, 그는 운반용 새장 안에 누운 채, 집에 돌아왔을 때는 죽어 있었다.

이제 나는 그를 묻었고, 새장과 그의 장난감들을 다락방에

치워버렸다. 아늑한 방의 그 한쪽 모퉁이가 끔찍이도 텅 비어 보인다. 그가 얼마나 많은 분위기를 차지하고 있었던가.……
내 손보다도 작은 것이 내가 지나칠 때면 머리를 갸웃거리고, 저녁에 내가 뉴스를 볼 때면 저 혼자 즐겁게 옹알거리고, 그렇게 자족적이고 쾌활하고 대담했는데……! 맨 처음 수의사에게 데려갔을 때는 주사를 한 방 맞고는 한쪽 다리를 절게 되어 횃대에 앉지를 못했다. 그날 오전 내내 새장을 기어올라가다 도로 떨어지고, 또 기어올라가다 도로 떨어지곤 했다. 밀드리드와 나는 그를 도와줄 수 없는 무력감에 진땀을 흘렸다. 두 시간 반 동안 그 고통스런 안간힘을 쓴 뒤에 그는 마침내 해냈다! 이렇게 큰 슬픔을 느끼는 것은 터무니없는 일이 아니다. 나는 망했다. 그는 그렇게 많은 기쁨을 주었던 것이다.

8월 9일

요즈음, 날들이 빨리 지나간다. 매리언 해밀턴이 이곳에 와 있는데, 그러나 내가 잊어버리기 전에 사로잡아두어야만 할 것들이 있다. 지난 며칠 전서부터 이 철마다 있는 큰일들 중의 하나가 벌어지고 있다. 워너 가족이 이곳에 와서 큰 초원의 풀을 베고 있는 것이다. 맨 처음 온 사람은 건초기를 뒤에 단, 흔들거리는 낡은 트럭을 타고 온 헬렌이었는데, 무늬 없는 무명 드레스를 입은 모습이 멋있어 보였다. 조금 있다가 우리는 센터 폰드 로드에서 말발굽 소리를 들었다. 4.8킬로미터는 족히 되는 길을 버드가 매일 두 마리의 농장 말을 데리고 오는 것이다. 그의 큰 걸음걸이는 말들의 걸음걸이와 어울렸는데, 그는 말고삐를 단단히 쥐고 있어서, 그 효과는 두 마리의 커다란 짐승 뒤에서 굳건하게 걷고 있는 한 작은 남자의 힘줄 불거진 억제력을 그린, 하나의 프리즈(frieze)이다. 나의 친구들인 워너 가족은 해마다 와서, 그동안 황야로 변해버린 것을 한참 아래 들판 끝 줄지어선 단풍나무들 있는 곳까지 널찍한 정돈된 풍경으로 도로 바꿔준다. 그것은 키가 큰 풀들 아래 화강암 바위들이 여기저기 흩뿌려져 있기 때문에 힘들고 까다로운 작업이다. 올해 그들은 11개의 말벌 집들을 캐냈는데, 그것은 정말 위험한 일이다. 천만다행으로, 지금까지는 말들 중의 한 마리만 제외하고는 누구도 말벌에 쏘이지 않았다. 벌들은 순서대로 오므로, 올해는 말벌의 해일 것이라는 짐작이 든다.

버드가 들판을 오르락내리락 하며 자주 말들을 쉬게 하면서 건초를 먼저 큼직큼직한 무더기로 베어놓는데, 그럴 때면 사람과 짐승이 완벽한 조화를 이룬다. 그 다음에는 헬렌 아니면 도리스(풀 베는 트리오 중의 세 번째 멤버)가 높은 의자 위에 앉아 풀들을 긁어모으는 일에 달려들어 지렛대를 당길 때쯤이면 한 바퀴 도는 것이 끝나고 엄청난 양의 베어낸 풀들이 모아 올려져 트럭 위에 떨어지는 것이다. 첫날 저녁에 그들은 두 트럭 분을 헛간에 들여놓았다. 키 큰 헬렌이 1톤쯤 되어 보이는 것을 갈퀴로 휘둘러대는 모습은 아름다워 보인다.

대작업이 끝난 뒤에도 아직 낫으로 베는 일이 남아 있다. 그것은 바위들과 나무들의 둘레를 따라서 그리고 돌담들을 따라서 풀들을 섬세하고 정확하게 베어내는 작업이다. 골든로드, 블랙-아이드 수잔(노랑데이지의 일종. 꽃 가운데가 검음. 메릴랜드 주의 주화/역주), 키 큰 풀들로 이루어진 들쭉날쭉한 선이 느릿느릿 베어져나가면서 모든 것이 공중에 드러나고 단정해진다. 낫을 들고 있는 버드와 카오스로부터 다시금 형태가 나타나는 이런 느린 리듬을 나는 결코 지치는 법 없이 바라본다. 그 꽃들이 없어지는 것을 보기는 싫지만, 그러나 이 무더운 8월의 날들에는 숨 트이는 공간을 가져야 할 필요성이 무엇보다 먼저이다.

정오에는 내가 얼음을 띄운 차 주전자와 과자들을 내간다. 말들은 파리들을 쫓느라 그 흐르는 듯한 긴 꼬리를 앞뒤로 휙휙 움직이면서 그늘에서 쉬고 있고, 워너 가족이 그 곁 풀밭에서 점심을 먹고 있는 것이 보기 좋다.

그 일을 기계로 했더라면 어땠을까 생각해보면 그에 비해 이 모든 것이 얼마나 조용한가 —— 조용하고 그리고 모든 동작이 아름답다! 나는 풀을 베는 요즘의 날들이 가져다주는 그 모든 부드러운 소리들에 대해서 생각해본다. 화가 나거나 마음이 급해져서 높이 올라가는 법이라고는 결코 없는 워너 가족의 음성, 말발굽 소리, 낫의 속삭임, 낡은 트럭의 덜컹거림. "다정하고 특별한 시골 풍경"—— 내가 죽은 뒤 혹은 그전에조차 보지 못할 것을 마지막으로 보다니 나는 운이 좋다. 그런 일을 그렇게, 기준은 아주 높고 일은 아주 까다로운 식으로 하는 기술이나 인내심이나 조심성을 요즘 누가 가지고 있겠는가?

8월 16일

몇 주일 동안이나 이야기할 만한 것이 아무것도 없었는데 이 일기를 계속한다는 것은 좀 웃기는 일이다! 여름은 어디로 갔는가? 이틀인가 사흘 전에 그 변화가 일어났다. 그 햇빛의 변화, 가을이 막 모퉁이에 와 있음을 말해주는 그 갑작스런 서늘함과 청명함. 정원은 허름하게 보이고 아주 멋진 몇몇 나리꽃들—— 예를 들면 크림슨 엠퍼러—— 만이 예외이다. 일어났을 때 로버트 프로스트의 시가 내 머릿속에서 울렸다. 그 시는 이렇게 끝난다.

> 나는 시간에게 모든 것을 줄 수 있었지, 다만
> 나 자신이 소유해온 것들만 빼고. 하지만 세관원들이
> 잠든 동안 내가 안전지대로 가지고 건너갔던 반입금지 물품들을

뭐하러 신고하겠는가? 나는 거기에 가 있는 것이다.
내가 단념하지 않을 것들을 나는 간직해왔다.

오직 단 한 가지 진짜 박탈이 있다고, 오늘 아침에 결정을 내렸는데, 그것은 자신이 가장 사랑하는 사람들에게 자신의 선물을 줄 수 없다는 것이다. X가 뒤로 움츠러들었던 것 같은 그 달에 가장 처리하기 어려웠던 것은 나의 시 낭독을 들어주는 것이 더 이상 아주 큰 의미가 없다는 나의 감정이었다. 주어질 수 없는 채 내부로 향한 선물은 무거운 짐으로 변하고, 심지어 때로는 일종의 독약으로 변한다. 생명의 흐름이 막혀버린 것 같았다.

매리언 해밀턴과 나는 서로 다른 종류의 두 가지 큰 사건이 있었던 한껏 풍요로운 한 주일을 함께 보냈다. 우리는 내가 1-2년 후에 옮겨갈 작정인 집을 보기 위해서 메인 주로 갔다. 이제 겨우 두 번째로 그 집을 본 것이었는데, 처음 본 것은 4월의 어느 차가운 잿빛 아침이었다. 이 두 번째 방문은 너무 덥지 않은, 밝은 여름 날이었고, 숲에서 나와서 본, 물결치는 황금색 들판은 숨이 막힐 듯이 아름다웠다. 풀이 많이 난 길들이 그 들판을 지나 그 아래에 있는 빛나는 푸른색의 눈부신 바다로 이어져 있었다. 그토록 탁 트이고 웅장한 풍경!

일꾼들이 있어서 모든 창문들이 열려 있었고, 그래서 그 집

자체가 우리를 반겼다. 빈 방들을 돌아다니면서 이곳에서 행복하게 살 수 있겠다는 기분이 들었다. 이번에는 서재를 3층에 만들어야겠다고 결정했으므로 특히 그러했다. 처음 왔을 때 나는 어딘가 몸을 웅크릴 만한 은신처를 찾으려고 애쓰는 고양이처럼 돌아다녔던 것이다. 꼭대기 층에 장식 판자를 붙인 처마 달린 방 말고는 어떤 것도 서재로 알맞지 않다.

두 번째 사건은 즐거운 모임이었다. 알파인 그로브에서 열린 힐즈버러 카운티 민주당 야유회. 그곳에 서 있던 키 큰 전나무들, 그 밑의 가대(架臺) 식탁들 그리고 그 너머의 탁 트인 들판. 맥거번, 버치 베이, 잭슨이 모두 연사들로 예고되어 있었다. 우리는 로리 암스트롱을 함께 데려갔는데, 우리 셋 모두 그 민주적 절차에 감동받았다. 행사 전체가 비공식적이고 인간적이었으며, 연사들은 사람들 사이에(연단이라는 것이 없었다) 서 있다가 나가면서 테이블들에 앉아 있는 사람들과 이야기를 했다. 어떤 한 사람의 특징을 텔레비전보다는 이런 환경에서 훨씬 더 올바로 알아차릴 수 있다는 것에 나는 놀랐다. 나는 버치 베이가 선전 "기사"를 위해서 동물들과 아이들에게 진지하게 이야기를 걸면서 얼마나 기자들과 사진사들을 의식하고 있는가를 보고서 그를 별 볼일 없는 사람으로 치부해버렸다. 연설이 힘 있고 유머러스하고 인정사정없었던 맥거번은 사람들이 그에게 다가와 묻거나 이야기하는 것을 듣기를 좋아하는 것이 분명했다. 그는 진짜배기인 것으로 보였다. 다른 두 사람은 그렇지 않았다. 잭슨은 존 케네디 덕을 보고 있다. 그는 자그마한 계산적인 눈을 가지고 있다.

8월 27일

피로라고 무시했던 것이 바이러스 감염이었다는 것을 마침내 인정하지 않을 수 없었다. 지난 며칠간 항생제를 먹고 아주 저조하고 침울했는데, 항생제는 내 폐렴을 낫게 해줄 수도 있지만 그만큼 확실하게 기운을 떨어뜨리는 작용도 할 수 있기 때문이었다. 너무도 오랫동안 이번 주일——아주 오랜만에 손님이 한 사람도 없는 주일——을 기다려왔기 때문에 작업을 할 수 없다는 것이 나를 분노로 가득 채운다. 정원은 저곳에 기다리고 있는데, 나는 내다보기가 싫다. 거기에는 해주어야만 할 일들이 너무도 많기 때문이다. 모든 것들이 너무 우거졌다. 모든 것들을 쳐내줄 필요가 있다. 아이리스는 잘라내어 떼어버려야 한다. 들고양이 가족——새끼 고양이 표본들 같은(한 마리는 호랑이 무늬, 한 마리는 검은색, 한 마리는 얼룩이, 한 마리는 마멀레이드 빛깔) 네 마리의 새끼와 어미——은 뭐든지 먹어치운다. 지금은 이곳이 무거운 짐처럼 마음에 걸려, 문을 잠가버리고는 거의 아무 데로든 심지어 호텔로라도 살짝 달아나,

바닥을 쓸고 식사를 준비하는 책임에서 벗어나기를 바라는 그런 때이다. 모든 것이 끔찍이도 메말라 있다. 오늘은 드디어 비가 올 것 같다. 잿빛 하늘이 반갑다.

어제는 C로부터 놀라운 편지를 받았는데, 그녀는 두 달 전부터 프로방스에 있는 그녀의 농가에서 혼자 지내고 있다 가장 깊고 가장 유익한 의미에서의 종교가 주는 의지할 거리들을 포함해서 무한히 많은 의지할 것들을 가진 그녀마저 고독에 대해서 이런 말을 하는 것을 읽고서 나는 조금 안심이 되었다.

커다란 고독에 대한 내 체험은 그것의 특성이 불안정하다는 것입니다. 때로는 고양시키고 강하게 만들어주고 그러다가 곧 쓰러뜨리고, 굶주림과 목마름의 상태 속으로, 결코 일어나지 않을 것에 대한 지속적인 기다림 속으로 던져넣지요.……그리고 자기 혼자만을 위해서 하는 일이란 얼마나 따분한 일인지요! 무엇보다도, 식사를 준비해서 혼자 먹는다는 것은! 그 고독의 정도를 정확히 해보기로 하지요. 이곳에서 사는 농부의 아내가 한 달 동안 요양소로 가서 지냈지요. 그녀의 남편은 종일 이곳에서 멀리 떨어진 곳에서 일했어요. 내게는 전화도 없고, 운송수단도 없어요. 언덕 기슭에 살던 친절했던 이웃 사람은 죽었고, 역시 친절했던 젊은 농부 부부는 몇 킬로미터 떨어진 마을로 이사 갔으니까요. 나는 "사고들을 생각하는" 버릇, 내가 사고를 당하면 도움을 받지 못할 것이라는 확신으로서 고독을 느끼는 버릇이 붙었고, 그 때문에 우리가 지어낸 것들의 덧없음을 내게 보여주는 수많은 실례들이 닥쳐오는 것이죠.

이 편지가 내게 큰 힘이 되는 까닭은 나 자신이 이곳에서 아플 때면 언제나 저버려진 듯한 기분이 되기 때문이다(물론 내게는 전화도 있고 공유지 건너편에 사랑하는 밀드리드도 있지만). 나는 가족이 없는 사람은 적당히 아플 때조차도 정말로 병원에 가야 한다는 것을 오래 전에 배웠다. 짧은 시간 동안이라도 나를 누워 있게 만들었던 어떤 병이든 입원을 필요로 하는 병이었을 것이다. 도움은 없지만, 그러나 그것이 그러하다는 사실이 나는 언제나 놀랍다. 그것은 부분적으로는, 병든다는 것이 실제의 시간과는 아무런 관련도 없기 때문이다. 내가 아무것도 하지 못한 채 누워 뒹굴 수밖에 없었던 때는 딱 하루뿐이었는데, 그때는 독서마저 즐거움이 되지 못했고, 텔레비전을 보면 눈이 쑤셨고……그러나 그날은 영원할 것같이 느껴지는 날이었다.

C는 여든이 넘었고, 그녀가 묘사하는 그 고독의 정도는 내가 이곳에서 체험했던 것보다 훨씬 더 심한 것이다. 나는 언제든 차를 몰고 어디론가 갈 수 있다. 전화도 있다. 해니얼 롱이 한 시에서 "우리의 부서지기 쉬운 큰 도시들"에 대해서 이야기하듯이 말이다.

계속 살아가기 위해서 나는 그때를 되살릴 수 있었다.
다만 전화들을 앞에 두고서만이라도
우리가 불빛들이 되어 서로를 찾고 그리고 다른 불빛들,
말하고 있는 보이지 않는 사람들로부터 응답을 받았던 때를.

그리고 텔레비전에 나오는 저녁 뉴스가 없다면, 나는 무엇을 할까? 나 자신이 무엇이 일어나고 있는가에 대해서 열렬한 관심이 있을 뿐만 아니라, 마찬가지로 여기서 하루 종일 혼자 있다 보면, 이 집으로 사람의 얼굴들이 들어오는 것이 꼭 필요한 일처럼 보인다.

고독이 하나의 도전이며 그 안에서 균형을 유지하는 것은 위태로운 일이라는 것은 분명하다. 그러나 내게는 사람들과, 심지어 사랑하는 한 사람과도 얼마만큼의 시간이든 고독 없이 함께 지낸다는 것은 훨씬 더 안 좋은 일이라는 것을 잊지 말아야 한다. 나는 내 중심을 잃어버리는 것이다. 나는 흐트러지고, 조각나서 흩뿌려져 있는 것 같은 기분이 된다. 어떠한 사건이든 그것에 대해서 곰곰이 생각해보고, 그것의 즙액을, 그 에센스를 추출해내고, 그 결과로서 정말로 내게 일어난 것이 무엇인가를 이해하기 위해서 나는 혼자만의 시간을 가져야 한다.

매리언이 떠난 뒤, 앤 우드슨이 이곳에 와서 며칠 지냈는데, 우리의 깊어가는 우정에 대한 좋은 테스트가 되었다. 그것은

우리가 함께 체험하는 일종의 휴식, 즉 자양분을 주는, 긴장 없음이었다. 앤이 큰 방에 이젤을 세워놓고 그림을 그리는 동안 나는 시를 고치는 작업을 했다. 우리는 식사를 하기 위해서 그리고 포치에서 조용하게 이야기를 나누기 위해서 만났고, 일찍 잠자리에 들었는데, 그것으로써 우리가 아주 행복하게 많은 결실을 맺으며 나란히 함께 살 수 있다는 것이 입증되었다.

 좋은 시간이었다. 그것이 끝나는 날에 우리는 차를 몰고 메인 주로 가서 바위 많은 해변에서 그곳에서의 최초의 소풍을 함께했다. 메리 리가 바닷가재와 샐러드와 포도주를 가져왔다. 나는 다시 2년 뒤에 내 옆에 펼쳐질 풍경에 대한 기쁨으로 흥분된 기분이었다. 매번 그 집을 볼 때마다 그 집을 "길들여" 내 것으로 만들 수 있다는 기분을 더 많이 느끼게 된다. 내가 겁을 내는 유일한 이유는 그 집이 한 늙은 너구리에게는 좀 크다는 점이다. 그것이 내 기질을 얼마나 많이 바꿔줄 것인가는 체험해보아야 알겠지만, 그러나 적어도(순전히 세속적인 차원에서) 물건들을 치워버릴 공간──그것이 넬슨에서는 가장 모자라는 것이다──이 생긴다는 것은 멋진 일일 것이다. 그러나 그것 못지않게 중요한 것은 물론 트인 바다로 이어지는 그 황금색 초원 아래로의 기막힌 풍경이다. 그것에 대해서 생각하면 기분이 고양된다.

8월 29일

폭풍이 지나간 뒤 정원에 가보는 것은 얼마나 즐거운 일인가! 작은 태풍의 꼬리 끝이 스쳐갔고, 약 70밀리미터가량의 비가 내렸다. 온 세상이 맑고 싱싱하게 느껴진다. 물론 정원이 두드려맞기는 했지만, 내가 한 시간쯤 시간을 내어 나가서 막대를 받쳐주면 되살아나지 못할 것이 아무것도 없다. 오늘 아침에는 집에 꽂아놓을 백일홍과 코스모스를 꺾었다.

항생제가 효과가 있었다. 몸이 훨씬 나아졌다. 에너지가 도로 흘러들어온다. 그러나 아직은 한 편의 시(詩) 속으로 흘러들어갈 만한 그런 것은 아니다. 하지만 나는 줄줄이 이어지는 방문객들을 즐기고 있다. 어제는 점심과 저녁을 하러 온 사람들이 있었고, 한 친구가 일요일에 와서 저녁 식사를 할 것이다. 심지어 어제는 은식기들까지 닦았다.

내가 얼마 동안 편지 왕래를 해오고 있는 사람들 중의 한 명과 함께, 두 명의 젊은 남자들이 점심을 함께 하려고 왔다. T와 J는 한 아름의 꽃과 두 장의 레코드를 가지고 도착했고, 우리는 한참 동안 이야기를 나누다가 점심 때가 되어 그들이 나를 데리고 나갔다. 그것은 내가 음식 때문에 소란을 피우는 일 없이 함께 불가에 앉아서 이야기할 수 있다는 것을 의미하므로 하나의 큰 선물이었다고 고백하지 않을 수 없다. J는 수도원에 들어가기를 원하고(두 사람 다 가톨릭이다), 그래서 그들은 함께 수도원을 "쇼핑하러 돌아다니고" 있는데, 꼭 심리치료사를 "쇼핑하는" 사람들에 대한 이야기처럼 들린다. 여기에는 평생의 전념이라는 문제가 걸려 있어서, 그것은 심각하고 위험한 추구로 변한다. 한 잘생긴 청년, 잘생기고 지적인 그러나 꽉 짜여 있지는 않은 청년을 바라보면서 나는, 관조적인 삶을 원하는 그러한 소원의 얼마만큼이 낭만주의, 심지어 어쩌면 일종의 나르시시즘으로부터 나온 것일까 궁금하지 않을 수 없다. 함께 이야기를 나누자 나는 어째서 수도원들이 들어가기 **어렵게** 만들고 머물기 **어렵게** 만들지 않을 수 없는지를 더 잘 이해하게 되었다. 그 소명은 엄중하게 시험해봐야만 하는 것이다. 그것이 진정한 것인가 자신이 확신하기 전까지 지원자의 지속적인 의구심 그리고/아니면 무관심의 긴 기간들에 대해서까지.

  내가 뛰어들어 그들에게, 미국 가톨릭에서 일어나고 있는 진짜 실제적인 일들은 세상 속으로 나아가 "너희가 그들 중의 가장 적은 사람들을 위해서 한 일은 나를 위해서 한 일이다"라는 예수의 말에 따라 예수를 좇는 수도회들 사이에서 일어나는 것이라고 믿는 내가 잘못인가라고 물었다. 물론, 내가 생각하는 것은 메리 데이비드 수녀, 네드 오고먼, 도로시 데이⋯⋯그리고 다른 많은 사람들이다. 그러나 J는 수도사가 되기를 원하고 T는 철학자가 되기를 원한다. 어째서 나는 그 모든 VIP들을 알고 있는 사람들, 커다란 검은색 머큐리들을 타고 도착하는 사람들, 값비싼 옷을 차려입은 사람들을 약간 의심하지 않을 수 없는 것일까? 종교인들이 금욕주의적이기를 원하는 것은 분명히 비신도인 내가 낭만적이기 때문이다. 하지만 내가 나 자신을 기독교도라고 하지 않는 까닭은 그러기 위해서는 모든 물질적인 것들을 포기하고서 문자 그대로 가장 궁핍한 사람들, 병자들, 늙은 사람들, 혹은 아무것도 가진 것이 없는 아이들 가운데로 가지 않으면 안 된다고 믿기 때문이다. 시몬 베유는 결코 마지막 걸음을 떼지는 않았지만, 그러나 그녀는 나의 이상에 가깝다. 나는 T에게 자크 카보가 쓴 시몬 베유 전기를 주었는데, 그가 그 책을 어떻게 생각할지 궁금하다. 그녀는 매력적이지 않았다. 그리고 그녀는 그녀가 했던 일을 하기 위해서 자신으로부터 모든 "이득"을 벗겨내버림으로써, 그녀의 건강과 그녀의 본능적 존재에 대해서, 심지어 사랑하고 사랑받고자 하는 그녀의 염원에 대해서까지 혹독한 대가를 치렀다. T는 다른 사람들에게 영향을 줄 수 있는 힘을 입증한 사람이고, 자기 자신을 언제나 신을 위한 도구로 생각한다. 그것은 감동적이기는 하지만 좀 순진한······순진한 종류의 자부심이다. 나라면 신부가 되기를 원했고 그래서 신학교들을 하나씩 차례로 나오면서 자기 길을 싸워나갔던 어떤 한 남자와의 우정에 의해서 심한 영향을 받을 수도 있다.······내가 그렇게 확신하는 데는 충분한 이유가 있다. 하지만 그 위험은 일종의 정신주의적 오만함이 아닐까 하고 생각한다. 어떤 다른 방식으로 그 두 남자는, 자기들이 언제나 가장 잘 안다고 해서, 위원회는 충분히 "순수하지" 않다고 해서, 자기들은 타협을 받아들일 수 없다고 해서, 그 위원회에 머물러 있지 못하는 이상주의적인 여자들을 생각나게 한다.

이것을 나는 지난 몇 주일 동안 여러 번 읽어온 융의 글에 나오는 한 구절과 대조해본다.

자신의 모든 투사(投射)들을 거둬들일 만큼 용감한 사람을 상상한다면, 그는 아주 짙은 그림자를 의식하고 있는 개인일 것이다. 그러한 사람은 새로운 문제들과 갈등들을 끌어안은 사람이다. 그가 자기 자신에 대해서 하나의 심각한 문제로 변해버린 것은 이제는 그가 그들이 이렇게 혹은 저렇게 했고, 그들이 잘못이며 그리고 그들에 대항해서 싸워야만 한다고 말할 수 없게 된 까닭이다. 그는 "모임의 집"에서 사는 것이다. 그러한 사람은 세상에 있는 어떤 것이 잘못되었든 그것은 자기 안에 있는 것임을 알며, 만일 그가 자기 자신의 그림자를 다루는 법을 배우기만 한다면 그는 세상을 위해서 진정한 무엇인가를 한 것이다. 그는 우리 시대의 거대한, 해결되지 않은 문제들의 최소한 아주 작은 부분이라도 짊어지는 데 성공한 것이다.

9월 11일

너무도 오랜 기간 동안 혼자 있는 날이 없었기 때문에 나는 지옥 같은 상태에 있다. 하지만 놀라운 일들이 있었고, 그러므로 그것들에 대해서 생각해보자. 이틀 전 밤, 좀 미친 듯한 하루를 보낸 뒤에, 주디(그녀는 일주일 동안 이곳에 와 있다)와 나는 밖으로 나가 어둠 속에서 공유지 풀밭 주위를 거닐다 보니 우리는, 나로서는 몇 주일 만에 보는, 아주 환한 별이 총총한 하늘 아래에 있게 되었다. 돌연히 습한 공기가 걷혔던 것이다. 우리 머리 위로 은하수가 가로질러 흐르고, 한 개의 커다란 밝은 행성이 언덕 너머에 있었다. 그러나 가장 아름다운 것은 나뭇잎들을 뚫고 반짝이는 별들이었는데, 그것은 여름 밤이 그렇게 청명한 경우는 자주 없기 때문에 진귀한 풍경이었다. 나는 이런 하늘을 보면 나뭇잎들이 사라져버린 뒤의 가을이 연상된다.

우리가 만날 수 없었던 두 달 만에 다시 주디와 함께 있게 되어 마음이 아주 많이 흔들렸다. 내가 이해하기 시작한 것은 그녀가 아주 조용히 자신의 깊은 자아를 깨달아가고 있는 그 모든 날들이 바로 그녀가 자주 멍해 보이고 세속적인 일들을 점점 더 많이 잊어버릴 때라는 것이다. 그러나 그 세속적인 것들 밑에서 그녀의 영혼은 고요하고 힘찬 불꽃으로 빛나는 것이다. 그리고 그녀는 은퇴한 이후로 어떤 면에서는 박탈당한 삶을 이끌어가고 있음에도 불구하고, 거의 날마다 "난 아주 운이 좋았어"라고 말하면서 자신이 가져왔던 모든 것을 기뻐한다. 그녀가 상상력이 풍부하고 인자함을 가진 가족의 전통을 배경으로 가지고 있었던 것은 사실이다. 주디 가족의 선량함 그리고 간섭하는 법 없이 조심스럽게 서로를 돕는 그 모습에 나는 깊은 감동을 받았다. 온전한 인자함이 얼마나 희귀한 것이 되어버렸는가를 생각하면 소름이 끼친다.

　우리는 이번 주에 주디의 일흔세 번째 생일을 축하했다. 나는 속을 채운 닭 요리를 만들었고, 로리가 와서 우리와 함께했다. 주디와 나는 거의 30년 친구이다.

9월 15일

최근의 다양한 마주침들 때문에 바질 드 슬랭쿠르가 몇 년 전에 내게 "당신들 미국 사람들은 너무 많이 주어요"라고 했던 말이 자꾸 떠오른다. 준다는 것은 사실상 달라고 하는 것, 가장 최소한으로만 말하고자 해도, 관심을 달라고 하는 것일 수 있다는 것을 우리는 흔히 얼마나 의식하지 못하는가. 이런 면에서 나 자신이 잘못하고 있다는 것을 나는 확신한다. 이런 종류의, 어리석은 이유들로 주는 것은 종종 낙심과 비난으로 끝난다. "나는 네게 아주 많이 주었다. 어째서 너는 회답 혹은 응답을 안 해주는가?" 말하자면 "나는 너를 아주 많이 사랑하는데 어째서 너는 나를 사랑하지 않는가?" 요즘에는 다른 이름으로, 누구도 나를 알아보지 못하는 혹은 상관도 않는 어떤 곳으로 이사 가서 사라져버리는 꿈을 꿀 때가 있다. 내가 괴로운 것은 자기들의 욕구를 내게 투사하는 사람들(흔히 그런 사람들은 만나본 적도 없는데 나를 친한 친구로 보고 자기들의 삶을 토로하면서 당연히 내가 관심을 가져주어야만 하는 것으로 생각한다)에 대해서 내가 너무 많이 알고 있기 때문이다. 나 자신이 그런 체험들을 해왔고, 그런 까닭에 나 또한 너무 많이 주는 것이다. 나는 동정심에서 그리고 죄의식에서 보살핌을 준다는 환상을 만들어내고 그리고 그것은 다만 문제들을 더 악화시킬 뿐이다. 왜냐하면 그 다음에는 응보, 즉 상처받은 질문이 오는 것이다. "당신이 나를 당신의 삶 속에 받아들일 뜻이 아니었다면 왜 응답을 했는가?"

몇 년 전에, 버지니아 울프가 자살한 뒤에 나는 생생한 꿈을 하나 꾸었다. 나는 그녀가 그녀를 아무도 몰라보는 어느 시골 소도시의 거리를 걸어가는 것을 보았다. 어쩌면 그녀가 자살을 한 것이 아니라 사라져야겠다고, 자신의 유명한 자아 밑으로 없어져서 다시 시작해야겠다고 결심한 것임을 짐작으로 알게 되는 그런 꿈이었다.

지난밤 다만 20년 후인 지금은 어떤 맛이 나는지 보기 위해서 새로운 판형으로 나온 「세월의 다리」를 대충 훑어보았다. 아주 나쁘지는 않았지만, 지금의 나라면 그렇게 쓰지는 않을 것이다. 그동안 나는 내 문체를 벗겨내왔다. 요즘에 내 문체는 덜 두드러지게 "시적(詩的)"이다. 폴이 썼던 이런 말이 갑자기 생각난다. "한 사람을 진정 제대로 사랑하게 된다는 것—— 충분한 거리를 두고서, 충분한 겸손함을 가지고서—— 은 긴 시간, 한평생을 필요로 한다고, 그는 생각했다."

어제 주디와 나는 Z와 관련하여 바로 그런 것에 대해서 이야기했다. Z는 지난 며칠간 하나의 시련이었기 때문이다. 어쩌면 우리가 다른 인간에게 줄 수 있는 가장 큰 선물은 초탈이다. 애착은, 스스로 비이기적이라고 상상하는 애착마저도, **언제나** 상대방에게 어떤 부담을 지우는 것이다. 그렇게 아무런 부담도 없는 가벼운, 공기 같은 방식으로 사랑하는 것을 어떻게 배울 수 있을까? 장 도미니크는 그녀의 말년에 이르러 그것에 다다랐고, 확실히 이디스 케네디는 오랜 세월 전에 내게, 그녀가 다양한 친구들을 그리고 자신이 불러일으키는 열렬한 애착심들을 다루는 그 어려운 기술에 대한 여러 암시들을 주었다.

나 자신이 처리할 수도 없고 원하지도 않는 열렬한 애착심들을 끌어오는 것이 내 안의 어떤 결함일까? 바질이 옳았을 수 있다. 아마도 나는 너무 많이 그리고 잘못된 방식으로 주는 것이다. 하지만 그것은 부분적으로는, 내가 너무도 자주 그런 욕구——내가 사랑한 사람들이 주지 않으려고 했던 혹은 줄 수 없었던 것에 대한 욕구——에 빠졌기 때문에 나 자신은 언제나 응답을 주려고 애써야겠다는 일종의 결심을 했기 때문이다. 레베카 웨스트(1892-1983, 영국 여류 소설가, 비평가/역주)는 이렇게 말한다. "분명히 각각의 인간 내면에는 한 굶주린 발가벗은 부랑자와, 먹여주고 입혀주고 재워줄 그런 사람들 없이는 쓸쓸해지는 한 자선단 수녀가 동시에 들어 있는데, 그러나 그 둘은 서로에게 도움이 될 수 없다. 그것이 문제를 더 어렵게 만들기 위해서 끼워넣어진 규칙이다. 그 둘은 자기 몸 바깥의 한 타인을 찾아내야만 그 타인의 자선단 수녀에게 그 부랑자는 자신의 장미를 바칠 수 있고, 그 타인의 부랑자에게 그 자선단 수녀는 자신의 연민을 바칠 수 있는 것이다."

이 모든 "사랑하는 사람들"의 이상한 효과는 내게 더욱 풍요로운 기분이 아니라, 가난해진 그리고 미천한 기분을 느끼게 만들 수 있고, 그러면 그때 나는 이런 어린아이 같은 질문들을 하게 된다. "내가 당신에게 충분히 주지 않았는가? 당신은 내가 일할 수 있도록 나를 편히 놔둘 수는 없는가?" 그런 좌절감이 내 안에서 자라나고 그리하여 마침내는 잔인할 수도 있는 분노의 폭발로 이어져, 내가 해놓았던 것을 파괴해버리는 것이다.

나는 심리치료사인 나의 한 친구에게서, 열려 있지 않은 어떤 수동적인 기다림, 자기 자신을 주어버리지 않고, 감정을 단지 수동적으로 수용만 하는 그릇 같은 한 비밀스런 사람을 보아왔다. 나는 그녀가 귀 기울이고 들을 때 그 무릎에 아주 가만히 놓여 있는 그녀의 두 손을 볼 수 있다.

9월 16일

나는 온통 그 Z 문제 때문에 아직도 뒤흔들려 시달리고 있고, 그것을 머리 밖으로 내보낼 수가 없다. 일단 다른 한 인간을 중심으로 상상력이 결정화(結晶化)되면 (스탕달의 이미지를 빌리자면) 그것은 기정사실화된다는 것을 나는 나 자신의 체험으로부터 알고 있다. 그러면 상상력은 아주 적은 것으로 스스로를 지탱해가면서 응답이 되어가고 그리고 강렬하게 그렇게 느끼는 그 사람에게 그 보답은 커다란 것이 될 수 있다. 그것이 그러하다면, 자신이 줄 수 있는 것을 왜 주지 않는가?

나는 Z를 3년 동안 정확히 세 번 보았다. 그러나 나는 멀리서라도 할 수 있는 지지를 해주려고 애써왔고, 그녀의 시인으로서의 재능을 위해서 비파괴적인 뮤즈가 되려고 애써왔다. 그러나 그 재능을 의심하게 된 것이라고 생각된다. 왜냐하면 Z의 시들을 읽을 때면 내 목소리를 흉내내고 있다는 섬뜩함을 느끼게 되기 때문이다. 그 시들을 내가 썼다고 할 수도 있었다. 거기로부터 나는, 흘러넘쳐 장황하고 끝없이 이어지는 편지들을 통해서 언제나 자기 자신을 설명해야 하는, 이 요구 많은, 만족할 줄 모르는 사람을, 나 자신을 그린 그로테스크한 풍자만화인 것으로 보게 된 것이다. 나의 결함들 역시 그러한 과도함의 결함들이었던 것이다. 나 역시 내가 무엇을 청하는지도 의식하지 못한 채 감정적인 요구들을 해왔던 것이다. 나 역시 관심을 달라고 누군가를 두드려패면서 내가 주고 있다고 상상해왔던 것이다. 바로 내가 그것을 알아차리고 있는 까닭에, 나는 친절하면서도 동시에, 내 삶 속의 내가 원하지 않는 한 존재에 의해서 늘 깜짝 놀라게 되고 동요하게 되는데, 그러한 존재는 되든 말든 자신을 들이밀고 그리하여 마침내는 혐오감을 자아낸다. 왜냐하면 나는 거기서 확대되고 왜곡된 나 자신의 결함들에 직면하지 않을 수 없기 때문이다. 언어들을 다루는 문제에 관해서 나는 얼마간의 제한과 자제를 배워왔다. 좀더 명료하게 말하려고 할수록 언어들은 더 위험해진다. 진실을 말하기 위해서는 할 수 있는 한 엄격하고 신중해질 필요가 있다. 그러나 Z —— 나보다 훨씬 더 젊은 —— 는 그러한 자세를 배우지 않았다. 그녀는 흘러넘쳐버리고 그리고 그 효과는 제 모양을 갖추기 전에 한물가버린, 흐드러진 꽃의 그것, 즉 풍요로움의 그것이 아닌, 낭비의 효과인 것이다.

  오랜 세월 전에 내가 잠깐 만났던 한 심리치료사가 그러한 문제들에 관해서 내게 했던 말이 자연스럽게 자꾸 떠오른다.

브레드로프에서 있었던 작가회의에서 가르칠 때 그녀를 만났는데, 그녀는 이렇게 말했다. "사람들은 당신이 되기를 원했다가 그럴 수 없다는 것을 발견할 때, 당신을 죽이고 싶어하지요." 아주 어이없게도 나는 Z를 두려워한다. 내가 그녀를 두려워하는 것은 내가 그녀를 내 삶 속에 받아들일 수 없으며, 멀리서조차도 그녀는 내가 정말로 줄 필요가 없는 내 시간과 에너지를 먹어치우기 때문이다. 그것이 어디서 끝이 날까?

나는 중심을 잡지 못하고 흐트러져 있던 여름 끝에 이제 나 자신의 중심으로, 작업으로 되돌아가야 한다는 것을 안다. 그렇지 않으면 나는, 너무 꽉 채워넣으면 돌아가지 못하고 더 이상 아무것도 분쇄할 수 없는 분쇄기 같은 기분이 들기 시작할 것이다. 나 자신인 그 기계의 토악질이 육체적 증상이다. 나더러 소화해내라고 하는 그것을 나는 토해버리고 싶은 것이다.

Z는 지난 며칠간의 배경이 되어왔다. 전경(前景)은 그 들고양이이다. 이 고양이는 몇 주일 된 네 마리의 새끼 고양이들을 데리고 있는 데다가 또 임신을 한 상태였다. 나는 그 들고양이를 만질 수도, 붙잡을 수도, 어디든 그 가까이로도 갈 수 없다. 나는 그 온 가족을 위해서 우유와 먹을 것이 담긴 접시들을 가지고 나가 정원의 한 덤불 숲 아래에 놓아둔다. 두 달 뒤에는 새끼 고양이들이 더 생길 것이고, 그때쯤에는 이 네 마리의 새끼 고양이들은 거의 다 자라 번식을 시작할 것이다. 어느 날

한밤중에, 무한정 불어나는 수백 마리의 고양이들과 새끼 고양이들의 환상과 함께 깨어났다.······악몽이었다. 그래서 나는 힘든 결심을 하기에 이르렀고, 그리하여 동물애호협회에 전화를 걸었다. 그들이 닷새 전에 와서 다 자란 오렌지빛 새끼 수고양이들 중의 한 마리를 용케 잡았지만, 그러나 물론 그 어미 들고양이는 단번에 달아나버렸다. 나는 그때 와주었던 그 점잖고 친절한 남자와 문제를 상의했는데, 그는 포치에 커다란 우리를 놓아두고 어미와 새끼들이 그 안에서 먹도록 서서히 길들일 것을 제안했다. 그러다가 어느 끔찍한 날 아침에 내가 그 문을 닫아버린 후 그 남자에게 그것들을 데려가라고 전화를 하라는 것이었다. 그 이후로 나는 미리 파멸감을 느끼면서, 매일 아침 다섯 시에 일어났고, 그러다가 한 번 용케 그 고양이 가족 전체를 우리 안에 가두게 되었다. 하지만 그 날은 운 없게도, 그 남자가 쉬는 날이었고, 그래서 문을 잠그지 않고 고양이들을 나가게 할 수밖에 없었다. 그 과정을 전부 다시 겪어야 하는 것이었다. 어제는 그 들고양이가 두려움으로 입술이 반쯤 올라간 채 나를 무시무시하게 바라보았다. 겨우내 나는 그것의 한결같은, 흥미있어하는 시선과 마주했고, 우리 사이에 신뢰가 쌓여왔는데, 이제 나는 그것을 배신해야 하는 것이었다. 그 들고양이는 배가 고팠고 그래서 마침내 오렌지빛 새끼 고양이와 함께 우리 안으로 들어갔고, 나는 우리 문을 재빨리 쾅 닫았다.

당장에 어미와 새끼들은 공포의 발작을 일으켰다. 지붕에서 바닥까지 올라갔다 내려갔다 하면서 그 문에 제 몸을 찧어댔다. 나는 절망감에 집 안으로 도망가버렸다. 동물애호협회에 전화하자 그 남자가 한 시간 안에 와서 고양이들을 데리고 가버렸다. 그런 짓을 해놓고 어떻게 살아야 하나? 나는 그럴 수밖에 없었다. 하지만 나는 죽을 때까지, 어딘가에 파묻힌 그것을 지니고 다녀야 할 것이다. 나는 나를 신뢰했던 한 짐승을 배반했다.

하지만 내가 그 들고양이를 결코 잊지 못한다면, 나는 또한 그 점잖은 남자의 친절함도 결코 잊지 못할 것이다. 그는 내가 얼마나 심란한 상태인지 보았고, 그리고 아주 고상하고 진실하게 나를 안심시키려고 애썼다. 그는 그 어미의 경우에는 빠른 죽음을 맞을 것이라고 말했고, 새끼 고양이를 위해서는 다른 집을 구해보겠다고 약속했다. 이런 마음의 상처를 다시 겪을 수는 없다. 그래서 나는 남아 있는 세 마리의 새끼 고양이들을 데리고 있으면서 길들이고 그러다가 때가 되면 녀석들의 생식 능력을 없애려고 한다. 나는 새끼들에게 이름도 붙였는데, 검은 것은 피에로, 얼룩이는 브램블, 호랑이 무늬는 벨가조우이다. 겨울 무렵에는 어쩌면 녀석들을 안으로 들어오게 하여 내 침대에서 자게 할 수 있을 것이다.

9월 30일

내가 침묵해오는 동안 굉장한 가을 햇빛이 시작된다. 내면세계의 변화의 시기. 지금까지는 살인적인 서리를 면했지만, 그러나 두 차례는 깨어났을 때 풀밭이 은빛이었다. 꽃을 꺾는 정원은 집 가까이에 있고 또 덮여 있어서, 그곳에서는 아직 백일홍과 코스모스를 꺾을 수 있다. 그러나 그것들은 실내에서는 금방 시들어버린다. 이제 화려하게 아름다운 것은 가을 크로커스들인데, 정원 앞쪽 가장자리를 따라 환하게 핀 그것들과 그 위의 라벤더빛 과꽃들, 이것은 그것들이 없었더라면 궁상맞았을 정원에 남은 한 조각의 아름다움이다. 4월에 화강암 계단 곁에 밀집한 아네모네들과 함께 시작되었던 꽃들의 긴 이어짐이 거의 끝나간다. 하지만 물론 이제 햇빛은 화단으로부터 머리 위의 나뭇잎들을 향해서 위로 옮겨가고, 너도밤나무들의 선황색, 단풍나무들의 주홍색과 적황색, 덩어리 진 반투명 색채의 파도 위의 파도, 환한 푸른색 하늘을 배경으로 한 스테인드글라스 같은 나날들.

내 안에서 서서히 무르익어온, X와 헤어질 때가 되었다는 결정 앞에서 나는 여름 내내 흔들거렸다. 이 일기는 1년 전, 우울과 더불어, 나의 위험하고 파괴적인 분노들에 대한 많은 자문(自問)들과 더불어, 자기 검토가 나를 변화시킬 것이라는 희망과 더불어 시작되었다. 나는 통제력을 얻기 위한 커다란 노력들을 했고 그리고 어떤 때는 성공했다. 하지만 X와 나 사이에는 해결될 수 없는 것들, 즉 기질들뿐만 아니라 근본적인 가치관들과 인생관 그 자체의 충돌이 있었다. 거의 예순인 우리 각자가 어쩌면, 개인들로서의 우리 능력의 다른 면인, 직업상 왜곡 때문에 앓고 있는 것일 수도 있다. 분노의 원인들은 흔히 유치한 혹은 상관없는 것들이었고, 그러한 분노는 우리를 언제나 서로에 대한 우리의 실패로 인한 낙심 상태에 남겨두었지만, 그러나 사실은 우리 중 아무도 필요한 관용을 발휘할 수 없었던 것이다. 열정적인 사랑이란 그런 것과는 아무런 관계도 없다. 첫 해에는 그것은 충분히 어쩔 줄 모를 만큼 좋았고 결실이 많았지만, 그러나 다른 차원에서는 아무런 이해의 기반이 없었고, 그것을 만들 시간도 없었다. 결국 우리는 우리의 최상의 것을 서로에게 줄 수 없었고 그리고 그것은 비극이었다. 우리들 각자가 분명히 공격당했다는, 이해받지 못했다는 기분을 느꼈다. 우리는 서로를 잘못 대했던 것이다.

  헤어짐 이후 내 첫 번째 감정은 안도감이었다. 하지만 며칠 뒤 나는 정말로 병이 났고, 마치 뭔가 피만큼 중요한 어떤 것이 나로부터 빠져 흘러나가는 것 같았다. 구역질……눈물.

  너무 빨려들어서 그리고 너무 두들겨맞아서 오랜 시간 동안 제 구실을 할 수 없었던 어떤 깊은 자아로 되돌아왔다는 암시들을 이제 나는 받기 시작한다. 그 자아는 내게, 나는 혼자 살게 되어 있었다고 그리고 다른 사람들을 위해서 시들——그 시들이 바쳐지도록 의도되었던 바로 그 한 사람에게 지금까지 좀처럼 닿지 않은 시들——을 쓰도록 되어 있었다고 말해준다.

어제 나는 「오래가는 불(A Durable Fire)」의 원고를 노턴 출판사로 보냈다. 내가 그 시들을 쓰기 시작했을 때 나는 기쁨의 책, 성취와 행복에 대해서 말하는 책으로 내 예순 번째 생일을 축하하게 될 것이라는 꿈을 가졌었다. 하지만 마지막으로 다시 읽었을 때, 그것은 비가(悲歌)의 책이며 처음부터 그 안에 이별의 씨앗들이 들어 있었다는 것을 분명히 보았다. 바로 이런 점에서 시란 신비한 것이다. 그 작품이 그것을 쓴 작가보다 더 성숙해 있는, 언제나 성장의 메신저인 것이다. 그러니까 어쩌면 우리는 지금 우리가 있는 곳으로부터 우리가 될 것을 향해서 쓰는 것이다. 그 책은 내가 그럴 것이라고 상상해왔던 것 이상도 이하도 아니다. 하지만 그 책은 X가 내게 주었던 모든 것들 없이는, 또한 그 점에 관해서라면, 우리 사이에 부족했던 것들 없이는 쓰일 수 없었을 것이다.

몇 주일 만에 처음으로 맛보는 "넬슨 날", 즉 내가 집에서 지내면서 앞에 어른거리는 아무런 약속도 없이 책상에서 평화롭게 작업할 수 있는 날, 작업한 뒤에 휴식할 수 있고 오후에는 정원에 나가 일할 수 있는 날이다. 다시 한번, 집과 나 단 둘이다.

역자 후기

메이 사튼(May Sarton)은 1912년 벨기에서 태어나서, 1916년 미국으로 이주한 시인이다. 그녀의 시들이 많이 읽히는 까닭은 다른 무엇보다도, 그녀 자신이 표현하듯이, "단추 채워지지 않은 에고" 때문이다.

나는 작가가 일기 곳곳에서 꽃과 정원, 자연의 아름다움에 대해 이야기할 때, 처음에는 너무도 번번이 나타나기 때문에 좀 부담스러웠다. 하지만 차츰 그 꽃의, 정원의, 자연의 아름다움이란 것은 그녀 자신이 가진 내면의 살아 있는 아름다움이 꽃과 정원과 나무에 자연스럽게 투사된 것이라는 생각이 들었다. 작가가 곳곳에서 꽃의 아름다움에 대해서 이야기하고, 때로는 꽃들이 집 안에 없는 날에는 마치 물에서 끌려나온 물고기처럼 헉헉 대며 비참함을 하소연하는 곳들이 여러 군데인데, 나는 그러한 예들이 너무 심한 과장이라고 생각하기도 했지만, 차츰 번역에 몰두할수록 나는 그녀가 외부의 꽃들에서 보는 그 아름다움이라는 것은 십중팔구 자신의 내면의 아름다움이 밖으로 투영된 것이라고 생각하게 되었다. 그녀가 꽃의 아름다움에 대해서 이야기할 때, 나는 그녀가 말하는 꽃들을 실제로 보지 못하면서도, 그녀가 묘사한 그 언어로서의 꽃들 안에 있는, 그리고 동시에 그녀 자신의 그 마음 안에 있는 아름다움을 동시에 바라볼 수 있었다. 그것은 사실은 큰 즐거움이었다.

또 한 가지 재미있었던 것은 이 책의 마지막 일기를 번역할 때였다. 마지막 일기의 마지막에서 두 번째 단락은 이렇게 씌어져 있다. "어제 나는「오래가는 불」의 원고를 노턴 출판사로 보냈다. 내가 그 시들을 쓰기 시작했을 때 나는 기쁨의 책, 성취와 행복에 대해서 말하는 책으로 내 예순 번째 생일을 축하하게 될 것이라는 꿈을 가졌었다. 하지만 마지막으로 다시 읽었을 때, 그것은 비가(悲歌)의 책이며 처음부터 그 안에 이별의 씨앗들이 들어 있었다는 것을 분명히 보았다. 바로 이런 점에서 시란 신비한 것이다. 그 작품이 그것을 쓴 작가보다 더 성숙해 있는, 언제나 성장의 메신저인 것이다. 그러니까 어쩌면 우리는 지금 우리가 있는 곳으로부터 우리가 될 것을 향해서 쓰는 것이다."

이 부분을 번역할 때 나는 깜짝 놀랐다. 왜냐하면 바로 그즈음 나도 그런 식의 생각을 하고 있었기 때문이다. 이것은 시인이 아니고서는 체험하기 어려운 점인데, 사실은 나 자신도 그때 처음으로 그것을 체험했던 것이다. 1993년도에 마지막 시집을 내놓은 뒤로, 나 자신은 시로부터 급속하게 멀어져갔고, 주로 남들이 혹세무민하는 것들이라고 말하는 책들, 신비체계들에 관한 책들을 읽으면서 보냈던 그 4년이 내가 40여 년 살며 겪었던 심리적 체험을 압도해버렸고, 그 다음 다시 태안반도에서 한 책을 읽기 시작하면서 보냈던 그 몇 달간이 다시 이전의 4년을 압도해버렸다. 남들이 보기에는 현실생활에서 점점 더 멀어져가면서 아무것도 하지 않는 무기력한 생활로 보였을 수도 있겠지만, 그 5년 동안 나는 거의 한시도 지치지 않고 줄달음쳐왔고 "내가 나라고 생각하는 나", 혹은 "내가 세계라고 생각하는 세계"가 수십 가지로 변하는 것을 체험했다. 내가 예전에 썼던 시들은, 지금의 내 마음의 상태를 그 정반대의 상태와 대조해서 보여주기 위해서, 그리고 그것을 다시 백팔십도 한번 더 돌려서 지금의 내 마음 상태를 정확하게 보여주기 위해서, 즉 미래의 나를 증거하기 위해서 내 무의식이 일부러 텍스트 삼아 써놓은 것이 아닐까 하는 느낌마저 가지게 되었다. 우리가 어느 시점에서 "나는 이러이러하다"라는 규정을 써놓고 있다고 생각할 때, 사실은 한편으로는 "나는 이러이러한 게 아니라, 그 반대이다"라고 써놓고 있는 것일 수도 있다는 것, 한 상황의 바깥, 즉 인화된 사진만을 보거나 그것에 대해서 쓰고 있다고 생각하지만, 그것의 정반대 대칭 이미지인 네거티브 필름이 이미 함께 존재하고 있고, 우리가 그것을 동시에, 즉 대칭 관계적으로 보지 못하고 먼 시간 간격을 뛰어넘어서야 그것을 겨우 알 수 있을 만큼 우리의 눈, 그 눈을 만드는 마음은 한쪽으로만 쏠리기 쉽다는 사실을, 사튼의 글을 번역하는 바로 그 순간에 함께 공감하는 것은 큰 즐거움이었다.

마치 두 개의 생각이라는 불꽃이 서로 다른 방향으로부터 허공을 가로질러와 하나로 만나면서 조금은 더 큰 불꽃이 되는 것처럼.

메이 사튼은 이 일기에서 그녀가 5년 전에 출판한 「꿈을 깊게 심고」가 자신이 결코 의도하지 않았음에도 불구하고 미화되고 신비화된 그녀의 이미지를 만들어낸 것을 비판하고, 자신의 이 일기는 정신과 육체 그리고 생활인과 예술가의 조화와 갈등이 엮은 생활의 기록이라고 했다. 그러나 나는 이 일기의 큰 테마 역시 "고독"이라는 것을 곰곰이 생각하면서 이 "후기"를 쓴다.

1994년 4월

최승자 씀